当代中国农村职业教育改革与创新发展研究

黄兴华 著

科学技术文献出版社
SCIENTIFIC AND TECHNICAL DOCUMENTATION PRESS
·北京·

图书在版编目（CIP）数据

当代中国农村职业教育改革与创新发展研究 / 黄兴华著. —北京：科学技术文献出版社，2024.3
　ISBN 978-7-5235-1082-7

Ⅰ.①当… Ⅱ.①黄… Ⅲ.①乡村教育—职业教育—教育改革—研究—中国 Ⅳ.①G725

中国国家版本馆 CIP 数据核字（2023）第 234836 号

当代中国农村职业教育改革与创新发展研究

策划编辑：张　丹　　责任编辑：孙江莉　　责任校对：张　微　　责任出版：张志平

出 版 者	科学技术文献出版社	
地　　址	北京市复兴路15号　邮编　100038	
编 务 部	（010）58882938，58882087（传真）	
发 行 部	（010）58882868，58882870（传真）	
邮 购 部	（010）58882873	
官方网址	www.stdp.com.cn	
发 行 者	科学技术文献出版社发行　全国各地新华书店经销	
印 刷 者	北京厚诚则铭印刷科技有限公司	
版　　次	2024年3月第1版　2024年3月第1次印刷	
开　　本	710×1000　1/16	
字　　数	256千	
印　　张	15.5	
书　　号	ISBN 978-7-5235-1082-7	
定　　价	58.00元	

版权所有　违法必究

购买本社图书，凡字迹不清、缺页、倒页、脱页者，本社发行部负责调换

序

  2022年4月，第十三届全国人民代表大会常务委员会第三十四次会议表决通过新修订的《中华人民共和国职业教育法》(简称《职业教育法》)，完成了职业教育法自1996年制定以来的首次大修。新职业教育法明确了职业教育是与普通教育具有同等重要地位的教育类型，以着力提升职业教育认可度，更好推动职业教育的高质量发展。新法的正式实施使得作为职业教育体系重要组成部分的农村职业教育也再次进入大众视野，备受关注。笔者正是在这一背景下触发了写作本书的想法，旨在通过介绍农村职业教育的内涵特征，分析农村社会转型中农村职业教育发展情况，以及城镇化背景下农村职业教育的新使命。在此基础上，对当代中国农村职业教育各主体的角色和功能进行正确定位，并系统梳理中国农村职业教育发展模式的类型和改革历程，提出当代中国农村职业教育发展的推进策略。

  农村职业教育面向三农、服务三农。加强农村职业教育，能够强化农村人口的技能和素质，提升农村地区的人口就业率，助力农村地区社会经济的发展。当前农村社会正处于转型时期，非农化特征显著，大量人口向城市转移，要求农村人口具备较高的职业技能和综合素质，这为农村职业教育的发展提供了契机。与此同时，随着新型城镇化战略的实施，农村职业教育被赋予了助力经济、社会、人口城镇化的新使命，挑战与机遇并存。面对自身存在的功能定位偏离、结构布局滞后、培养模式单一等问题和外部多头管理、工序错位、投入不足等局限，农村职业教育必须进行改革，才能得到长足发展。政府、农村职业学校和涉农企业都是农村职业教育的重要主体，承担着不同的角色和功能，只有激发主体办学的积极性，才能够推进农村职业教育的改革和创新。具体而言，要通过优化宏观环境、营造社区氛围、激发内外动力、抓住工作重点、强化外部保障等方面来进行。

  书多笔渐重，睡少枕长新。笔者关注农村职业教育问题已非一日，但在写作过程中，仍常感读书太少、调研不深，书中难免存在诸多不足之处，恳请广大读者批评指正。另外，特别感谢我的先生魏军锋，在本书写作过程中给予我大力支持。在初稿完成之后，他又不辞辛劳，帮助我进行了全书的校对工作。出版社的张丹编辑在本书成书过程中给予了诸多帮助，在此一并表示衷心感谢。

黄兴华

2023 年 6 月 4 日于周口颖水之畔

目 录

第一章　农村职业教育概述 1
　第一节　农村职业教育的内涵和特征 1
　第二节　农村职业教育的理论基础 8
　第三节　农村职业教育的历史回溯 23

第二章　农村社会转型与农村职业教育的发展契机 33
　第一节　农村社会转型的结构性特征 33
　第二节　农村社会转型的趋势性特征 42
　第三节　农村社会转型与农村职业教育发展的契机 52

第三章　新型城镇化背景下农村职业教育的新使命 74
　第一节　新型城镇化与农村职业教育的关系 74
　第二节　新型城镇化进程中农村职业教育发展的新使命 92
　第三节　城镇化背景下农村职业教育发展中的问题 100

第四章　当代中国农村职业教育主体的角色和功能 114
　第一节　政府的政策创新与农村职业教育的发展 114
　第二节　农村职业学校的功能构建与农村职业教育的发展 122
　第三节　涉农企业与新型职业农民的培育 132

第五章　当代中国农村职业教育发展模式改革与创新 143
　第一节　我国农村职业教育模式的类型 143
　第二节　我国农村职业教育发展模式的改革 159
　第三节　我国农村职业教育发展模式的创新 169

第六章　当代中国农村职业教育的推进策略与功能实现 …… 183
　第一节　优化宏观环境：加快农村经济社会发展 …… 183
　第二节　营造社区氛围：大力发展社区教育 …… 192
　第三节　激发内外动力：充分调动多方主体性 …… 205
　第四节　抓住工作重点：开展农业转移人口职业培训 …… 217
　第五节　强化外部保障：完善农村职业教育保障机制 …… 226

参考文献 …… 237

第一章　农村职业教育概述

农村职业教育是指针对农村地区的职业教育体系，包括职业技能培训和职业素质教育两个方面。但其具体内涵，学界尚未取得一致见解。农村职业教育必须适应农村发展需要，有其自身发展的双开发性规律。除具有一般教育的基础性、先导性和战略性等特点外，还具有政府统筹、专业的广泛性与关联性、办学的区域性与灵活性、教育对象的多样性和大众性、职业的兼营性和艰苦性、学生就业和择业的艰巨性等特征。它的理论基础是舒尔茨人力资本理论、福斯特农村职业教育理论、内生发展理论、教育现代化理论、可持续发展理论等。农村职业教育发展经历了初步探索、规范化建设和现代化发展三个阶段。

第一节　农村职业教育的内涵和特征

要理解农村职业教育的内涵，首先必须对农村、农村教育和职业教育的概念进行解读。在准确定义农村职业教育的基础上，我们才能更好地准确分析农村职业教育的特征。

一、农村职业教育的内涵

农村是近代才出现的词语。《现代汉语词典》对农村的定义为：以农业生产来维持生存发展的人们生活的区域。显然，农村的内涵是从地理区域的角度来定义的。

关于农村教育，主要是从农村的地理区域和农民身份两个角度来定义的。如学者陈敬朴指出，"一般把发生在农村、以农村人口为对象并为农村经济和社会发展服务的教育称之为农村教育"①。农村教育是历史发展的必然阶段，是相对于城市发展而存在的。学者许璟认为"农村教育是为农村地区发展服务的，以农村人口为教育对象的，旨在提高农民素质和促进整个社会和谐发展的教育"，"不一定非在农村地区办学"。②联合国教科文组织秘书处认为，发生在农村地区的各级各类、全日制与非全日制、正规与非正规的一切教育和培训都是农村教育。通过上述有关学者和机构对农村教育概念的解读，我们可以得出：农村教育是一般发生在农村地区，以农村人口为服务对象，促进农村经济、政治、文化等社会全面发展的各种教育。

为了理解农村职业教育的内涵，还需要解读职业教育的内涵。职业是个人在社会中所从事的并以其为主要生活来源的工作的种类。"职业教育就是在一定普通教育的基础上，对社会各种职业、各种岗位所需要的就业者和从业者所进行的职业知识、技能和态度的职业教育和职后培训，使其成为具有高尚的职业道德、严明的职业纪律、宽广的职业知识和熟练的职业技能的劳动者，从而适应就业的个人要求和客观的岗位需要，推动生产力的发展。"③职业教育的对象较为广泛，几乎可以包括所有社会就业者和从业者，教育的内容一般包括职业知识、技能和态度的培训，目的在于培养出合格的劳动者。

关于农村职业教育，学者们有不同的定义。刘春生等认为：农村职业教育是发生在农村地区，以农村人口为对象，对农村社会各种岗位所需要的就业者进行教育和培训，从而服务于农村社会发展的教育。④在我国乡村振兴和新型城镇化战略进程中，农村职业教育的内涵变得更为广泛：首先，就地域而言，农村职业教育不仅仅发生在农村地区。发展农村职业教育的初衷，是相对城市职业教育而言，针对农村的经济、地理环境、人文特征等区域特点而设计的。此中的"农村"，主要是指县市（含地级市）及以下的经济区域。但现实情况是，在县城职业学校或者城市的农业大学等学校也在开展职业教育，为农村培养和输送大量人才，农村职业教育的地域范围比以往更为广阔，农村职业教育既不能囿于农村之中，其地域范围还应包括城镇和城市。其次，就面向的对象而言，农村职业教育面向的不仅包括农业人口，还

---

① 陈敬朴.农村教育概念的探讨［J］.教育理论与实践，1999（11）：39.
② 许璟，卢曼萍.农村职业教育的内涵、特征及战略定位研究［J］.科技经济市场，2008，12（12）：88.
③ 刘春生，徐长发.职业教育学［M］.北京：教育科学出版社，2002：28.
④ 刘春生，刘永川."三农"背景下农村职业教育内涵探析［J］.职教通讯，2005（9）：6.

包括大量农村转移人口,以及农业大学部分涉农专业学生等。"农村职业教育的主要培训对象的确为农村人口。但将培训对象界定为有志于服务农村、从事与农业相关行业的职业者,似乎更为妥当。"[1] 随着户籍制度改革的不断深入,导致城乡分割的二元户籍被居民户口所取代,与此同时,现代化农业的快速发展将吸引大量有知识、懂技术、会经营的高素质人才从事农业及农业相关产业,生活在农村的不一定是农村人口。再次,就教育内容而言,随着农村产业结构的变化和二、三产业的极大发展,农村职业教育不仅要满足农业发展的需要,而且要满足二、三产业发展的需要,不仅要传授农、林、牧、副、渔相关的知识和技能,更要更新加工、运输、服务等专业的知识和技能。只要有利于农村发展和农民经济增收、文化素质提高的职业教育和培训,都应包含其中,如对农村富余劳动力转移进行的专业培训,实际上是为农村富余人员进入城镇的准备教育,这其实也是农村职业教育的题中应有之义。最后,就教育目标而言,农村职业教育目的在于提升农村就业人员的素质,致力于"三农"问题的解决,促进农村经济、政治、文化等社会全面发展,从而实现乡村的全面振兴。

综上,我们可以得出:农村职业教育是职业教育的重要组成部分,以农业、农村和农民为主要服务对象,所开展的涉及农、林、牧、副、渔、加工、运输、服务等方面的职业知识、技能和态度的教育和培训,目的在于提高农村人口素质和推动农村社会的进步。农村职业教育主要包括中等和初等职业教育两大部分。其现行学校类型包括:普通中专、职业高中、技工学校、职业初中及相应的短期实用技术培训等。

二、农村职业教育的规律和特征

农村职业教育必须适应农村发展的需要,它有其自身发展的双开发性规律。除具有一般教育的基础性、先导性和战略性等特点外,还具有政府统筹、专业的广泛性与关联性、办学的区域性与灵活性、教育对象的多样性和大众性、职业的兼营性和艰苦性、学生就业和择业的艰巨性等特征。

---

[1] 许璟,卢曼萍.农村职业教育的内涵、特征及战略定位研究[J].科技经济市场,2008,12(12):89.

(一) 农村职业教育的双开发性规律

农村职业教育有其自身的规律，其中最根本的是双开发性规律。双开发性规律包含两个方面：一方面是开发智力资源，培养社会主义建设人才，提高劳动者素质。另一方面是开发物质资源，发展农业生产，振兴农村经济。物质资源开发是智力资源开发的基础，智力资源开发是物质资源开发的前提；同时，智力资源开发可加快物质资源开发，加速农村经济社会的发展，而物质资源开发与发展又能够推动智力资源开发的进程，并对智力资源开发提出更高的要求。二者互为条件、互相制约、互相促进、辩证统一。在现代科技愈来愈成为生产力第一要素，生产过程中科技含量愈来愈高的条件下，对于物质资源的开发而言，智力资源开发更具有先决和根本的作用。从这个意义上来说，物质资源开发离不开智力资源开发，离不开劳动者人力资本的提升。双开发的不可分离性是农村职业教育发展的重要和带有根本性的一条规律，其背后反映了教育与经济发展的必然联系。

在农村经济发展的不同阶段，教育培养的人才类型也不同。在自然经济阶段，农村教育培养的是经验型人才。在自给自足的自然经济时代，生产工具和分工均较为简单，主要依靠人力和畜力操作，需要有足够体力、具有熟练手工操作技艺的人才，对劳动者智力的要求不高。在生产过程中，劳动者基本上世世代代使用同样的工具，按照同样的方法和技术生产出同样的产品，很少进行劳动工具和技艺的改进。一旦劳动者通过不断重复操作，熟练掌握了前人的方法、技艺和经验，就能成为经验型人才。在农业生产教育中，春种秋收、四时有序、技艺传承成了基本内容。到了农村经济现代化阶段，教育的目标是要培养科技型人才。现代化农村生产中，主要依靠的不再是人工而是机械进行操作，通过技术实现自动控制；生产中的分工也更为复杂和专业，科学技术运用渗透到生产全过程，极大地提高了农业生产效率。这一切对农村人才的培养提出了新的要求。传统的经验型人才无法适应机械化耕作的要求，现代化生产和专业化需要具有较高科学技术水平和具备不同专业技能的科技型人才。同时科学技术发展日新月异，需要人们不断地根据变化的情况，及时学习和掌握新的知识技能，防止知识老化。只有不断学习、掌握科学、着眼未来的劳动者才能适应农村经济发展的新要求。

目前，我国农村正处于从传统农业向现代化农业转化阶段，且将持续相当长的时间。与现阶段的需要相适应的是，当前农村既有大量传统经验型人才,又出现了一批具有一定现代科学文化技术知识的科技型人才。从全国来看,前者在数量上占绝对优势;从发展趋势看,后者的比重正在增加。经验型人才也开始努力接受新的文化技术,试图转变为科技型人才。这反映了农村社会需求的转变对农村人才队伍素质要求的提高。农村人才队伍正在从自然经济人才、传统农业人才为主的阶段向以市场经济人才、现代农业人才为主的阶段转化。一大批有文化、善经营、懂管理的新型农民和农民企业家正在中华大地迅速成长。这一切都表明,发展农村职业教育,开发农村智力与发展农村经济的不可分离这一规律的客观性。

(二)农村职业教育的特征

《职业教育法》提出:"国家根据不同地区的经济发展水平和教育普及程度,实施以初中后为重点的不同阶段的教育分流,建立、健全职业学校教育与职业培训并举,并与其他教育相互沟通、协调发展的职业教育体系。"当前我国农村职业教育结构体系要做到"五个适应",突出"一个重点",处理好"三个关系"。"五个适应"是指,必须与农村生产力发展的总体水平相适应,必须与当地农村经济和社会发展特点相适应,必须与我国农村现行经济方式和劳动力需求相适应,必须与农业科技开发和成果转换相适应,必须与可能的办学条件和当地教育发展水平相适应。"一个重点"是指,以初中后职业教育为重点,在普及九年义务教育的基础上实施职业教育。处理好"三个关系"是指,处理好普通教育与职业教育的关系,处理好职业学校培训与社会培训机构培训的关系,处理好初、中、高级职业教育间的关系。这样,就形成一个多渠道多形式、多规格的网状联系的立体化的农村职业教育体系。这一体系从内容方面包含了职前培训、转业培训、学徒培训、岗位培训、转岗培训等不同类型的职业性培训,培训层次则依据实际情况分为初级、中级和高级。由于农村职业教育主要以农村、农业、农民为服务对象,因而在办学条件上,在学生的知识、技能和素质的培养上,都要受到农村、农业和农民特点的影响或制约,因而,农村职业教育除具有一般教育的基础性、先导性和战略性等特点外,还具有如下的特性。

1. 政府统筹

政府统筹是农村职业教育的重要特征,也是农村职业教育发展的一条重要经验。农村职业教育属于教育产业,服务于农村、农业和农民,主要注重的是社会效益而非经济效益。国家应针对这一特点,加大对农村职业教育的投入和扶持，以利发展。与此同时，与城市职业教育相比，由于农村经济发展水平低，农村城市化、工业化正处于发展阶段，虽然农村一、二、三产业并存，也是由多产业、多行业、多部门构成，但各产业规模小、实力弱，正处于发展阶段，尤其是第一产业社会效益高、经济效益低，在这样的状况下，地方企业、部门、行业参与农村职业办学的积极性不高，因此必须由政府出面，统筹安排，如许多地区成立了各部门领导组成的专门委员会，共同规划职业教育发展、规划职业教育发展蓝图，协调和解决职业教育发展中存在的问题，制定有利于职业教育发展的相关政策，这种政府统筹形式也是农村职业教育的最重要特征。

2. 专业的广泛性与关联性

农村职业教育主要服务于农村经济、服务于广大农民，在对象和范围上均具有广泛性。由于农村经济资源的多样性，农村产业结构包括一、二、三各个产业，形成了多部类、多行业、多种经营形式的经济格局，因此要求农村职业教育的专业设置必须具有广泛性的特征。同时，农村各产业都依托农村资源，农村一、二、三产业之间存在着内在的有机联系，具有高度的关联性，如农牧结合、农工商综合经营等，因此，农村职业教育各专业之间又要体现关联性。

3. 办学的区域性和灵活性

我国农村地域辽阔，社会、经济、人文、地理等情况十分复杂，各地的自然条件和经济条件千差万别，客观上形成了经济社会发展程度不同的区域。服务于农村经济社会发展的农村职业教育在专业设置、办学形式上要充分体现地域性和区域性特征；在教育教学上也要因地制宜，才能更好地服务地方，办出特色。同时，由于农业生产的季节性，农闲季节是农民接受职业教育的最佳时段。此外，农业受各种自然灾害的影响比较大，病虫害的发生往往具有不确定性和区域性的特点，农业科学技术的推广往往与培训结合在一起，而农业推广也具有不确定性。农业在进行新的技术推广或发生大的灾害时，农民迫切要求接受职业教育。因此，农村职业教育在办学上必须具有灵活的特点，才能符合农业生产的特点。

4. 教育对象的多样性和大众性

随着农村经济的发展，广大农村需要不同层次不同专业的技术人才，职业学校在培养目标上必须适应这一要求。中国农村劳动力平均受教育的年限仅7年，文盲和半文盲人口比例较高，绝大多数只有小学和初中文化程度，仅小部分达到了高中及其以上文化程度,体现了农村人口受教育程度低和多层次的特点,大量低素质人口接受职业教育的个人收益率或社会收益率要高于城市居民,农村发展职业教育更具有经济性和必要性。农村职业学校是人才聚集的地方,学校教师掌握一定的文化知识和科学技术,他们在文化知识、思想觉悟、道德修养和智能发展水平等方面都居于优势。客观上决定了它是农村文化中心、思想中心、信息中心、智力开发中心和精神文明建设中心,承担着团结教育农民、开发农民智力、咨询科技信息、建设农村文明等重要作用。农村职业教育要构建"大职教"格局,以便对不同程度层次的人口开展职业教育,培养出不同专业的技术人才。

5. 职业的兼营性和艰苦性

农村基础条件差,我国多样的经济条件和地理环境,决定了农村职业教育必然会面临更多困难,尤其是在改善办学条件方面,相对城市教育而言,任务更为艰巨。一般而言,职业定向性是职业教育的共同特征,但就农村职业教育而言,因为学生家庭经济结构的复杂性,学生毕业后一般不像城市职业教育毕业生那样对口就业,而呈现出一业为主、多种经营的局面。这一特点是由现阶段农村经济状况所决定的。因此,农村职业教育要求学生具有更强的综合职业能力。当然,随着社会生产力的发展,农业生产也必将向专业化方向发展,但由于受我国人多地少的国情影响,兼业化经营在农村将长期存在。我国农村普遍还不富裕,城乡差别、工农差别还普遍存在,农村生产手段落后,生活条件较差,农村就业环境差,因此,农村职业教育要培养学生吃苦耐劳的品质,帮助其树立热爱农业、热爱家乡的意识。

6. 学生就业和择业的艰巨性

近年来,由于全球经济下行、国家经济结构调整等原因,就业难成为一个事关全国性和全局性的大问题。在广大农村,由于人均耕地面积少,二、三产业不发达,小城镇建设水平低,出现了大量亟待转移的农业人口,农村和农民面临的就业形势更为艰巨。当然也要看到,农村二、三产业正处于大发展阶段,农村工业化和城市化水平正处于加速发展阶段,客观上也为农村职业教育学生择业提供了机遇。这就要求农村职业学校加强对学生进行就业和创业教育,使职业学校学生在产业结构、经济结构的大变革中发挥更大的作用。同时,为了促进就业,还必须为学生创造在实现农村现代化和发展社会主义市场经济中充分发挥作用的条件,解决创业中遇到的困难,使他们真正成为燎原火种,为农村社会经济发展作出贡献。

第二节　农村职业教育的理论基础

一、舒尔茨的人力资本理论

美国经济学家舒尔茨提出了人力资本理论。舒尔茨认为，传统经济理论十分重视生产资料和货币在经济增长中的作用，而忽视了重要的生产要素——人的能力，这就难以对经济增长做出合理的解释。他认为，研究经济增长问题，有必要将人力资本概念引入传统资本概念中，而不是仅仅考虑有形的物质资本。人力资本和物质资本都具有资本的属性，同时又有异质性。在经济生产过程中，无论是体现在物质形式上的物质资本，还是体现在劳动者身上的人力资本，都对经济起着生产性的作用，作用的结果都会使国民收入明显增加。他认为，决定人类前途的并不是空间、土地和自然资源，而是人口素质、技能和知识水平。他强调了人自身的重要性，强调要提高人的素质和人口质量，而提高人的素质和人口质量的关键在于生产教育投资。同时，他还强调传统农业和现代农业的巨大差别主要是农民能力的差别，提高农民的能力是发展经济的重要因素。"发展现代农业，农民的文化水平是重要的。"[①]也就是说，要改变贫穷落后，就必须改变传统的农业生产方式，就要靠智力去增加资源的供给和加大技术投入。舒尔茨注重农民培训，认为现代农民的再生产能力要优于传统农民。因此，有必要对现代农民进行人力投资。一方面，政府要重视对农村职业教育的投资，多渠道充实农村职业教育师资队伍，设立农村职业教育专项经费，加强农村职业教育的教学设备和实训基地建设，为农村经济社会发展培养实用型人才。另一方面，相对于农村职业教育的学历教育，非学历培训更具有灵活性、周期短的特点，对促进农村劳动力转移、提高农民综合素养、培育新型职业农民均具有重要意义。因此，农村职业教育要重视非学历培训。"在这种成人教育中，农民学校、社区计划和特别的农业推广站可能是成功的。"[②] 以县级农业中等职业学校为基地，大力开展农村劳动力转移培训和现代农业技术培训，将学历教育与非学历培

---

① 西奥多·W.舒尔茨.改造传统农业 [M].梁小民,译.北京：商务印书馆,1987：198.
② 西奥多·W.舒尔茨.改造传统农业 [M].梁小民,译.北京：商务印书馆,1987：170.

训有机结合,为农民提供灵活、多样化的培训。舒尔茨的观点在发展中国家产生了广泛的影响,成为许多国家制定国家教育和经济发展规划的重要依据。

(一)舒尔茨关于农村人力资本的相关论述

1. 强调了人力资本在农村发展中的重大作用

舒尔茨通过比较日本和印度农村的情况,说明了人力资本的巨大作用。他说:日本和印度的农业生产的巨大差距并不是土地是否适合于耕作的问题。在这一点上,印度情况要好得多。印度也不吝啬对灌溉设施的投资。在考虑到所有因素之后,他得出结论:在把有用的知识运用于生产方面的技能上,日本耕作者比印度的耕作者高明得多。

2. 分析学校教育的收益

"教育的成本,教育的收益,以及教育是经济增长的源泉正日益受到经济学家的注意。"[①] 在教育投资方面,舒尔茨认为在各类教育中,学校教育是人力资本投资的最主要、最大的组成部分,是向人投资的"合适代表"。通过运用成本—收益方法进行测算,他对 5～8 年教育的收益率估计是 35%,而大学教育的收益率估计为 12%～15%。因此,他认定,初等教育的收益率大大高于中等和高等教育,虽然后两类教育的收益率也超过了一般投资的收益率。

3. 探讨农村的教育现状和原因

就农村的情况来看,农村青年不仅完成的学校教育年限比城市青年要少,而且教育质量也比城市青年差。而影响教育质量的因素除学生用功学习的动力和时间外,学校的教学设备、办学规模、教学专业化等,尤其是教师能力强烈地影响着教育质量。

4. 强调人力资本投资的重要意义

农业经济是一个动态的发展过程。在这个过程中,农民要有及时预见农业经济的不均衡性,把握投资机会,对新技术做出反应,有效地处理农业经济中的各种变化,从而推动经济增长的能力,而这种能力是人力资本的一种重要形式,它必须通过教育获得和提高。这种通过教育提高的农民人力资本,对农业现代化认识的能力、利用现代科学技术成果的能力和经营管理的能力能够带来显见的经济收益,而且教育水平越高,农民对变化条件的适应能力和调适能力就越强,收益也就越高。

---

① 西奥多·W.舒尔茨.改造传统农业[M].梁小民,译.北京:商务印书馆,1987:171.

5. 注重农村非正规的教育形式

他认为，非正规教育是正规农业和农村教育的重要补充，是农业经济不可缺少的有效投资。在动态的农业经济中，加强非正规教育，提高农民对经济条件的变化作出迅速而准确反应的能力，使农民能及时利用现代科学技术，把握投资机会，提高劳动生产率，以促进农业经济的增长，是十分重要和必要的。因此，"对于正在从事耕作而不能上正规学校的成年人来说，农闲时间的短期训练班、教授新耕作法和家庭技术的示范以及不定期地对农民进行教育的会议都能起到重要的作用"。①

（二）舒尔茨人力资本理论对农村职业教育的启示

舒尔茨人力资本理论明确地为我们指出了方向，那就是必须全面提高人的素质和人口质量。人的素质和人口质量可以从体能和智能两方面来衡量。从两者的关系来看，体能素质是基础，智能素质是关键。不论是体能素质还是智能素质，除了要有先天基础之外，后天的培养都是至关重要的。舒尔茨列举出五种主要的人力投资形式：一是医疗和保健，从广义上讲，它包括影响一个人的寿命、力量强度、耐久力、精力和生命力的所有费用；二是在职人员的培训；三是正规初等、中等和高等教育；四是非厂商组织的为成年人举办的学习项目（包括那些多见之于农业的技术推广项目）；五是劳动力适应于就业机会的迁移。后来又增添了用于移民入境的支出及提高企业能力方面的投资。舒尔茨把教育投资看作是整个人力投资的最主要的一部分，他指出：人们自我投资以增加生产能力与消费能力，而学校教育乃是人力资本的最大投资。教育的作用远远超过被看作是实际价值的建筑、设施、库存物资等物质资本。这些思想也对我国农村职业教育具有重要的启示意义。

1. 加强农村基础教育

国家作为教育的供给主体，必须把加强农村义务教育放到极其重要的位置，加大对基础教育的投资力度，保障农村义务教育经费，并强化对农村义务教育经费的专项管理。各级政府建立多元化的基础教育办学模式，多渠道筹措教育资金，加大对农村教育的投入力度，不断改善基础教育办学条件，出台优惠政策吸引优秀人才到农村支教，积极开展师资培训，提高义务教育

---

① 孙书光，翟印礼．重读《改造传统农业》中的农村职业教育启示［J］．农业经济，2015，341（10）：37．

水平，真正由政府承担起义务教育的责任。"要增加农民收入，需要切实把农村教育放在超前发展的位置，进一步加大教育投资力度，提高职业教育经费占当地政府财政支出的比例"。①

调整农村教育结构。注重义务教育与职业技术教育的有机结合，在实现义务教育目标的基础上，在课程中融入劳动教育相关内容，加强对学生劳动意识的教育和劳动技能的培训，使小、初、高中毕业生对劳动有正确认知，同时掌握一些实用生产技术，成为具备正确的劳动观、有一技之长的人，提升农村人力资本质量。

2. 大力发展职业技能培训

实现农民增收致富是解决"三农"问题的核心，增收致富的关键是农民就业问题，促进就业的关键是提高农民素质。随着市场经济的发展和经济增长方式的转变，社会各方面对劳动力素质的要求愈来愈高，劳动力素质日益成为制约就业数量和层次的主要原因之一。先培训后就业，以培训促就业，抓培训抓就业，正逐渐成为各地的共识。

大力发展现代农业的职业技术教育，积极开展多种形式的职业技能培训，以较小的成本、全新的信息最快的效益服务农民，能够系统、科学、全面地提升农民人力资本，增加其已有资本积累和优化，增加农民就业机会，拓展农业生产链，提升农业附加值。目前，一些地方开展"订单培训""定向培训"，由政府部门动态挖掘和掌握市场信息，根据企业的用工需求，按照不同行业、不同工种、不同岗位的基本技能技术操作规程组织农民开展职业培训，使培训与就业岗位需要紧密联系，以需求定培训，以输出带培训，效果十分显著。还有些地方试行"致富工程"，教农民上网。免费培训种养大户、农民经纪人、村组干部、基层农技人员和普通农民，使农民开阔眼界，加大对外交流，以便更快更好地获取所需知识、技能及市场情况。还有些地方通过定期对农民开展科学种田实用技术培训、职业技能培训和普及法律常识等方面内容的培训，让农村劳动力在乡务农懂得科技知识，外出打工拥有一技之长，又能依靠法律维护自身合法权益。更有些地方在投入巨资兴办职业技能培训中心的基础上，设立培训工作专项经费，用于农民职业技能补助。如对第一次参加培训的农村劳动力给予一定的经费补助，对"低保"对象、残疾人、退役士兵和失地农民给与免费培训的优惠待遇，对未升入高中的农村

---

① 西奥多·W. 舒尔茨. 改造传统农业 [M]. 梁小民, 译. 北京: 商务印书馆, 1987: 175.

初中毕业生进行一定期限的义务职业教育。

在对农民技能培训的过程中,要以转变农民择业观念为基础,以客观需求为依据,以实现就业为目标,以政策扶持为保障。要力戒形式主义,发扬求真务实的精神,了解农民需要,掌握市场需求,以求实际效果。

二、福斯特的农村职业教育理论

福斯特通过对非洲农村长期深入的研究,撰写了《教育与农村发展》(*Education and Rural Development*)一书,其农村职业教育思想的主要观点有:①农村职业教育的对象是农民而非学生。②农村职教的主要任务是向农民推广农业生产的新知识、新技术。③农村职业教育必须发挥农民的求知积极性。④学校教育在农村发展中的作用有限。另外,福斯特也强调在职业教育中采用"产学合作"的办学形式。他认为,职业学校的发展规模必须与当地经济发展相联系;要改革课程形式,在职校中多设工读交替的"三明治"课程和一些具体有实效的短期课程,实践课尽量在企业进行,缩小正规学校职教与实际工作情境之间的距离。其思想具体表现为以下几点。

(一)农村职业学校应坚持服务农村的办学宗旨

一般观点认为,农业职业学校是用来培养农业初、中级人才的。福斯特反对这种观点,他认为在职业学校内,规划者的意图和学生的期望差距很大。在我国,这种现象较为普遍——职业学校的学生被普通学校的选拔考试筛选下来,其中一部分学生和家长不愿意放弃升学的机会,这些学生进入职业学校学习,但是他们只是将职业教育当作进入高校深造的阶梯,而根本没打算把职业学校中的学习当作就业之路。所以,一些农业职业学校为了吸引更多的生源、迎合很大一部分学生想继续升学的心理,改变原来的办学初衷,对很多学生采用普教的方法和教材。这种做法改变了农村职业教育的初衷,理应受到质疑。有些农业职业学校,即使保留了职业学校的特点,但砍掉了许多与农学有关的专业,不管基础条件和师资力量是否允许,把许多当前热门专业如计算机、会计、市场营销等照搬过来,教育方向已经偏离。这些专业的学生毕业后更多地进入城镇寻找工作机会,而不再服务于乡村。本来农村职业教育的教学资源就有限,还要将本来就紧缺的教育资源浪费或闲置,这无疑是雪上加霜。既然称之为农业职业学校,就应该秉承为农业生产服务的办学理念和宗旨,农科专业应该最大限度地保留和发展,而不是取消

（二）农村职业教育的重要对象应该是广大农民

福斯特认为："如果一个来自农村的孩子其求学是为了离开乡村的话，那么任何学校中的农业课程对他来说是毫无意义的。"① 他提出：没有必要让学校在校生成为农业教育的对象。这个论点对我国农村职业教育有一定现实针对性。我国每年都有大批在中考和高考中失利的农村学生，从理论上来说，我国农村职业教育的生源充足，能够培养出大量的农业后继人才。但事实恰恰相反，大部分农村孩子求学的目的就是离开农村，放弃土地进城务工，或者继续追求学历教育。这些学生对农业课程的兴趣不大，学习的态度和效果可想而知。而农民是农业生产的主体，他们才是农业知识与技能的迫切需要者。多年来，农村经济发展一直缓慢，城乡二元结构的存在致使城乡收入差距逐渐加大，农民渴望农业给他们带来更多经济效益，只有通过学习新的技术和知识才能实现他们增加收入、改善生活的愿望。所以，农业职业教育更应该把教育和培训的对象定位于广大农民。

（三）农村职业教育要适合农民学习特点，采用灵活多样的方式

福斯特指出：职业技术培训必须主要在正规教育机构之外进行。要"发展非正规的短期职业培训，并且将培训内容与农民生活生产与实际利益紧密联结。"② 虽然很多人对这个观点持部分保留意见，但该观点的确能够引发大家对我国农村职业教育的反思。我国农村劳动力有一定的特殊性，多数青壮年劳动力都进城务工，留守的农民被称为"386199"部队，其中大部分年龄偏大，妇女和儿童比例高，劳动力文化素质偏低，长期远离书本，强行让他们接受正规系统教育，反而会使他们不适应，很可能导致其产生倦怠情绪和厌学心理。另外，我国农村劳动力分布较为零散，大多以家庭为单位进行生产，还有些地区交通不便，组织起来进行大课堂形式的教学有一定困难。如果能够采用灵活的教学方法，比如教师亲临田间地头指导，把农业生产的技术和知识穿插在生产过程中，边示范边讲解，减少实际操作与理论知识的

---

① 转引自杨景鹏. 基于慕课的新型农民培育路径研究［J］. 中国成人教育，2017，417（8）：153.

② FOSTER P. The Vocational School Fallacy Revisited: Education, Aspiration and Work in Ghana 1959-2000［J］.International Journal of Educational Development，2002，（1）：27.

差距；采用让农民之间展开相互观摩、相互辅导的学习形式；同时辅助收音机、乡村广播、露天影片等教学手段和教学媒介。这样，反而能够调动农民的学习积极性。所以，与农业生产过程相结合的培训效果肯定比让农民进入正规学校课堂的理论学习效果来得好。

福斯特认为，农民的要求也很现实，只有当他们看到科学技术带来实际的收益时，他们才有努力学习科学技术的愿望。所以，要针对本地经济发展的实际情况和特色及本地的产业优势，"向农民进行生产知识、新技术、新作物的推广和应用以及当地市场信息和生产新知识的传播"[①]，让生产效益来带动农民学习的积极性，这样农村职业教育才有成功的可能。知识和技术不是靠课堂上的讲授就可以得到直接的经济效益，它必须内化到学习者的认知中，并在生产实践中体现出来。当农民看到知识技术带来的经济效益体现在新的农产品的抢先占领市场、生产与操作的时间成本减少、农用土地利用效率提高等方面的时候，他们就会积极主动地接受教育，也会考虑把自己的一部分获利投资到继续接受教育上。不仅如此，还会吸引其他并没有打算接受农业教育培训的农民改变原来的想法，参加到农业的教育和培训中来。

尽管福斯特的教育思想并非完全符合我国的国情，提出的背景也不同于乡村振兴战略的大背景，但是却对我国现代农村职业教育发展具有一定的参考和借鉴价值。首先，我国农村职业教育的服务对象除了农村青少年学生外，更应该包含农村剩余劳动力、新型职业农民、返乡农业转移人口等。其次，我国乡村振兴战略和农业现代化的顺利推进需要大力培养不同类型的新型职业农民，福斯特提出的农村职业教育主要向农民推广农业生产知识和新技能在我国依然具有现实和实践意义。最后，农村职业教育不能超越农村生产力发展水平，农村职业教育必须紧紧围绕当地的特色产业发展，满足农民的个体需求。

三、内生发展理论

内生发展思想首先孕育于对世界现代化进程的反思。随着资本主义的兴起，工业化进程中物质增长速度的加快，先发国家抓住这一历史机遇在经济发展上取得空前成功。经受两次世界大战的重创后，世界各国面临的首要问

---

① 转引自吴振明.福斯特农村教育思想与国外农村劳动力转移的经验借鉴[J].中国成人教育，2011，282（17）：191.

题是，如何通过生产技术的革新实现经济恢复与快速增长。尽管先发国家同样遭受了战争破坏，但借助在生产技术等方面存在的先发优势，它们仍然实现了经济的快速恢复与增长，继续在世界经济体系中占据主导地位。生产技术的领先与经济上的成功使得先发国家成为后发国家竞相效仿的典范。在这种技术—经济中心主义的社会思潮下，经济增长被等同于现代化进程。在资本主义世界经济体系中，剩余价值的最大化是资本流动的唯一逻辑。尽管经济增长是先发国家和后发国家共同追求的目标，但这两种发展类型在主体关系上存在的结构性矛盾却不可避免。正如依附理论和世界体系理论所指出的，在世界经济体系中，先发国家和后发国家间存在着"中心—边缘"的结构性剥削关系，在技术革新和经济增长上，后发国家依附于先发国家。经济至上的导向导致后发国家对先发国家进行简单模仿，无可挽回地走上单向度发展并且注定失败的道路。内生发展则为后发国家从单向度发展中突围提供了一种新的思路。"内生发展理论"最早来源于日本社会学家鹤见和子在1975年提出的"内生式发展"这一概念。[①] 内生发展，在于日本的现代化是在外部力量驱动下形成的，因而需要内生发展理论作为一种工具，在现代化过程中构建一种文化认同，也即确定这样一个事实：日本的现代化过程烙有日本文化的印记。鹤见和子以发展过程中的主体性为理论基点，在批判了现代化理论、依附理论以及世界体系理论的基础上，阐发了内生发展理论。其核心观点在于发挥地方居民主体性推动现代化进程，后发国家的发展也可以是内生发展。

（一）农村内生发展的概念演化

现代化进程中的中心/边缘、主导/依附的结构性矛盾不仅仅存在于国家之间，在国家内部的区域发展中同样存在。工业化为城市在物质资料生产中赢得中心地位，城市化进程不断巩固着城市在发展中的主导地位。工业——城市增长极成为国家经济在区域发展中的主要着力点，实践的积极反馈进一步强化着增长极观点的战略指导地位。随着生产要素在城市的集聚，农村面临着国家发展战略的忽视、流动资本的全球攫利等压力，农村空心化、边缘化以及衰竭化问题日益严重，农村在文明进程中逐渐失语。作为社会组成部

---

① 田毅鹏.东亚乡村振兴社会政策的内涵及其体系构建［J］.浙江学刊，2023，260（3）：119.

分的农村在现阶段的生产力约束下无法被城市化进程完全吸纳，致使城乡矛盾成为全球社会普遍面临的结构性困境。

缩小城乡差距，化解城乡矛盾，外生发展模式一度被认为是行之有效的方式。外生发展模式以自由资本主义为哲学基础，其核心观点认为，外部力量的介入能够推动农村发展，"其发展特色是持续的现代化与工业化，并以追求经济增长为目标"[①]，在运作上则以市场经济逻辑为基础。在具体实践中，外生发展模式主要表现为两种类型：资本介入与国家发展干预。外来资本因其逐利的本质将农村发展简单地设定在经济增长这一狭隘的视域内。为实现单一的物质增长目标，农村的资源被大肆掠夺，与此同时，其他"无关"议题如人居环境、文化与社会建设等则被选择性地忽视甚至破坏。在强势的外来资本与弱势的农村地方居民关系结构中，农村的经济、社会及文化自主性遭到漠视，农村的地方特殊性及价值观在单一尺度中被肆意裁剪，致使地方在农村发展过程中深陷主体迷失与作用异化困境。更为致命的是，权力关系的失衡将地方逐渐物化成外来资本的赢利工具，农村随时面临着被抛弃的命运。为克服外来资本介入模式的缺陷，国家力量参与农村地区的发展进程，尤其是在一些遭遇资本忽视的边远贫困农村地区筹备发展干预计划。但是，在外生发展理念的主导下，计划实施过程中干预者与被干预者仍处于权力地位不平等的关系结构中，农村发展被限定在主导者的价值体系中，农村居民的自主性未得到有效激发。这导致干预计划经常处于无法与农村发展的地方特征有效耦合的危险境地。要有效解决农村发展困境，就要打破外生发展模式。

迫切的现实困境催生了对外生发展模式的不断反思，引发出内生发展理论。农村内生发展的理论最早可追溯到西欧和日本的相关社会思潮。西欧国家最先进入工业化，因而较早遭遇农村发展困境。对外生发展模式的抵制及对自由主义化的政治经济趋势的批判，边缘地区通过内生方式实现发展目标被视为一种可能。日本自明治维新开始效仿西方发达社会并取得一定意义上的成功，但这种效仿的"成功"却引发了国内的一系列社会问题，经济的过度发展、环境的日益恶化最终影响到人的发展，日本学者对此进行了种种反思性努力，鹤见和子是其中的代表性人物。鹤见和子将其内生发展理论运用于农村区域发展问题上，认为农村应该基于地方的主体性、特殊性、自主性，同时结合外来的知识、技术、制度等，实现自身的健康发展。相同的结

---

① 马勇军.乡村学校内生性发展的内涵解读与策略建构［J］.教育理论与实践，2020，40（16）：30.

构性矛盾将内生发展的观点在不同的文化背景下孕育出来，为农村发展困境的破解提供了新的可能。

内生发展通过强调"自下而上"的作用路径对外生发展的"由上而下"模式进行了突破，为农村经济社会发展提供了一种新的视角。从外生发展到内生发展的转换，意味着权力的转移。在外生型农村发展中，外部力量决定发展选项，控制发展的具体过程，享有发展带来的相关收益。而在内生的农村发展中，决定发展选项，控制发展进程，享有相关收益的是地方和农村内部各主体。

（二）农村内生发展的理论观点

农村内生发展的核心观点可以表述为：地方主体性形成的发展过程能够产生满足地方居民多样需求的发展结果。在这其中，地方作为分析单位是构成农村内生发展的重要理论概念。地方在地域范围上是小于国家单位的，但是也不完全等同于行政区域的划分。地方作为农村内生发展的分析单位，被赋予一种共同体的理论意涵。对此，鹤见和子作了充分的阐述，她在借鉴社区概念的基础上认为，"地方"这一概念包括地点、共同纽带、相互作用这三个方面[①]。所谓地点指的是人口的居住地，共同纽带则包括共同价值、共同目标、共同思想等，相互作用意味着居住在该地的人口之间所形成的交流、协作等互动关系，因而地方是特定地点通过共同纽带的维系在相互作用过程中创造各种可能性的场所。Ray 也认为地方是农村内生发展的构成要素，赋予其地方社区（community of place）的意涵。Ray 着重强调在内生发展中地方所具有的文化维度，他认为"'文化'的定义很广泛，涉及不同区域区分开来的特征（包括区分区域类型的一般特征，如'农村'和'城市'），因此，也是人们表达他们的归属感以及生活意义的方式"，并在此基础上提出地方文化认同。文化共享成为界定农村内生发展地方边界的重要依据，基于文化而形成的地方文化认同则有利于促成共同纽带的形成。同时，这意味着地方单位的范围需要被置于文化概念内审视。"内生发展从地方社区出发，而不是针对地方社区，为发展提供了一种解释，审视地方社会和利益相关者在推动发展中扮演的重要角色"。因而，在农村内生发展中，地方作为基本的分析单位具

---

① 转引自李琳琳.再造小农：农业产业化过程中小农户的生存机制研究 [D]. 上海：华东师范大学，2021：21-22.

有概念上的灵活性，可根据具体的分析情境发生变化，既可以是一个村庄，或者村庄内的群体，也可以是更大范围的农业区域，核心依据在于分析单位是否具备被视作共同体的内在基础。在实际研究中，村庄（或者说农村社区）成为内生发展分析最为基本的单位。由欧盟启动的以农村社区为基础推动农村内生发展的 LEADER 项目即为一个典型。

内生发展理论认为，可持续发展是以区域内行动者的主观能动性为前提的，充分发挥自身的资源、人才、产业、文化等优势，通过区域内行动者的共同努力才能得以实现"。在当前乡村振兴的大背景下，一方面，当前农村"空心化"的形势日益严峻，消除农村"空心化"的关键在于农民个体主观能动性的发挥。另一方面，农村贫困地区的精准扶贫、精准脱贫是实施乡村振兴战略的重要内容和内在要求，而农村职业教育对精准脱贫起着强有力的助推作用，其使命在于通过精准培训激发贫困人口的内生动力。因此，在乡村振兴战略背景下，要从整体上提升农民的综合素养和职业能力，让贫困人口掌握一门实用技术技能，重"造血"式扶贫而非"输血"。

（三）农村内生发展的理论困境

面对全球化背景下农村现代化困境，内生发展经历了从概念的提出、演化，到相关理论观点的提出、丰富的过程，反映出农村内生发展研究仍然处于理论发展阶段。目前，对于农村内生发展存在一些批评的声音，认为内生发展概念定义模糊，缺乏明确的理论根基，"内生发展不是由明确的理论基础构成的发展模型，而更应该被视为相对于经常观察到的发展模式和过程的一种理想化描述"，"其强有力的基础是对理想发展形式的价值判断"，更为激进的观点甚至认为，"内生发展在当前形势下是服务于政治功能而不是共同的社会或者经济目标"。

内生发展理论不同于以帕森斯为代表的现代化理论，不是一种通用理论，而是一种从特定经验出发进行的理论尝试。这反映出内生发展在日本学术渊源中的扎根理论性质。在欧洲研究情境中，农村内生发展的兴起源于对欧洲农村发展政策尤其是 LEADER 项目的经验总结与反思。与此同时，关于农村内生发展的研究观点也被概括为一种理论，对农村发展问题进行诠释，或对农村发展干预项目进行指导。例如，针对非洲的农村发展问题，一些研究制定出具体行动步骤或曰脚本，以提升村庄的内生发展。对于一种已被经验材料广泛验证的理论来说，指导实践活动是其价值和意义的体现，但对于目前更适合被称为理论视角的内生发展理论来说，这无疑是操之过急。农村内生发展仍然处于理论形成阶段，对此 Slee 甚至认为，"迄今为止（关于内生发展的）证据过于零散而无法提供任何概括性结论"。

内生发展是一个强有力的观点。为推动农村内生发展的理论的完善和应对现实困境，今后的研究可能需要从以下几点作出努力。第一，在坚持农村内生发展的经验导向之外，同时也注重从不同学科背景中引入多样的理论观点，比如，有研究将行动者网络理论、演化博弈理论等理论带入内生发展分析中，以此夯实农村内生发展的理论基础。此外，内生发展概念也仍然有必要得到深入的辨析。第二，来自不同社会背景下的农村内生发展研究需要加强对话与交流，农村生计研究由于国际性学术机构的推动和国际性学术会议的举办而得到长足的发展，农村内生发展研究可以借鉴于此促进不同观点的碰撞，推动理论进步。第三，多种研究方法并举以丰富农村内生发展的理论内涵。当前关于农村内生发展的测量工具较为缺乏，亟待取得重大突破，并且，对于农村内生发展的研究也有必要从理论归纳阶段适时转向理论演绎阶段，以形成完整的理论构建过程。现如今，随着人类社会发展进程的不断深入，城乡融合发展已日益成为一项重要的社会共识，对此，农村内生发展的理论使命不是制造城乡的对立，而在于确立多样生活方式的可能。

四、教育现代化理论

教育现代化，一般是指经济与教育相对落后的国家，采取一系列改革与发展政策，推进教育事业的发展，争取达到现代教育水平的过程，最终促进教育的高度发展，满足本国现代生产和科学文化发展与社会进步的需要，实现教育向现代社会所要求的先进水平的转化。"教育现代化是人的现代化的手段和保障，教育不仅为经济社会各领域提供人才，更要使每个人的潜能得到充分发展"。[①] 教育现代化的水平并没有一个绝对尺度。由于教育本身具有较为复杂的属性，如社会性、生产性、历史性、阶级性、民族性、继承性等，同时由于各国社会价值观念、意识形态、民族传统等方面的区别，不可能划定全世界统一的教育现代化的标准。因而有的教育规律具有普遍性和世界性，有些规律则依据不同社会制度而有所不同。

---

① 钟贞山.以人民为中心的教育现代化：理论、实践与内涵实现［J］.国家教育行政学院学报，2018，241（1）：57.

农村教育现代化作为教育现代化的亚结构，在性质上同教育现代化具有内在一致性。农村教育现代化具有"过程"和"目标"两种属性，前者强调农村教育从传统到现代的转换过程，后者强调农村教育发展所应达到的一种状态。"过程"属性意味着我们农村教育现代化是个永无止境的追求历程，"目标"属性提示我们处在某一阶段的农村教育应该具有某些应然特征。那么，当农村教育具有什么特征的时候，我们可以说这种教育就比较现代了呢？从我们所把握的农村教育研究的总体状况来看，近些年关于"农村教育现代化的特殊性"的研究成果非常薄弱。那么，如果将农村教育现代化视为教育现代化的一个组成部分，关于教育现代化的特征就能够给我们提供很大启示。农村教育现代化的理念就是人们对农村教育现代化的理性认识、理想追求及其所形成的观念体系。也可以说，农村教育现代化的理念，就是人们在努力追求农村教育现代化的过程中，所应该秉持的观念体系，这种观念体系是一种理性认识、一种理想追求。这样的认识和追求将有助于农村教育现代化目标的实现。

农村教育现代化的理念对农村教育现代化的理论、政策和实践都具有重要指导价值。但是，从以往的研究中，我们看到"理念"具有内容一般化、主体不明确、功能理想化、问题指向模糊等特点，而政策和实践一般都比较具体，而且有明确的领域或问题指向，注重困难解决的实际效果。这就导致了理念对政策、实践往往不能产生直接指导作用，理念的价值因此也常常得不到足够的重视。

农村教育现代化的理念，一方面必须反映全社会对农村教育现代化的价值期待，另一方面必须反映教育系统对农村教育现代化的价值期待。因此，必须处理好全社会价值期待与教育系统价值期待之间的关系。首先，农村教育作为一种专门性的社会活动，该活动的性质和特征必然与社会背景密切关联。农村教育现代化理念需要反映全社会的价值期待，这由社会发展大背景所决定，也是"教育发展具有社会制约性规律"的体现。如果农村教育现代化不反映社会发展的先进理念，其发展方向就可能同社会发展方向偏离，从而导致农村教育走向低效或失败。其次，农村教育这种社会活动又具有特殊的活动属性。因此，在实现现代化的过程中，还必须在社会发展理念的引领下，创造性地寻求符合农村教育自身发展的现代理念。如果寻找不到农村教育领域内的特殊理念，那将有可能使农村教育现代化的发展同教育系统自身价值期待偏离，违背教育自身的发展规律，成为一种没有教育方向和没有教育个性的现代化。因此，在选择农村教育现代化的理念时，必须尽量做到这些理念既要符合社会发展的总体趋势，又要符合教育系统的特殊要求。如果普适性的理念能有效指导农村教育现代化，那就充分发挥其功能；如果普适性的理念不能有效指导农村教育现代化，那就用农村教育的特殊理念修正或改变普适性的理念。

农村教育现代化是一个从传统农村教育向现代农村教育的转化过程。"所谓转化，并不是把传统教育抛弃掉，空中楼阁地去构建一个现代教育，而是通过对传统教育的选择、改造、发展和继承来实现的"。强调理念来源的现代性就意味着，这样的理念是面向前沿和未来的，旨在提醒全体农村教育人，对现代社会发展大势保持一定的敏感。从现代发展大势中，积极应对挑战并寻求农村教育现代化的发展机遇。强调理念来源的传统性就意味着，这样的理念是源自我们过去的传统。"教育现代化只能在我国优秀传统教育的沃土上创造性地转换，离开传统教育谈教育现代化只能是空中楼阁"。[①]继承和发展传统农村教育中的优秀成果，能够有助于认识农村教育在时间层面的发展脉络，并真正找到农村教育的"个性"。因为这种"内生型"的理念，更能反映农村教育的自身特色。这种"既现代又传统"的理念特质，会有助于确保我们的农村教育现代化，一方面同全社会现代教育发展趋势和总体特征保持一致，另一方面又找到了农村教育发展的自身独特价值。

五、可持续发展理论

近代以来人类对自然资源进行掠夺式开发，给生态、环境等带来了极大破坏，面对日益严峻的生态问题，人类意识到不能一味地向自然索取，需要确立人与自然共生的可持续发展观。[②]

可持续发展观强调既要考虑当代人的需要，又要顾及后代人的需求；在同代人之内，既要考虑此地人的需要，又考虑彼地人的需求；要求思维主体不能仅从个人的、群体的需要出发，而必须超越个体、群体本位，从系统价值观去认识、分析和解决问题。可持续发展观是站在未来的立场上考虑现在，并以当前的现实承诺未来。一般的教育模式中，时常定位于把过去积累

---

① 马美铭.关于实现教育现代化的思考[J].中学政治教学参考，1999（2）：1.
② 赵钟楠，张越，黄火键，等.基于问题导向的水生态文明概念与内涵[J].水资源保护，2019，35（3）：84.

的社会文化传授给现在的学生以适应未来的生活。这种模式缺陷是明显的。因此，课程的开发与建设如不能切合现在、展望未来，则学生不但不能体验到文化精髓，而且即使学了也无助于现在和未来需求。因此，课程开发的一个重要取向应该是适应社会及社会的发展，既要顾及实用性，还要顾及前瞻性。职业教育的专业设置和课程开发一直强调与市场"适销对路"，它促进了教育与社会（市场）的结合。但从另一方面看，也使得职业教育表现出工具化、功利化等趋向，尤其是就业市场瞬息万变，我们的专业设置和调整永远滞后于市场变化的速度，加之未顾及教育的前瞻性，有的专业设置一哄而上，如经济管理类专业一度供不应求，加之所需教学投入较工程类更少，于是各校对这些专业趋之若鹜，竞相扩大招生规模，其结果必然造成培养人才过剩。在教育中，按照可持续发展的理念，我们不仅要教育学生学会学习，适应终身教育和学习型社会的要求，还应该使学生学会正确认识自己，认识周围的客体，使之具有选择和决策能力。

可持续发展的伦理观中的一个重要原则是和谐原则。和谐是指全球范围的人与自然的和谐共处。通过人类行为的彻底转变，建立一个与自然环境相协调的、在地球上具有合适性和正当性的、能够永久存在的人类社会是可持续发展思想的实质。党的十九大报告中也提出"人与自然和谐共生"。和谐就是矛盾的双方处于非对抗状态，是在一定条件下相互依存、相互渗透达到统一而出现的状态。可持续发展思想，就是针对人与自然的和谐关系已经遭受严重破坏的现实而提出的。

可持续性发展就是指各要素之间整体性协调发展。农村教育信息化要积极融入当地社会经济发展当中，适合当地农村区域特点因地制宜，解决实际问题。农村中小学利用技术和人才优势，发挥人才培训技术指导功能，辐射整个农村社区，同时，吸纳所在地区政府、企业或个人包括官方和民间资金等资源，优势互补，加快自身发展步伐。内部因素的协调发展，就是指农村教育信息化从资金投入、资源建设到实际应用、人才培养再到监督评价机制等要素之间的合理协调，实现内部人、财、物的顺利调配，以达到功能的整体协调，达到人才培养、技术进步、社会发展的共同目标。

"可持续性"发展还包括发展态势上的延续性和发展质量上的健康性。"可持续性"从外部因素而言，是指农村教育信息化的外部环境对其发展的可持续性支持和有效性限制，包括资金、人才、技术上的保障支持与限制。从内部因素而言，指的是管理水平上健康发展，如管理有力，分工合理，评价有效；资金投入和保障上的可持续性；设备维护和更新上的可持续性；人才队伍建设上的可持续性，队伍数量充足，质量不断提高，知识水平及时更新。

第三节　农村职业教育的历史回溯

农业是国民经济的基础，是发展国民经济的战略重点。发展农村教育，特别是发展农村职业教育，对于开发农村人力资源，提高农村劳动者素质，推动生产力的发展，繁荣国民经济，促进社会进步，进而振兴国家民族，都具有重大意义。纵观新中国成立以来我国农村职业教育的发展历程，不难发现：在不同历史时期，由于受经济社会发展目标的影响和制约，农村职业教育的发展目标也在变化。新中国成立以来的我国农村职业教育发展历程主要可以分为以下四个阶段。

一、初步探索阶段：为农业恢复和发展服务（1949—1978年）

从新中国成立之初到改革开放的29年，我国主要经历了社会主义改造、全面建设社会主义和"文化大革命"三个时期。这个阶段中国家以恢复稳固为建国之基本方针。农村职业教育在这一时期几经变迁，但值得注意的是，这一时期的农村职业教育发展主要是为解决温饱问题，为农业的恢复和发展服务，政府制定的各项职业教育政策旨在促进农业的增产、农村的全面发展和农民生活质量的提高。

（一）农业中学的创办和发展

新中国成立初到1952年，是国民经济恢复时期。这一时期，国家从旧政权手里接管了学校，有计划、有步骤、慎重地对旧教育进行了卓有成效的改造、整顿和提高工作，同时根据革命和建设的需要，发展新的教育事业。从根本上改变了旧中国教育的半封建、半殖民地性质，建立了新民主主义教育体系。当时，在旧中国千疮百孔的基础上建立起来的农村，正规的职业教育很少，传统的师徒传承是农村职业教育的主要形式。

农业中学的发展受到中央和地方政府的极大重视，中央批示指出：农村工作的当务之急是要多办一些农业中学，并且要办好。1958年3月，中共江苏省委在南京召开民办农业中学座谈会。中共中央宣传部部长陆定一在会上指出:"动员群众的力量办各种职业中学,特别是创办农业中学,使不能进普通初中的小学毕业生都能升学,这是一个好办法。办农业中学,不但有利于教育事业的大跃进,而且也有利于农业生产的大跃进。"刘少奇在中央政治局会议上提出"我国应有两种教育制度、两种劳动制度"意在"国家经费不至于增加太多",对于其所言的节约经费,在当时相比正规中学,农业中学的确让国家少了许多负担,就当时盐城地区估算,国家在一个全日制中学生身上需要补贴 180 多元,而一个农业中学的学生只需要 18 元。

1958 年 3 月 10 日,江苏省海安县双楼乡的农业中学正式开课,这标志着我国农业中学的诞生。海安县双楼乡以"群众自办、半耕半读、勤俭办学和为生产服务"为原则,花了三天时间和两三元钱就创办了全国第一所农业中学,招收高小毕业生入学。该学校招收高小毕业或同等文化程度的青年入学,学制为三年,上课采取半日制,一半时间上课(包括实习),一半时间下地劳动,基本原则是"农忙少学,农闲全学,特殊情况不学,取消星期日制度"。办学经费根据"谁出钱谁读书"的原则,每个学生每年收 8 元(当时普通初中生学费为 14 元)。开设政治、语文、算学、农业知识四门课,语文、算学教师由当地的两名高中毕业生担任,农业知识课由农业技术推广干部兼任。之后,全国各地发展起来的农业中学,主要是培养农业生产所需的初级技术人才,培养对象是高小毕业生和具有同等文化程度的青少年。

农业中学的大力发展出现在 1959 年下半年到 1960 年,这时期由于庐山会议的召开和反右倾运动的开展,农业中学进入了大发展阶段。由于农业中学发展过程中出现数量过多,质量不足的情况,1960 年起中央开始着手纠正农村工作中的"左"倾错误,提出对国民经济实行调整、巩固、充实、提高的方针。教育部于 1961 年 7 月 3 日召开全国高等学校及中等学校调整工作会议,开始调整学校规模布局等,大规模缩减了农业中学数量以提升其质量。此后 1963 年随着农业生产形势好转,国家着手恢复与发展农业中学。一些过去停办或者合并掉的农业中学和与农业有关的技术学校积极设法恢复。

当时农业中学学制规定为三年,每月正课不得少于 90 课时(自修、班级活动除外)。在课程设置上一般设政治、语文、数学、农业知识四门课程。具体各校可因地制宜,根据实际情况灵活办学,在不影响总教学任务的前提下采用农忙少学,农闲多学,雨天多学的办法。农业中学作为重要的中等学校,对促进农业的恢复和发展起着关键作用,为农村培养了大量的农业技术人才，促进了农业生产水平的提高。

（二）城市职业学校的创办和发展

1963年5月，教育部和劳动部在北京联合召开城市职业教育座谈会，会议指出，由于中等专业学校、技工学校和学徒培训有很大压缩，普通中学中缺乏必要的为劳动就业做准备的生产知识的教育和思想，特别是为农业服务的教育做得不够，出现了很多问题。比如：城市大量的初中毕业生不能升学，而又缺乏思想准备和职业训练，就业相当困难；城市和农村又都缺乏各项劳动后备和技术后备力量。于是，城市职业学校在此情况下应运而生。

从1963年开始，各种职业学校有了一定发展，据《1949—1965年中国职业教育发展研究》统计，1963年职业中学共有546所，到1965年增至7249所，在校生人数由6.21万人增至126.65万人，占当时高中阶段学生总数的53.2%。[①]

（三）半工（农）半读职业学校的创办和发展

1964年5月，中央工作会议上提出了要实行两种劳动制度、两种教育制度。1965年3～4月还举办了第一次全国农村半农半读教育会议。会议认为，"近年来各地试办的半农半读教育制度为我国农村多快好省地普及小学教育和发展中等教育开辟了一条新的道路"，要"在巩固已有成绩基础上，实行全日制和半农半读两条腿走路，普及小学教育，扩大试办农业中学，积极试办半农半读中等技术学校"。同年5月30日，《人民日报》也发表了社论《努力办好半农半读学校》。同年7月14日，中共中央批转教育部党组关于这次会议的报告并发出《关于半农半读教育工作的指示》，强调指出："农村教育在我国教育事业中占的比重很大，抓好半农半读教育工作，对改变我国教育事业面貌，具有决定性的作用。"[②] 在中央一系列政策推动下，作为半农半读的重要部分，农业中学重新得到恢复。而半工半读学校作为教育和生产劳动高度结合的新型学校，能够弥补当时农业中学和城市职业学校的不足。青少年进入学校后，既是学生，又是生产劳动者，有一半的时间学习文化知识、理论知识，一半的时间参加生产劳动。毕业后既可以从事体力劳动也可以从事脑

---

① 中国教育报.锻造大国工匠 奠基中国制造［EB/OL］.（2019-09-27）［2023-05-14］.http://www.moe.gov.cn/jyb_xwfb/s5147/201909/t20190927_401296.html

② 中共中央.关于半农半读教育工作的指示［EB/OL］.（2007-06-13）［2023-05-14］.http://www.ce.cn/xwzx/gnsz/szyw/200706/13/t20070613_11731851.shtml

力劳动。在农业中学巩固提高和整顿调整之时,半工半读职业学校也逐渐走上轨道。在办好全日制学校的同时,试行半工(农)半读教育制度是我国教育事业中一次深刻的革命,对改变我国教育面貌,具有决定性的作用,培养了大批社会主义觉悟的有文化的劳动者,在缩小脑力劳动和体力劳动的差别等方面,半工半读学校显示出它特有的优越性。到 1965 年,农业中学增长至 54 332 所,在校生达 316 万余人。

(四)学校教育与社会实践相结合

农村职业教育一直坚持学校教育与社会实践相结合,也正是这种模式才能更大地发挥农村职业教育的作用,使其培养的技术人才能学以致用。毛泽东在革命根据地时期就提出过"教育与生产劳动相结合",新中国成立初期实行的半工(农)半读两种教育制度和改革开放之后实行的农科教三教统筹,都说明了我国农村职业教育适合走理论与实践相结合的道路。1958 年 9 月,中共中央、国务院《关于教育工作的指示》中将教育与生产劳动结合作为国家的教育工作方针,指出学校须将生产劳动列为正式的课程。学校教育与社会生产相结合的具体体现就是工学结合和校企合作。"两种教育制度、两种劳动制度"是刘少奇在 1958 年 5 月提出的,指一种是全日制学校教育制度和工厂机关内八小时制的劳动制度,另一种是半工半读的学校教育和半工半读的劳动制度。两种教育制度与全日制相较,无疑扩大了招生范围,也满足了学生的升学要求,在参与劳动实践的同时培养了学生的动手能力,提高了技能水平,为毕业后的就业奠定了基础。改革开放后,1987 年 1 月根据《关于全国职业技术教育工作会议情况报告的通知》相关精神,提出了把农村基础教育、职业技术教育和成人教育进行"三教统筹",意味着三种教育在师资力量、办学条件、硬件设施等方面优势互补、资源共享。三教统筹在真正的实践落实过程中逐渐发展为农科教结合,即在政府统筹协调下,使农、科、教等各有关方面形成强大合力,以促进农业和农村经济发展为目标,以推广先进农业科学技术为动力,以加强农村教育特别是职业技术教育和适用技术培训为基础,实现农业和农村经济的全面振兴。在三教统筹和农科教结合的指引下,全国各地区逐步树立了"大农业观"和"大教育观",农村教育与农村经济社会发展紧密结合,农村职业教育也不断地在实践过程中总结经验和探索更适合的办学模式,比如"宽、实、活"的模式。从农村职业教育的发展过程来看,实践证明了学校教育与生产实践相结合,不仅保证了教育为社会经济发展服务，同时也使农村各项事业的发展不再被动地而是积极主动地去依靠教育，形成教育与社会经济发展的良性循环。

这一时期，地方开办了大量农业和职业中学，中等职业学校得到调整和发展，职业教育普遍实行半工半读，重点在于加强中专和技校技工培训，但职业教育总体还存在缺乏层次体系，专业学科设置失调，升学和就业方面矛盾尖锐等问题。

二、规范化建设阶段：为促进农村经济全面发展服务（1978—2000年）

1978年，对于中国是具有划时代意义的一年，举世瞩目的改革开放大潮就是从这一年开始涌动，中国职业教育在新时期大规模发展和改革也从此起步。1978年十一届三中全会作出了把全党的工作重心转移到社会主义现代化建设上来的战略决定，我国农村职业教育史上最大规模的发展和改革也正是在这一年开始的。党中央确定了百年大计教育为本，把教育放在突出战略地位，为职业教育提供了极为有利的大环境。随着市场经济体制的确立，经济结构的变迁，农村生产力得到解放，农村第二、第三产业逐渐发展起来，农村产业结构的变化迫切要求农村职业教育的发展目标转向为农村经济全面发展服务，不但要服务于农业的发展，更要为农村其他产业的发展提供技术支持和培养农村技术人员。为农村经济全面发展和促进农村剩余劳动力转移，成为这一阶段农村职业教育的发展目标。

（一）农业和农村现代化建设对农村职业教育提出了新要求

新中国成立40多年来，特别是党的十一届三中全会以来，我国农业和农村建设取得了巨大成就，农村面貌发生了历史性的变化。在农业和农村形势发展上有以下的突出特点。

（1）由温饱型向小康型过渡。经过"六五"计划和"七五"计划期间的努力，我国农村经济有了很大的发展，农民生活状况有了显著改善。到1990年，我国粮食产量突破了8000亿斤大关，乡镇企业总产值已占到全国工业总产值的1/3；1991年，我国农民人均纯收入已达710元，人均纯收入低于200元的人口已由1985年的1.02亿，减少到3500万，下降了65.7%。可以说已经基本解决了广大农民的温饱问题。这样，如何奔小康的问题便提上了重要的议事日程，实现小康是我们要为之奋斗的主要目标。小康不仅仅意味着农民的收入和生活水平要有大幅度的增加,更重要的是农业和农村生产能力应有大幅度的提高,农村的医疗、卫生、文化、娱乐等社会服务事业及住房、交通等各项基本建设也将展现新的面貌。

(2)由传统农业向现代农业转变。随着越来越多的农民正在突破传统的经验型耕作方式而讲究科学种田,一些城市郊区和较为发达的农村地区的农业生产开始朝专业化、集约化的方向迈进,各种化肥、农药、良种、农用薄膜及农用机械呈现供不应求的局面,各种形式的科技服务网络、社会化服务体系正在迅速发展起来。这一切都表明,我国传统农业向现代化农业的转变速度正在大大加快。

(3)由产品经济向商品经济转变。长期以来,我国的农业生产主要侧重于追求产量,这种状况从改革开放以来正在迅速地起变化。农民的生产经营,已不再局限于向土地要粮吃、要衣穿,还要求有钱花;随着市场的放开,对农产品的品种和质量要求越来越高,玉米、高粱等粗粮正逐步由口粮转为饲料,锦红苹果正被红富士等优良品种所代替等。种种变化表明,农村产品经济的发展要求实现高产、优质、低成本和高效益,要求合理地调整产业结构和产品结构,要求在不放松粮食生产的前提下,发展农、林、牧、副、渔多种经营,发展乡镇企业。

上述特点表明,我国农业和农村经济的发展已经进入一个新的时期。党和政府作出了"科技、教育兴农"的重大战略决策。这些重大的发展和变化,对农村教育,特别是农村职业教育提出了更高、更迫切的需求,也为改革和调整教育的层次结构,规划专业的布局、改进教学的内容和方法,明确人才培养的规格和质量标准等提供了重要的依据。

(二)农村职业教育的发展

改革开放之后,农村职业教育得到恢复和逐步发展。20 世纪 80 年代初,各地有计划地将一部分普通中学改为职业高中,到 1984 年普通高中学校数和在校学生数分别比 1978 年减少了 3.8% 和 55.6%,职业技术学校在校生占高中阶段在校生的学生总数比例,1978 年为 18.92%,1985 年为 34.3%,1989 年为 44.7%,1990 年为 46%,1991 年为 46.7%。到 1991 年,全国农业、职业中学(含职业初中)9572 所,毕业生 94.54 万,招生 137.82 万,在校生 315.55 万,分别相当于 1980 年的 2.89 倍、11.9 倍、4.49 倍、6.95 倍。职业高中 8016 所,在校生 263 万,农村 6600 所,在校生 160 万,其中农科 50 万。

"七五"计划时期,国民生产总值平均每年增长7.8%,国民收入平均每年增长7.5%,工农业总产值平均每年增长11%。1990年,农业总产值7382亿元,比1985年增长25.3%;全国工业总产值23 851亿元,比1985年增长85.1%。随着我国经济继续迅速发展,居民生活进一步得到改善。农村职业教育与国家经济发展息息相关,我国农村职业教育坚持"教育必须为社会主义建设服务,社会主义建设必须依靠教育"的方针,从1985年到1990年,全国农业、职业中学数量不断增加,招生人数和毕业生人数突飞猛进,培养了大批服务于农业和其他产业的技术人才。

农村产业结构的调整和农村剩余劳动力的转移直接影响到农村职业教育的发展。1993年到2000年的农村职业教育发展处于滑坡状态。1993年以来,农村职业学校为农业服务的专业出现严重滑坡现象。1992年到1995年,三年之间,农业类专业招生人数由25万人下降到16万人,下降了36%。这种情况与农业产业结构调整的幅度和农民致富对农业技术的需求情况不相适应。农业始终是国民经济发展的基础,必须依靠科技进步使农业和农村经济实现大的跨越。因此"九五"期间,国务院提出要依靠科技进步促使农业增长率由当时的35%左右提高至50%左右,农村职业学校应坚持面向"三农"办学,在办好为第一产业服务的专业同时,根据需要发展为第二、第三产业服务的专业,为发展优质、高效、高产的农业服务。

三、现代化发展阶段:为培养新型农民服务(2001—2010年)

进入21世纪以后,城市的快速发展和农村的停滞不前导致了城乡之间贫富差距不断扩大,这种差距的存在和不断扩大,使得我国经济社会发展受到影响,在一定程度上甚至威胁到社会稳定;与此同时,"农业转移人口"问题逐渐显现,大批农业转移人口的涌现和流动为城市的经济发展提供了廉价劳动力,农村剩余劳动力的转移一方面制约了农村经济的发展,另一方面也给城市带来了压力。2005年中共十六届五中全会通过的《中共中央关于制定国民经济和社会发展第十一个五年规划的建议》中,提出了社会主义新农村建设,新农村建设是在我国总体上进入以工促农、以城带乡的发展阶段后面临的崭新课题,是时代发展和构建和谐社会的必然要求。我国全面建设小康社会的重点难点在农村。实现城乡一体化,建设社会主义新农村,农村剩余劳动力的转移都需要提高农民素质,农村职业教育要以服务农村为宗旨,以就业为导向，作为新农村建设的主体力量，培养社会主义新型农民就成为这一时期农村职业教育的发展目标。

社会经济的发展对于农村职业教育的要求越来越高，但是农村职业教育办学体制的不健全和办学的盲目性导致其办学水平和办学质量难以满足经济建设对人才的需求。比如频频出现的"用工荒"问题的症结之一在于，职业教育培养的人才与社会需求的人才存在偏差和脱节，办学模式和人才培养计划与当前社会需求没有做到密切结合，专业设置和结构布局不合理。这就形成了一种恶性循环，接受过职业教育的人难以在社会上找到合适的工作岗位，继而影响职业教育下一步的吸引力和招生，导致职业教育特别是农村职业教育规模萎缩和教学质量下滑。

农村职业教育与其他教育形式最大的区别在于，具有极强的生产性和实践性。农村职业教育的这种特性，势必需要相应的设备、人员和场地等要素的支撑。经费投入不足，办学条件差，实验设备短缺，都会直接影响农村职业教育的发展。《中华人民共和国教育法》（简称《教育法》）明确规定，国家财政性教育支出应占 GDP 的 4%。2011 年教育经费投入只达到了 GDP 的 3.42%，职业教育经费的投入比例，1999 年为 10.43%，2001 年为 8.13%，三年之间不增反降，这一经费的投入增长速度比全国教育总投入增长速度低很多。2001 年到 2002 年教育经费支出增长了 18.5%，中等职业教育只增长了 6%，中等职业教育占财政预算内教育拨款的比例从 7.27% 降到了 6.35%，这些特点导致了农村职业教育的经费投入更是凤毛麟角。此外，农村职业教育的管理和经费投入也存在多头管理问题。改革开放以来，农村职业教育的管理机构包括国务院、各级政府、中央和地方各有关部门。其中以教育行政部门和劳动保障部门为主要管理部门，县、乡两级政府主要承担着管理农村职业教育的具体执行职责。管理机构形式没有太大的变动，但管理机构之间的责任和权力关系发生着变化。如在经费管理上，在第一阶段的政策文本里，明确地方政府和各有关部门负责经费的投入，但在第三个阶段，却提出省级和中央政府适当支持地方职业教育。经费投入不足，农村职业教育的发展将步履维艰。

四、为新时期经济社会发展服务的农村职业教育（2010 年至今）

（一）经济发展方式转变对农村职业教育提出新要求

2007 年 10 月中国共产党第十七次全国代表大会在北京隆重开幕，会上明确提出了转变国民经济发展方式的重要方针，即由原来的转变经济增长方式到转变经济发展方式。这是我国经济发展方式历史性的转折，实质在于提高经济发展的质量，即主要通过科技进步和创新，在优化结构（经济结构、产业结构、城乡结构、地区结构等）、提高效益和降低能耗、保护环境的基础上，实现包括速度质量效益相协调、投资消费出口相协调、人口资源环境相协调、经济发展和社会发展相协调在内的全面协调，真正做到又好又快发展。

发展农村职业教育对于缓解企业用工荒、促进我国产业结构升级、解决新生代农业转移人口就业有着积极意义。我国经济社会发展进入新时期，工业化进入新阶段，产业结构调整和城镇化进程加快，随着新兴产业的兴起和产业技术革新，劳动力市场对人员素质要求的变化，经济发展方式的转变导致经济和产业结构的调整，这将引发人力资源的新的需求和新的分配格局，进而引起职业教育的波动和调整。经济结构的调整还会引发人才和劳动者的流动，产生大量下岗、转岗人员，国际金融危机发生后，我国就出现了2000万返乡农业转移人口大军。这些都对农村职业教育提出了新的要求。

针对现阶段我国职业教育存在的怪现状，如一边是高就业率，一边却是招生难；一边是技工奇缺，一边却是大量新生代农业转移人口就业难。《国家中长期教育改革和发展规划纲要（2010—2020年）》将发展职业教育放在了突出的位置，强调职业教育是促进经济社会发展的有力措施，对于提高就业率、改善民生、解决"三农"问题具有重要作用。特别指出要加快发展面向农村的职业教育。把加强职业教育作为服务农村建设的重要内容。强化职业教育资源的统筹协调和综合利用，推进城乡、区域合作，增强服务"三农"能力。加强涉农专业建设，加大培养适应农业和农村发展需要的专业人才力度。支持各级各类学校积极参与新型农民、进城务工人员和农村劳动力转移培训。面对我国产业转型升级的需求，2014年中央再次召开全国职业教育工作会议，习近平总书记作出重要批示："职业教育是国民教育体系和人力资源开发的重要组成部分，是广大青年打开通往成功成才大门的重要途径，肩负着培养多样化人才、传承技术技能、促进就业创业的重要职责，必须高度重视、加快发展。"国务院颁布《关于加快发展现代职业教育的决定》，提出建立产教深度融合、中职高职衔接、职业教育与普通教育相互沟通的现代职业教育体系。同时，建立高职生均拨款制度，与本科享受同等待遇。2018年，习近平总书记亲自主持中央深改组会议并审议通过《国家职业教育改革实施方案》。这份文件开宗明义地指出："职业教育与普通教育是两种不同教育类型，具有同等重要地位。"这一看似简单的表述，却代表着职业教育发展的新境界。一系列制度设计给职业教育增加了底气。纵向，在职业教育体系里，有中职、高职、本科直至专业硕士和博士；横向，有产教融合、学历证书与职业技能等级证书融通。职业教育不再是低人一等的那一轨，而是并列存在的一条上升通道。①

（二）农村职业教育组织和面向对象的变迁

农村职业教育组织是实施职业教育的机构。随着社会的发展，这种机构的种类明显增多。在第一个阶段，农村职业教育组织主要有农村职业技术学校、中等专业学校、农业中专、农村中学和农民技术学校；在第二个阶段开始出现了职业技术培训组织、农村文化技术学校和农村广播函授学校，对农民的文化知识和职业技能开始有了较多的关注，不再只强调学校教育，开始逐渐重视面向农村的培训；在第三阶段出现了两个特点，一是强调对县级骨干示范职业学校和职教中心的建设，二是针对农民的职业教育和培训机构种类明显增多，如成人文化技术学校、农业技术推广培训机构、农业广播电视学校和农业转移人口培训机构等。可以看出农村职业教育机构出现了从重视学校教育到把学校教育与职业培训相结合的转变过程，使职业教育机构从单一的正规教育向正规与非正规教育并存的状况转变。

农村职业教育主要面向对象变化不大，包括农村学生、农村没有升学的毕业生、农村各类职业学校毕业生、学校教师以及农民。农村未升学学生一直是农村职业学校教育的主要教育对象，其中以初中毕业生为主。变化比较明显的体现在两个方面，一是农村职业教育教师人员构成上，第一阶段提出吸收农村的能工巧匠担任兼职教师；第二阶段和第三阶段强调各种技术人才、技术人员担任农村职业教育兼职教师，可以看出，农村职业教育的教师来源越来越多样化，专业化水平不断提高；二是增加了农业转移人口和新型农民群体，这也是我国经济社会发展出现的新概念群体。随着城镇化的发展和新农村的建设，农民的从业方式除部分人仍然进行传统的种地务农外，也有很多人进入第二和第三产业，对不同身份农民的职业教育和培训成为农村职业教育的重要任务。

---

① 中国教育报. 锻造大国工匠 奠基中国制造［EB/OL］.（2019-09-27）［2023-05-14］.http：//www.moe.gov.cn/jyb_xwfb/s5147/201909/t20190927_401296.html

第二章 农村社会转型与农村职业教育的发展契机

第一节 农村社会转型的结构性特征

"社会转型"即社会的体制转型、社会结构变动、社会形态变迁，是对现代化的发展历程与状态即现代性的一种描述，它是一种对"传统—现代"两分法进行超越的新型现代化理论概念术语。社会转型即意味着一种现代性的生长与传统性的隐退及融合。社会转型主要指由制度变迁、利益结构调整和资源再分配机制等形成的社会范型的根本变化。我国从改革开放以来就进入了社会的转型期。进入21世纪后，改革进入了攻坚阶段，社会也处在一个多元复合的转型时期：计划经济向市场经济的彻底转变，经济增长与效率优先型向统筹发展、社会公正型转换，产业追随形态向产业创新形态转换，二元社会结构向城乡一体化转变，封闭控制的立体科层型社会向开放契约型、扁平网络型的公民社会变迁等。

中国社会转型的重点和难点在农村。农村人力资源与市场资源潜力巨大，农业处于国民经济的基础地位，实现农村转型对国家现代化全局发展意义极为重大。农村贫穷落后的沉重现实又成为国家转型的巨大制约。改革开放几十年来，农村发生了很大变化。家庭承包制使亿万农民由原来的依附型集体成员变成了具有独立利益的生产主体，利益关系准则逐步取代长期稳固的血缘、地缘、亲缘关系规范的主导地位；工业化和市场化潮流局部改变了农民以土地为本、以种养为手段的传统生存方式，乡村、家庭工副业有所发展，兼职兼业农民不断涌现；现代文明的春风通过商品、传媒和各种交往渠道吹开了农村封闭保守的藩篱，土地转包、进城经商、外出打工、用城市生活方式改变日常起居，已成为农村的常见现象；农村的传统习俗、民间信仰，价值观念也在不断改变。这些变化表明，农村正在发生转型。农村社会转型是指农村地区经济形态在一定时期内由传统的自给自足的自然经济，转变为现代商品经济、市场经济是农村经济、政治、文化、社会由传统走向现代的过程。具体表现为由传统意义的农村（乡村）向现代新农村转变。然而，相对城市来说，农村转型的步履相当艰难缓慢，进程严重滞后。

农村社会转型的结构性特征主要是指几十年来我国农村经济社会已经发生或正在发生的变迁与变化，这些特征正成为社会发展的典型标志。一般认为，我国农村社会转型的显著特征是，随着大量农业转移人口的频繁流动，广大农村已经从传统的"全耕社会"演进为"半耕社会"，或者说是"农工社会"。所谓"半耕社会"或"农工社会"，是指农民的生产和生活呈现出"半耕半工、亦农亦工""耕工交替、农工结合"等特点的一种渐趋制度化的农村经济社会形态。[①] 这种社会形态具有以下特点。

一、农业生产结构：非农化特征显著

随着我国农村社会工业化、市场化和社会生产力快速提高，农村社会生产结构正在发生深刻的变革，呈现出多方面显著特征。一方面，农村主要劳动力正在非农化，次要劳动力则在农业化，表明农村劳动力结构的调整。同时，主业副业化和副业主业化的出现，标志着传统农业生产方式的逐渐松绑。农民收入的多元化，意味着他们不再仅依赖农业生产来维持生计，浙江农民"富甲天下"的奥秘在于"半数农民不稼穑"。[②] 农村经济的这些变化，正是引发其社会结构变迁的重要原因。据中国社科院人口与劳动经济研究所及社会科学文献出版社 2021 年末发布的《人口与劳动绿皮书：中国人口与劳动问题报告 No.22》预计，中国将在"十四五"期间经历城镇化由高速推进向逐步放缓的"拐点"，并在 2035 年后进入相对稳定发展阶段。中国城镇化率峰值大概率出现在 75% 至 80% 之间。2020 年开展的第七次全国人口普查结果表明，中国城镇人口已占总人口数的 63.89%，但到 2035 年仍将有约 1.6 亿

---

① 刘奇.转型期农村经济社会形态与结构的变化特征［J］.中国发展观察，2007，26（2）：23.

② 皮江红.农村社会"非农化"转型与农村职业教育应对：以浙江省为分析对象［J］.浙江工业大学学报（社会科学版），2009，8（3）：305.

农村人口转移至城镇，对城镇人口分布格局产生显著影响。因此，需要谋划好产业、基础设施和公共服务的布局与供给。随着城镇化和农业现代化快速推进，农村剩余劳动力问题也逐渐凸显。一方面，这些剩余劳动力由于缺乏适时的创业就业机会而得不到充分发挥；另一方面，农民在农业内部就业的增收能力也受到限制。因此，协调城镇化和农业现代化，推动农村人口就业转移，有助于进一步促进城镇化的进程，并采取措施促进剩余劳动力创业就业和农民增收。

（一）农村劳动力非农化就业将促进工业化和城镇化进程

随着我国社会生产力的发展，农村劳动力非农化就业已成为当前农村发展的必然趋势。农村劳动力非农化就业的发展，不仅有利于农民的增收，还能够促进工业化和城镇化进程。

1. 能够促进工业化进程

刘易斯认为，发展中国家存在着二元的经济结构。在经济发展刚开始时，工人的主要来源是农业部门的劳动者。随着工业的发展，农村剩余劳力大批转移至工业部门。当大量的剩余劳力转移至工业部门后，农村的人口比重下降，困扰国家的一些农业问题得以解决，世界上一些发达国家的经验也充分证明了这一点。随着农村劳动力从农业转移至非农业，劳动力和资源的配置更加合理，生产效率也得到提升。非农业领域的职业涉及更广的技术与人才需求，能够促进技术进步和产业的升级。当农民转移就业至非农领域后，他们所带来的劳动力实力和就业需求增加，也有助于推动地方产业的发展，为工业化进程提供了更多的动力。

2. 有利于城镇化进程的推进

在城市化过程中，无论是非农业经济活动在空间上的聚集，还是农村分散劳动力的重新分配、农业人口向城镇集中等，首先要解决的就是将农民从农业内部转移到农业外部或非农产业就业，这是城市化过程中必经的过渡阶段。随着农村劳动力的转移，城市也会得到更多的人力资源和人才支持，有利于城市的发展和规模的扩大。此外，农民转移至城市后，也能够推动曾经被视为传统的城市业态的变革和新兴行业的发展。

3. 可以带动区域间的资源流动

农村人口流入城市后，可以把他们在农业领域积累的人力资源与经验传递给城市，推动城市经济稳健地发展，为城市工业化进程注入新的动力。此外,非农业就业还可以吸收周边地区的劳动力进入,从而形成城市的产业链和区域的生产分工。

总之,农村劳动力的非农化就业对工业化和城镇化进程的推进具有重要意义,有利于实现农村和城市之间的资源共享、经济协调和相互促进。

(二)非农化就业有利于新农村生产发展和"生活富裕"目标的实现

1.有利于农业内部生产发展目标的实现

发达国家的经验告诉我们,非农化前提建立在土地经营规模化基础之上。而我国现行的土地政策是分散的、独立的和小规模的家庭经营,这与提高农民收入对规模化土地经营的要求是矛盾的。随着我国农业耕地面积逐年减少,这种矛盾越发突出。那些靠经营土地为生的农民所获取收入的空间越来越小。如果大量的农村剩余劳动力在农业内部消化,那么这种人地矛盾的冲突将更加恶化,"三农"问题将更为严重。所以为了提高现有土地的规模化经营,必须将大量的农村剩余劳动力向非农化转移。

农村剩余劳动力向城镇及非农产业转移是农业国向工业国转化的必然过程。刘易斯—费景汉—拉尼斯模型提出,当工业得到一定程度发展,农业生产率得到提高而出现农产品剩余时,就会产生两个方面的流动力使农村劳动力向非农产业转移。一是工业迅速发展所出现的就业机会所产生的拉力,另一个是农业生产率的提高,产生了大量的剩余农产品,使得农业劳动者过剩而产生的推力。当农村大量的剩余劳动力在这种双重拉力和推力作用下从事非农产业后,农村的人口比重就会下降,从而缓解农村人地矛盾的紧张关系,并促进农业内部劳动力、土地和资金等资源的合理配置。当农村中大量剩余劳动力转移过后,土地的规模经营有了基础并且可以容纳更多科学技术,带来规模效益,从而有利于农业生产的提高和发展。

2.有利于"生活富裕"目标的实现

由于农业部门劳动生产率大大低于非农业部门的劳动生产率,而非农业经济的发展会将生产要素从劳动生产率较低的部门逐渐转移到生产率较高的工业部门中去。如果将农村剩余劳动力转移到这些非农产业中,那么农民非农收入将会大幅度提高。实践证明,进入20世纪90年代以来,我国农民从非农化就业中获得的工资性收入增长迅速,人均工资性纯收入从1990年的139元增长到2004年的999元,增长6倍多。农产品价格是有限度的,不可能一直上涨,所以它对农民收入增长的贡献有限。而非农就业所得的工资性收入是有潜力的,是解决农村剩余劳动力收入的关键所在。当农民收入提高以后,就实现了"生活富裕"目标,同时为新农村的其他目标提供了物质基础。

3. 有利于"乡风文明""生态宜居"和"管理民主"目标的实现

首先,农村劳动力非农化就业可以提高乡民的文化素质。随着农村劳动力向非农业领域转移就业,他们接触到更广泛的知识和文化,能够增强乡民的文化素质和教育水平,促进"乡风文明"的建设。农村劳动力还可以在异地工作期间学习先进的管理经验和知识,回乡后运用到村庄管理和社会治理中。其次,农村劳动力非农化就业可以促进生态宜居的建设。随着农村劳动力向城市转移,他们接受的社会文明和管理经验也更加先进,可以带回更多让农村整洁的思想和技术。农村劳动力还可以带回城市中先进的环保理念,对乡村环境的保护和整治将会产生积极影响。再次,农村劳动力非农化就业可以促进管理民主的建设。非农就业可以增加乡村居民的收入,这样可以改善居民的物质生活水平,提高居民的管理意识和自我管理及参与意识,加强社区的民主意识和组织能力,推动乡村自治、基层民主的发展。

二、农村人口结构:流动形态渐趋稳固

农业转移人口流动主要表现为两种形态:"候鸟式"流动和"兼业式"流动,前者是农民外出务工以年为周期在城乡和地区之间往来;后者指农村劳动力利用农闲季节性地外出打工。近年来,农民外出务工出现了两个新迹象:一是越来越多的农村劳动力正在由"亦工亦农"向"全职非农"转变,就业兼营性减弱;二是由"候鸟式"流动向"迁徙式"流动转变,转移稳定性增强,由城乡间双向流动向融入城市转变,在城镇定居的农业转移人口逐渐增多。[①]

(一)人口城市化的条件已初步具备

根据刘易斯模型,城市化过程中农村地区的劳动力将逐渐向城市地区转移,这是由于城市地区的工业和服务业发展需要大量的劳动力,而农业发展需要的劳动力逐渐减少。这就形成了城市地区对农村地区劳动力的吸引和对资源的抢夺,推动了农村人口向城市的流动,但永久性的聚集和迁移似乎不会在近期实现。首先,农村流动劳动力近1亿,他们分散在各家各户,相当

---

① 马建富.基于社会转型的农村职业教育发展趋势论[J].河北师范大学学报(教育科学版),2011,13(1):90.

于有 2000 万农户处于流动过程；其次，流动或打工的时间多是短期和季节性的，这些人外出务工是暂时和短期的，终究会回到农村；最后，能赚取经济收入的是劳动力，每家农户平均两个劳力在城里工作所挣的工钱能否满足全家在城市的生活，对农民来讲是一个未知数。

随着城乡劳力流动交往的增加和电视传媒的普及，现代化的城市建设、多元文化、多样化的产业结构、完善的社会保障体系、现代化的生活方式无一不对农民产生强大吸引力。随着农村人均收入增加，农民消费结构也逐步升级，刺激其消费需求和期望的提升，这也推动着农村人口向城市迁移。此外，相较于农村地区而言，城市对人才需求的不断增加和高工资收入也是拉动农民进城的重要因素。人口向收入和就业机会高的地方移动是要素报酬率均等的要求，只要两地间的经济收入差距能够弥补由于迁移所造成的经济社会和心理成本，人口由低收入的农村向高收入的城市流动就不会终止。农民跨区流动和进城，离开他们出生地外出就业，具有比离土不离乡的乡镇企业发展模式更为重要的意义。

（二）永久性迁移和暂时性迁移的人口学差别

从人口和土地的关系来说，永久性人口迁移以脱离土地为基本前提，而暂时性人口迁移却没有割断与土地的联系；从人口与家庭的关系来说，永久性人口迁移的特征是全家的迁移，而暂时性人口迁移大多是劳动力与其家人的分离，家庭的召唤力是其回归的主要力量；从迁移的决策主体来看，永久性人口迁移的决策主要来自政府（西方市场经济国家，其迁移的决策权较大程度上属于个人），具有高度的专控性，而暂时性人口的迁移过程的决策者是迁移当事人及其家庭；从迁移的方式来看，永久性人口迁移特别是通过招生、招工、参军形式进入城市的人口，文化教育水平比较高，而暂时性迁移的人口主要通过亲戚朋友、职业介绍所或者自发等方式入城，其文化教育水平一般较低；从迁移人口的职业来看，永久性迁移人口和暂时性迁移人口进入城镇后都发生了职业变换，永久性迁移人口所取得的职业地位较稳定，特别是经过招生、参军入城的，一般都进入了城市中的现代产业部门，如政府机关、科研事业、国有大中型企业的正式岗位，而暂时性迁移人口取得的职业地位较不稳定，一般进入城市中的传统产业部门，如餐饮搬运建筑装修等服务行业；从迁移人口与农村的关系来看，永久性人口迁移在完成迁移后的生活基础在城镇，回迁可能性很小。而暂时性的迁移人口发展的转移是不完全的，与农村还保持着相当紧密的联系，一旦经济条件发生变化或形势不利时，回流的可能性非常大。

（三）农村人口的暂时性迁移状态在一定的社会背景下产生

从人口迁移的选择看，对于安全和稳定的预期在某种程度上超过冒险和投机的追求，这也是中国农民的一种文化特征。因此，任何企图向市镇迁入的个人，都需要安全和稳定的保障，即要求进入市镇后应享有同等的合法权益，同时尽可能地规避就业风险，这是农村人口迁入城镇的重要软条件。如果城市的水、电、住房、绿化、就业、文化、娱乐等硬件设施不像电视上描述的那样气派优美，就会削弱市镇对于农民的吸引力。

农村人口的暂时性迁移通常发生在农村地区就业机会不足，但季节性劳动需求较大的情况下。例如，种植、采摘、收获、灌溉、养殖等农业劳动在某些季节需要大量劳动力，而在其他季节则相对闲置。为了赚取更多的收入，农村劳动力会选择暂时性迁移到城市或其他地方，从事短期或季节性的工作。该现象的出现与一些社会背景因素的变化有关，比如经济发展水平的提高、城乡收入差距的扩大、农民教育程度的提高等。这些因素促进了城市和乡村之间的人流、物流和信息流。同时，随着农村经济快速发展，城市和乡村之间的经济联系日益紧密，暂时性迁移状态也更加普遍。调查显示，青年人、受教育程度较高的人、外向型人在愿不愿、敢不敢、能不能适应城市生活等问题上持肯定回答的比例较高。由此看来，由年青一代农民持家的核心家庭举家迁城的可能性要大些，由年青人持家但三代同堂的农户迁城的概率较低，由保守思想较重的中老年人持家的农户迁城的可能性很小。消灭保守思想较重的农民是需要时间的，所需时间的长短取决于诸如传媒、政府、意志、教育等因素。

三、农村社会结构：阶层和职业分化明显

在过去，农村社会是一个封闭型社会，阶层和职业之间的差异相对较小，农民都处于同一社会阶层中，以种植或畜牧为主要职业。然而，在过去几十年中，随着农村经济的发展、改革开放的推进和城乡二元结构的松动，个人在不同社会阶层之间流动日趋频繁，农村阶层和职业分化已经越来越明显。"农民职业分化及带来的农民身份转化，正是农村农民在城镇化浪潮下的

选择与应对,也是农村社会转型趋于稳定的表现"。①

(一)农村阶层分化日趋明显

农村阶层分化加剧是现代农村社会发展中的一种普遍现象。随着农业现代化和城市化的推进,随着改革开放政策的实施,农村经济和社会结构发生了大量的变化,引发了农村阶层分化的问题。

首先,农村收入差距不断扩大。随着经济的发展,土地流转和农业产权制度改革推进,一些富裕家庭拥有更多的土地和资源,导致收入差距不断扩大。而另一方面,一些贫困家庭由于缺乏土地和其他资源,生活水平不断下降。这样的差异使得农村社会阶层分化更加明显。

其次,教育资本及城市化对农村人口带来的影响也是阶层分化的原因之一。在过去,农村的教育机会和教育资源相对较少,导致很少有农民能够得到良好的教育背景,进而进入知识分子阶层。然而,随着教育水平的提高,尤其是农村教育发展,越来越多农村青年获得高质量教育,并在城市参加高薪工作。这使得农村社会中,知识和文化领域的阶层差距变得更加突出。

最后,城市化和现代化过程中产生的新兴产业,尤其是互联网、移动通信等新型媒体和通信技术的出现,也促进了农村阶层分化的进程。这些新兴产业需要相对较高的技能和资本,具有较稳定和丰厚的收入,从而进一步拉开了农村收入差距,加速了社会阶层分化的进程。

(二)农村职业分化逐渐加剧

农村职业分化加剧是当代农村社会的普遍现象。随着国家经济政策的发展和农村经济的不断改善,传统农耕文化逐渐转化为现代农业文化,一些新兴行业和繁荣的农商业逐步形成,令农村职业分化加剧。

首先,随着农业现代化和农业产业化的发展,一些传统农业职业已经逐渐消失或者减少,如耕种、放牧、狩猎等。在这个过程中,一些新兴行业正在涌现,同时,为了在现代农业中生存和发展,农民也逐渐拥有了新的职业技能,如农村电商、旅游推广等,这些新兴行业需要特定的技能和经验,从而拉开了农村职业的差距。

其次,随着城乡一体化、信息技术的发展,以及交通、通信等条件的改

---

① 张安毅.农民职业分化趋势下农村集体经济组织的立法改造[J].河南大学学报(社会科学版),2020,60(5):81.

善，一些城市的产业开始向农村扩展，为农村带来了诸如软件开发、销售管理支持、售后服务、媒体营销等高科技职业，并催生了一批专业人才的涌现。

再次，由于农业用工的需求减少，城市产业企业对务工人员的需求持续增加，因此大量的农民离开农村进入城市，从事生产和消费活动，为城市的经济发展作出积极贡献。

综上所述，农村阶层分化和职业分化加剧是农村现代化进程中的一部分，也是农民队伍结构变化的必然结果。在这一过程中，农民的职业流动性较大，职业地位也相对较低。首先，职业流动性大。农业转移人口职业流动性大，这种"候鸟式"就业现象使得农民职业流动具有不稳定性。不少农业转移人口经常在农业和非农业之间变动，成为农业和非农业之间的"钟摆工"。大多数农民流动到工业、商业、服务业部门，他们并没有与企业或单位建立稳定的合同关系。他们的职业不稳定，失业后往往又面临着生存的困境，社会流动的风险大。而且农业转移人口的低收入无力承担城镇住房、子女教育和其他消费支出，在城市生存没有稳定的预期，这些也是造成流动频繁的原因。其次，职业地位低。农村流动人口在城市社会结构中处于较低的位置，这是因为他们从事职业的社会声望职业地位普遍较低。李强对农业转移人口的职业地位作了分析："在全部100种职业的排位中，排在最后10位的职业都是与农业转移人口相关的职业，如传达室人员、人力车夫、废品收购人员、保姆、搬运工、单位保安人员等，都是城市农业转移人口所从事的典型职业。"蔡昉等人的研究也表明了农业转移人口职业地位的低位性。从进城的农村劳动力就业市场的状况来看，行业分布相对集中。农村劳动力在城市的就业主要集中于制造业、批发零售贸易与餐饮业、建筑业和社会服务业。在这四个行业就业的农村劳动力占农村劳动力在城市就业总数的90%以上。农村劳动力在城市就业的行业集中主要是由于农村的人力资本层次比较低，在城市劳动力市场处于低端。报酬低、劳动强度大、工作条件差，是农业转移人口职业地位低位性的具体表现。大多数农业转移人口一直都从事普通工作，主要以体力劳动为主，只有少部分农业转移人口转化成管理者、个体户或者自己创办企业，实现了向更高职业层次的转化。

第二节 农村社会转型的趋势性特征

农村社会转型的成功最终取决于经济结构调整引发的大量农村剩余劳动力的顺利转移。但是，在一个相当长的时期内，在稳步推进城市化的同时，农村依然是解决"三农"问题的重要战场，特别是发展中小城镇将是未来新农村建设的重要选择。这是因为：一是目前城市难以承载大规模农民城市化的需求。城市自身就业的刚性矛盾十分突出，难以顾及农村。二是绝大多数农业转移人口由于自身素质，以及其他长期制约农民身份改变的制度与政策的存在，使广大农民难以完成身份和职业转换。同时，城市高昂的生存代价使绝大多数农业转移人口至今仍处于"无根生存"的状态。大量农业转移人口被排斥在城市制度体系和主流社会之外，长期游离于城乡之间，不仅造成"假城市化"，而且导致"农村问题城市化""农民问题市民化""农业问题社会化"。三是小城镇相较于大城市而言，生活成本较低，人口密度较小，公共服务较农村而言更为完善和细致，是农民就近城市化的现实选择。四是千百年来形成的根深蒂固的乡土观念，和凝结在农民血脉中的血缘、亲缘、地缘关系，以及更具人情味的社会网络和黏性，也使农民往往更愿意在家乡的小城镇发展。由此可见，促进农村劳动力就地转移、向小城镇转移将是未来农村社会的一个重要发展趋势。

一、农村社会转型模式：由自发的资源取向型向人力资源开发型转变

改革开放后，我国广大农民发挥首创精神，充分利用当地优势和各种在地资源，创造了依靠资源带动农村社会转型模式，包括由土地资源带动，由手工业特色资源或矿产资源带动，由劳动力资源输出带动三种农村社会转型模式，它们的核心是农村的工业化和依附于工业化的欠发达地区农村剩余劳动力的转移。目前，以农村工业化为主要内容的资源型社会转型模式已经成为第一阶段农村社会转型的主要内容；而政府主导的、以乡村振兴为内容的农村社会转型将成为农村社会转型的第二阶段内容和选择。依据城镇化的要

一定的考试进入普通高校继续学习,实现人才教育的横向联系,造就具有多元化才能的复合型人才。

二、农村社会发展的重心:不断强化农民的主体地位

我国"三农"问题的重心、焦点和任务在不断发展,未来"三农"问题将从增强发展动力向提升发展能力演进,从成为生产的主体向成为市场的主体演进,从发掘个体能量向发掘群体能量演进,从"无根生存"向"有根生活"演进,从引导就业向激励创业演进,从关注农业向关注农民演进,从改革体制社会转型与中国农村职业教育发展道路的选择向创新机制演进。[①]这"七大演进"的核心就是促进包含农民能力建设、农民自身发展、农民生存状态改善等在内的农民作为社会发展主体的发展,这是未来我国农村社会转型的重要趋势性特征。

(一)聚焦目光:树立农民主体意识

新型城镇化是指从农村(或乡镇)向城市及周边地区流动的人口,投资和服务,以实现城乡一体化和城市化为目标的过程。在这个过程中,农民是一个非常重要的主体,也是城市化进程的重要推动力量。首先,新型城镇化需要农民的参与和支持,因为农民通常是迁徙到城市的主要人口来源。根据国家统计局数据,2019年末全国户籍人口城镇化率达到60.6%,而在农村地区人口仍占绝大多数。为了实现城乡发展的均衡,需要鼓励和引导农民向城市流动,以实现城镇化的进程。其次,农民是城市化进程中劳动力的主要来源。随着城市化的发展,这些移居城市的人需要就业机会,而不断发展的城镇化可以提供更多的就业和创业机会。同时,部分农民缺乏适当的职业技能和职业素养,但通过城市化的机会,他们可以拥有接触现代化、提高自我素质的机会,从而更好地融入城市生活,实现自我价值。再次,农民是新型城镇化的重要推动力量,可以促进城乡融合,实现社会经济协调发展。农村地区是城市化进程的重要基础,城市化发展需要在城乡接合部分促进经济的融合。通过城镇化进程,农民可以带来本地的企业及个人所需要的资金投入、文化和乡土特色等,进一步丰富城市构成。总之,农民是新型城镇化的主体和主要动力,城市和农村之间的互动及农民的城镇化,可以使城市和农村间

---

① 刘奇.农村社会转型与"三农"政策取向[J].中国农村经济,2007,268(4):9.

动力的职业转移。

（三）完善职业技术教育体系，建立多元化办学机制

职业技术教育是未来技术型人才培养的重要渠道，完善职业技术教育体系，建立多元化的办学机制，加强与产业合作，是实现职业技术教育教学质量提升和人才培养质量提高的关键。一是拓宽学生学习通道。建立职业技术教育体系与普通教育、高等教育相互贯通的通道，鼓励学生实现学历与技能层次的双向转换，帮助他们更好地适应社会需求和个人发展需求。二是加强教师队伍建设。职业技术教育教师队伍结构应合理配置，设立一批职业教育的教授、博士、硕士的岗位，增强教师的创新精神和实践经验，提高其教学水平，确保教师队伍的专业化和素质化。三是加强与产业的有效合作。职业技术教育应当与行业密切联系，通过产学研合作，建立实习基地、联合培养、短期培训等形式，学校与产业用人单位共同定制课程、制定实习计划等，实现学生的实习与就业无缝对接。企业提供所需人才的技术要求，为技校培养学生指明方向；推荐优秀的技术人员到技校对学生进行技术教育；开放车间和场地，安排学生定期到企业一线参加生产实践。学校应依据企业需求安排课程和授课时间；安排教师对学生进行文化理论教育，提高学生的文化水平；技校还要积极与企业联合，安排学生定期到生产线体会生产实践。四是健全职业技术教育质量保障体系。建立科学的职业技术教育质量保障体系，完善专业标准、认证机制、评估体系和培养机制等，以提高学校职业教育教学质量和人才培养效果。五是探索多元化办学机制。有效整合各类办学资源，鼓励社会力量参与建校和办学，通过与社会合作方式，促进信息、技术和资金的共享，建立多层次多元化的办学体系，拓宽了学生选择的机会。此外，职业院校还应加强与普通高等学校的联合与合作。随着我国经济的飞速发展，对复合型人才的需求越来越多。复合型人才不但要有广博的理论知识，还要有一定的专业技能。德国的技术教育居于世界一流水平，得益于德国实行"双元制"教育体制。这种体制使各类教育互通普通学校的学生在各个阶段可以随时进入各类同等的技校；技校的学生通过加强文化课程的学习，通过一定的测试后可以进入同等或高等普通高校。因此，普通高校和技校的联合是我国经济发展和人才培养的需要。由国家制定指导性政策，普通高校和技校合作实施，使普通高校的学生在入学后，可以依据就业需要和兴趣所在，转到其他的专业或技校；而技校的学生也可通过学习理论课，通过

（二）转变职业技术教育办学机制，加强职业技术培训

对农村人口和涉农学生开展职业技术教育和培训，能够培养适应市场需求的专业技能，提升劳动力素质。但目前的职业技术教育办学机制存在着缺乏专业化管理、学校办学自主权不足、师资水平不高、教育资源分配不均等问题，制约了职业教育的发展。首先，办学要引入市场机制，根据市场需求培养人才，开设符合企业用人需要的专业课程。发挥学校自主权，根据实际需求自主创设职业教育专业，制定教育教学计划和课程设置。其次，要改善职业院校师资水平。第一，职业教育办学要引入市场机制，体现不同领域特色。职业教育应该根据市场需求培养人才，提高学校的市场竞争力和教学质量，引入市场机制，鼓励学校根据市场需求，开设不同的专业和培训领域。在不同领域开展不同类型的培训，以适应该领域的发展。如针对不同企业进行不同的职业技术的教育和培训，同时，对于在农村务农的农民进行不同层次的培训以适应不同水平的农业发展的需要。第二，发挥学校自主权。学校应该在教育教学方面具有更大的自主权，可以根据实际需求自主创设职业教育专业，制定教育教学计划和课程设置，与社会实际需求相接轨，为学生提供高质量的培训服务。要实行职业技术教育下乡，依据各地经济发展和农村劳动力就业的需要，把技术教育送到农村，对农村劳动力进行培训。第三，要改善师资水平。通过加强师资队伍建设，提高教师的专业水平和素质。引进外部专业人才，打造一支教师本科及以上学历占比较高的教师队伍。同时，增加实践机会和行业经验，促进学院与企业、行业的深入交流与合作。第四，建立良好的评价机制。制定更完善的评价机制，对职业教育的质量进行科学、客观的评价，增加质量检验的代价，提高在社会上的声誉。对教学质量好、学生就业率高的学校，应该给予鼓励和奖励。第五，要加大政府投入力度。政府应该加强对职业教育的经费投入，优先发展职业教育，同时积极配合学校改革、拓展与产业深度合作的政策落实。此外，国家要鼓励和动员各种力量积极参与和开展各种岗前培训，提高农村劳动力的素质和适应能力。同时，为确保职业教育与培训在经济发展中的作用，国家还要制定相关的法律和政策，要求所有企业和农村随时随地接受学生实习、参观及各种学习要求，使学生较早接触生产实践，便于理论联系实际，也便于学生将来的就业。只有加强农村剩余劳动力的职业技术教育和培训，提高农村剩余劳动力的技术水平，才能适应农业现代化和全国工业化的需求，实现农村剩余劳

求,广大农民应该作为主体参与城市化和工业化进程,唯其如此,农村剩余劳动力转移问题、农业经营的规模化问题、农村的贫困问题等才能比较顺畅地得到解决。因此,通过适当的路径大力开发农村人力资源,促进农村劳动力转移,成为乡村振兴和城镇化的必然要求。

(一)加强农村义务教育,提高农村人口的文化素质

加强农村义务教育是促进农村教育和城市教育均衡发展的重要途径,提高农村人口文化素质是新型城镇化的重要任务之一。由于长期的历史原因和经济条件的限制,农村教育和城市教育在资金投入、普及程度、师资力量和教学方法等方面仍然存在较大差距。为了加强农村义务教育,提高农村人口的文化素质,需要采取以下措施:第一,要加大对农村义务教育的投入。政府应该增加对农村教育领域的投入,支持农村学校的基础设施建设、师资队伍建设和教育质量提高;同时,鼓励个人、团体、企业和民间组织等参与其中,建立国家和地方政府投资为主,多方参与的办学机制。第二,要推动义务教育普及。政府可以通过政策鼓励和强制措施,推动农村地区义务教育的普及。例如,对于拒绝上学的学生和家长,采取行政处罚措施,增加义务教育入学率。特别要注重农村弱势群体和偏远农村的教育问题,继续扩大接受义务教育人群的范围。第三,要加强师资队伍建设。加强师资队伍建设是提高农村教育质量的关键。政府应与农村学校合作,提供师资培训和管理支持,吸引更多的优秀教师到农村学校工作。第四,推广现代化教学方法。通过推广现代化教学方法,如多媒体教学、在线课堂等,让农村学生有更好的教育体验和学习效果。第五,促进农村与城市教育资源互通。政府应该加强农村与城市教育资源的互通,为农村学生提供更多的教育资源和机会,增强农村学生的竞争力和创新能力。第六,改革农村地区教育内容。依据各地教育和学生的兴趣爱好,中小学的课程中加入与农村农业发展工业等方面的技术教育内容,对学生进行基本职业技术理论知识的教育;在中学阶段,对学生进行分流教育,依据学生的爱好,对学生进行各种专业技术知识理论和实践的教育,聘请农村种植能手、技术人员或企业技工等在某方面有技术专长的人员讲课。通过技术基本理论和实践的教育,提高学生的综合素质,即使一部分学生考不上大学,回到农村,也能够成为农村需要的人才,或者为他们进入企业打下基础。

的经济、社会和文化的交流和互动更加紧密，为实现城乡一体化发展奠定了基础。在推进城乡一体化的过程中，政府需要更出台政策措施，鼓励农民参与城镇化的进程，营造适宜的环境，提高农民的幸福指数和生活水平。

要强化城镇化过程中农民的主体意识，需要从以下几点着手：一是建立农民参与机制。建立全面、充分、多层次的农民参与机制，赋予农民更多的决策权、话语权和监督权。可以通过召开参与型公民论坛、组织农民代表参与市政决策等方式，让农民充分参与城市规划、城市治理、城市建设等方面的决策过程，增强农民的主体意识。二是提升农民自我认知。加强农民的教育和培训，加强农民的法律素质、科技知识等方面的技能培训，提高农民的文化素养，使农民能够更好地适应城市化进程，增强他们的主体意识和自我认知能力。三是保障农民合法权益。加强政府的监管机制，保障农民的合法权益和利益保障。政府要严格执行土地征用、拆迁、补偿等程序，提高城市化进程的透明度和公正性，减少不良影响和矛盾，增强农民在城市化进程中的主体地位。四是保证福利待遇。政府可以通过在农民参与城镇化的过程中给予补贴、医保等福利待遇，增强农民参与城市化进程的积极性，同时也可以通过媒体宣传等方式，宣传农民中取得显著成就的代表性案例，激发农民参与城市化进程的主体意识。综上所述，强化城镇化过程中农民的主体意识，需要政府、社会组织和市场等多方共同努力，建立全面、充分、多层次的农民参与机制，保障农民的合法权益，提升农民的自我认知，增强农民的主体地位，从而实现城市化进程的融合和共同发展。

（二）寻找新机：吸引农民返乡建设

农民返乡是指在一定时间内，部分城市低端人群、劳动力市场流动性较强的农业转移人口开始选择回到自己的家乡或者其他农村地区，参与当地乡村建设或者农业生产的现象。近几年，随着中国经济转型、城市化进程加速，一部分农业转移人口面临着生计、住房、医疗等多种问题，逐渐开始回归自己的家乡，寻找发展机会。农民返乡现象具有以下几个特点：一是规模不断扩大。据相关机构调查，目前全国已有一部分农业转移人口选择返乡，行业涉及工业、建筑、服务业、教育、医疗等各个领域。二是年龄结构较为年轻。农民返乡人群以年龄在30岁以下的青壮年居多，年龄分布相对较集中。三是返乡原因多样。农业转移人口返乡原因主要包括生存压力、家庭因素、城市生活压力等。部分返乡人士也涉足农村物流、电商等乡村新业态。

四是职业转型较多。部分农业转移人口在返乡后选择创业、开店、务农等方式，改变原有的务工生活。同时，大量返乡人员也将在当地参与乡村振兴计划，推动农业、教育、文化等领域的发展。农民返乡现象体现了中国城市化进程所带来的各种问题和挑战，也是一种积极应对城市问题的尝试。同时，农民返乡也为推进城乡融合发展和促进乡村发展提供了新的机会。

政府应该加强对农民返乡创业的支持和引导，以促进乡村的发展，同时也为农民提供更好的就业和生活保障。一是政府推动。政府可以通过出台优惠政策、提供一定的资金扶持和减免相关税费等方式，吸引农民返乡创业。同时，政府可以积极在推动城乡融合发展的过程中，加强对乡村基础设施建设的投资，以提供更好的发展条件和就业机会，吸引更多的农民返乡。二是鼓励组织形式。政府可以采取发挥行业协会、专业合作社、农民合作组织等形式，加强对农民的引导、鼓励和帮助，使他们在乡村中形成生产和经营的主体意识，发挥出自身的优势，为乡村发展作出积极的贡献。三是提供培训和教育。政府可以通过专业培训、技术指导、创业教育等形式，提供帮助，帮助农民提高居民素质、获取更多知识和技能，从而提高乡村发展的质量和效率。四是积极利用网络平台。政府可以通过互联网平台，加强信息的发布和实现资源共享，促进农民的交流和合作，同时也能够拓宽农民的营销渠道，提供更加广阔的市场机会和发展空间。五是加强农业生态保护。政府可以加大对农业环境和生态保护的力度，促进可持续发展的概念普及，保护乡村生态环境，使农民有更好的生活空间和发展资源。六是发挥社会组织作用。社会组织在推动乡村发展方面也具备一定的优势，政府可以帮助鼓励社会组织的发展，加强社会组织和农民之间的连接和沟通，共同推动农民返乡和乡村发展。总之，推动农民返乡参与乡村建设是一项重要的工作，政府和社会各界都应该加强宣传、引导和支持，创造更加积极的环境，让更多的农民回到乡村，为乡村发展作出积极的贡献。

（三）强化协同：实现农民再组织化

为了保证农民主体的行动自觉，也要尽快实现农民再组织化，强化农民群体的协同合作。农民再组织化是指在当代中国，农民凭借着自身的力量和智慧，积极发掘和利用资源，创新组织形式，实现农民自我组织和自治，维护自身利益和权益，推动社会、经济和文化领域的发展过程。农民再组织化的主要形式有以下几种，一是农业合作社：农业合作社是农民自我组织的主要形式之一。它既能够实现集体经济效应，也可以提高农民的议价能力和风险承受能力，同时还能带动周边经济发展。二是家庭农场：家庭农场是利用家庭土地、劳动力等资源进行有机耕作、渔业等产业发展的一种农业形态。家庭农场可以提高农业效益，同时还能促进环保、文化和社会服务等多方面的发展。三是农民专业合作社：农民专业合作社是针对特定农业或者农村产业开展的一种组织形式，可以减少农民的资源浪费、降低成本，提高产品质量和市场竞争力。四是农民专业合作社联合体：农民专业合作社联合体是多个农民专业合作社之间实现互帮互助、协同发展的一种组织形式，能够实现农民集体经济效应，具有较强的市场竞争力。

随着城市化的加速，越来越多的农民加入了城市化进程，但也有部分农民开始寻求返乡创业和农村发展的机会，其中的重要方式就是农民再组织化。农民再组织化和城镇化相互衔接，互为推动。一方面，农民再组织化可以为城市化进程提供稳定的农产品供应和有协调性的农村土地利用。同时，城镇化也会带来越来越多的投资和市场机会，为农民再组织化提供更广阔的发展空间。另一方面，农民再组织化也具有促进农村可持续发展的作用，例如以农产品加工、生态农业、新型农业经营主体等为重点的农民再组织化项目，不仅能带来农民的稳定收入，亦可为保障农村生态环境和乡村文化的传承发挥重要作用，同样是城镇化的强大依托。总而言之，城镇化进程和农民再组织化是相互促进、相互依托的关系，两者的联动推进使得城乡发展更加平衡，促进了中国的全面发展。

为此，必须想方设法地推动农民的再组织化。要以促进农民由传统走向现代、逐步提高农民素质、维护农民利益为根本宗旨[1]，积极探寻"农民以独立的认知判断为基础，根据自身内在需求，有意识、有目的地自我设计、自我控制的去行动、去组织化，即'自我组织'而不是'被组织'"。[2]一方面，不断充实农村两委组织，充分发挥其在农民再组织化中的引导作用。在关注两委组织正常换届选举时，也要积极借助大学生村官、驻村干部和社会组织的力量强化两委组织的组织管理能力，确保两委组织能够科学规划乡村发展道路，并能高效地团结农民群体。实践中，部分乡村尝试聘任专业性人才或

---

[1] 李秀艳.创新农村社会治理 促进农民再组织[J].人民论坛，2015，476（11）：146.
[2] 赵泉民.农民组织化现实困境及其破解的路径选择——基于乡村社会资本重构视角[J].农业部管理干部学院学报，2013，10（1）：7.

大学生担任"乡村规划师",这种创新形式也有助于充实两委组织。另一方面,鼓励农民成立更多合作类组织,更好地回应农民的建设发展诉求。大量农业经济专业合作社的成立,有效改善了农村经济风貌。因而,农民还可以尝试其他类型的合作组织,更加有效地集中农民的智慧和力量。总之,通过农民再组织化可以有效集聚农民主体的行动自觉,为全面推进城镇化提供坚实的后方保障。

三、城乡社会发展:由二元结构到发展一体化

农村改革发展的目标任务是实现农业现代化、推进农村经济结构调整、完善农村制度体系改革、加强农村基础设施建设和实施农村人才战略。只有推进这些方面的全面改革和发展,才能推动我国农村全面振兴,最终实现城乡一体化和经济社会可持续发展。为此,必须尽快在城乡规划、产业布局、基础设施建设、公共服务一体化等方面取得突破,促进公共资源在城乡之间的均衡配置、生产要素在城乡之间的自由流动,推动城乡经济社会发展融合。随着以城市支持农村、工业支持农业为取向的"反哺型"财政和金融制度的建立与落实,城市资源支持农村发展将走向宽广的轨道,农村的发展将能广泛地利用城市的优质资源。因此,未来城乡经济社会统筹发展、最终实现一体化,将是中国社会发展的必然趋势,成为全社会共同努力的目标。

在我国城乡分割的二元体制下,由于城乡土地制度、劳动力市场状况、公共服务供给、社会保障和福利待遇、政府政策扶持程度等方面的不同,严重阻碍我国农村和农业的发展,造成了城乡发展不协调和"三农"问题的产生。众所周知,我国的工业化是从农村获得原始积累,工业优先发展的战略导致农村要素"涌入"哺育城市发展的历史过程。城市与农村的发展差距从人类第二次分工以来一直存在,是进一步分工所造成的生产力水平不同的必然表现。进入现代社会以来,社会化分工推动了农村工业化的进程,农村生产力得到自觉发展,城乡发展差距得以缩小。但城乡二元体制的长期存在,阻碍了农村工业化的自觉进程,造成城市与农村发展差距进一步扩大。在市场经济体制下,城乡发展差距的扩大最终给"三农"问题危机埋下隐患。

加快推进城乡发展一体化,一方面"是工业化、城镇化、农业现代化发展到一定阶段的必然要求",另一方面必须"从我国城乡发展不平衡不协调的二元结构的现实出发"。社会生产力的发展必然推动城乡关系从分离走向融

合，根据历史唯物主义，城乡融合是"生产力的一定发展阶段相适应的生产关系"，这种必然可以从人类历史发展中得到证实。在人类历史进程中，城乡关系经历原始社会的城市与乡村依存阶段、农业和工业社会城市与乡村的分离对立阶段和社会化大生产的城市与乡村融合阶段。欧美等资本主义发达国家在工业革命后陆续出现城乡发展差距，美国、英国、韩国等国家城乡关系都先后出现过城乡分离和对立情况。但此后这些国家先后改变了这种状态，实现了城乡融合。我国城乡发展一体化战略的提出标志着城乡关系进入融合阶段，是社会生产力发展决定作用的具体体现。从1983年我国苏南地区第一次提出城乡一体化概念，到习近平总书记提出加快"推进城乡发展一体化"，我国经历了市场经济体制改革和工业化进程，经济实力、科技实力、军队建设、国际地位都显著提高，"具备了支撑城乡发展一体化的物质技术条件，到了工业反哺农业、城市支持农村的发展阶段"。

2013年12月，党的十八届三中全会通过的《中共中央关于全面深化改革若干重大问题的决定》，认为"城乡二元结构是制约城乡发展一体化的主要障碍"，因此，"必须健全体制机制，形成以工促农、以城带乡、工农互惠、城乡一体的新型工农城乡关系，让广大农民平等参与现代化进程、共同分享现代化成果。"[1] 推进城乡一体化发展是我国长期落后和不协调的城乡发展问题的解决之道，其核心是通过加强城乡经济、生产、社会等各个领域的联系，优化城乡要素配置，强化城乡协调发展，促进城乡同步繁荣。以下为推进城乡发展一体化的几个方面。一是同步推进城市化和乡村振兴。对于城市化进程来说，应当加强基础设施建设，提高城市居民的生活品质，增加城市的核心竞争力；而对于乡村振兴来说，应当注重整个社区的发展，提高农村居民的生活品质，增加农村的核心竞争力。二是加强城乡交通、信息、物流等各项基础设施建设。这样可以提高城市和乡村之间的相互联系和流动性，改善城乡居民生活环境，促进资源要素的配置和互换。三是推动城乡产业融合。城乡间的经济联系是发展城乡一体化的关键。应当优化产业结构，建立与城市产业的合作关系，加快乡村的产业化进程，实现城乡间资源要素的优化分配和流动。四是推进城乡社会服务一体化。加强城乡社区建设、文化交流，推行公共服务均等化，打造城乡相互支持的社会服务体系，让城乡居民享受到相同的社会服务。五是加强城乡环境保护和生态建设。城乡环境保护

---

[1] 孔祥智.中国式农业现代化的重大政策创新及理论贡献[J].教学与研究，2023，532（2）：24.

与生态建设是关键的领域，需要推动城乡资源的保护和利用，建立生态补偿机制，加强城乡生态文明建设。总之，城乡一体化发展是当前我国推进现代化的主题之一，是城乡统筹的关键，需要各方面共同努力，整合城乡资源要素，深入实施城市化和乡村振兴战略，推动城乡协调发展，实现城乡同步发展的目标。

第三节　农村社会转型与农村职业教育发展的契机

　　农业、农村、农民问题一直是我国社会发展面临的难题。农业问题，主要是农业需要改变落后的生产方式，走向产业化的问题。农村问题，主要是二元社会结构形成了城乡之间政治、经济、文化发展水平的较大差异。农民问题，主要是农民文化素质不高、收入过低、经济负担过重、农村剩余劳动力转移问题。"三农"问题实质上是指在广大乡村区域生活的农民生存状态的改善、农业产业发展以及农村社会进步问题。"三农"问题是农业文明向工业文明过渡的必然产物。解决"三农"问题是全面建设小康社会的关键，而农村职业教育的发展服务于"三农"问题的解决。教育始终为经济社会发展服务，纵观我国农村职业教育的发展历程，从新中国成立初期的为农业恢复发展服务，到改革开放为农村经济全面发展服务，再到新世纪为培养新型农民服务，农村职业教育始终围绕"三农"，服务于"三农"，不同历史时期的农村职业教育呈现出不同特点。在农村社会转型中，农村职业教育通过开设众多职业学校，对劳动者实施教育培训，使劳动者积累了一定的人力资本存量，促进剩余劳动力转移。这些剩余劳动力直接进入社会生产过程，推动农村社会经济的发展。同时，发展农村职业教育，有助于强化农民的科技文化素质的提升，也是农业科技推广和扩散的基础。农村职业教育通过科普教育和文化传播，可以增强农民的科技素质，革新农民的传统观念，优化农民的思维结构，提高农民的创新意识，促进农民思想观念和现代化，从而有助于提升农村的精神文明水平；通过法制宣传和民主熏陶，可以培养农民行使民主权利、实施农民的权利意识和法治意识，从而有助于加快农村自治进程，推进农村的民主政治建设。简言之，农村职业教育是提升农村物质文明、精神文明和政治文明的重要桥梁和根本依托。

一、农村职业教育与农村劳动力转移

（一）农村社会转型中劳动力转移的现状

在农村社会转型中，劳动力转移是一个重要的现象。劳动力的转移是指从农村向城市或其他地方的劳动力流动。这种转移在中国的农村社会具有重要的历史和现实意义，影响着农村社会的发展和现状。目前，农村劳动力转移存在以下几个特点：

1. *劳动力转移规模不断扩大*

随着农村经济的快速发展和城市化进程的加快，农村劳动力转移规模不断扩大。根据统计数据，目前中国农村常住人口中有超过一半的人在城市从事非农产业劳动，劳动力转移已经成为农村社会的常态。

2. *劳动力转移方式多样化*

劳动力转移的方式不仅仅是传统的农业转移人口外出务工，还包括农民创业、务农企业家等多种形式。随着新型农村经营主体的崛起和农村市场经济的不断发展，劳动力的转移方式也在不断变化。

3. *劳动力转移人口年龄结构发生变化*

农村劳动力转移的明显特点之一是，"男性农村劳动力占主体，女性农村劳动力逐渐增多"。[①]原来以年轻人为主的劳动力转移，现在逐渐出现了中年人和老年人也加入到劳动力转移的行列中。这些人在外打工，对家庭收入的贡献也越来越重要。

4. *城乡差距和收入不均加剧*

农村劳动力向城市或其他地方的转移，意味着农村会丧失部分劳动力，导致农业劳动力不足，为农业生产带来一定的困难。同时，农村劳动力转移远离家庭，增加了家庭经济负担和儿童教育等问题。此外，农村转移劳动力的收入水平相对较低，造成了城乡差距和收入不均的加剧。

综上所述，农村社会转型中的劳动力转移存在规模不断扩大、方式多样化、人口年龄结构变化、城乡差距和收入不均加剧等现状。在农村社会转型的新时代，应该积极探索劳动力转移的有效途径和方式，完善相关政策和制度，促进农民实现更好的就业和收入增长，促进农村经济发展和城乡融合。

---

① 徐梦阳.新型城镇化发展视角下农村劳动力构成变迁及影响因素研究［J］.农业经济，2023，431（3）：80.

（二）职业教育与剩余劳动力转移关系的理论基础

1. 农村职业教育和人力资本积累

职业教育是指针对某个职业或特定技能提供的系统性、专业性的教育。在现代经济中，职业教育对人力资本积累起到至关重要的作用。一方面，职业教育可以提高人力资本的技能和知识水平，增强个体在市场中的竞争力，从而改变个体的收入、就业和社会地位。更高的技能和知识水平可以提高个体的生产力和创造力，实现职业晋升和经济上的更多机会。另一方面，职业教育不仅可以促进个体的经济增长，也可以促进国家和地区的经济发展和转型升级。

针对职业教育与人力资本积累的关系，古德博士（Gary.S. Becker）提出的"人力资本理论"认为，人力资本对于经济发展来说是重要的，因为它代表一种无形的资产，能够在未来提高工人产出的能力。同时，根据托宾斯基（Jacob Mincer）的研究，人力资本存量的增加与个体的收入呈正相关。这表明了职业教育可以增加个体的人力资本储量，从而提高个体的竞争力和劳动力市场的价值。他还提出了"学习力付出不足"的概念，即教育程度不足的劳动力受到了过高的市场惩罚。"人力资本理论的核心意涵是在职培训乃人力资本的一种重要形式，如果员工有机会接受在职培训，其工作能力与效率将得到提升，并会内化积累成为员工自身的人力资本，这将大幅增加其未来职业流动、职务晋升、薪酬增加的机会"。[①] 由此可见，职业教育与人力资本积累之间存在着密不可分的联系。职业教育对人力资本存量的积累起到关键作用，而想要达到人力资本积累的目的就要加大对人力资源的相关投入。由于农村职业教育在我国教育体系中的特殊性和重要性，因此要高度重视农村职业教育，加大扶持力度，以此为我国培养技术型人才充分积累人力资本打下基础。

2. 人力资本积累和农村剩余劳动力转移

卢卡斯（1988）提出人力资本积累是经济增长的根源与动力，通过知识积累、技术创新以及专业化人力资本投资，可以产生规模收益递增，实现经

---

① 黄茂勇，林惠琼，胡俊杰.高校 – 社区教育共同体：城市外来务工人员增值与成长的有效范式 [J].现代教育管理，2018，342（9）：93.

济的长期稳定增长。①他认为,在农村劳动力转移过程中,人力资本积累发挥重要作用。在当下经济发展和人口流动迅速的社会,人力资本成为劳动力转移的必要条件,而农村剩余劳动力人群由于自身人力资本存量不足在转移过程中大大受阻。卢卡斯指出,受教育者通过教育积累一定的人力资本存量,在转移过程中能够占据主动性,支撑其顺利实现转移,使得原本仅能在体力型产业就业的劳动者向技术型产业就业。卢卡斯的"人力资本存量"理论提示我们,不仅要注意劳动力规模的价值,更需要注重人口素质和对人力资本的重视。对于发展中国家来说,加强人才培养、提高人力资本素质是实现经济转型发展的关键所在。

马克思并没有专门关注农村劳动力转移的拐点现象,而是从唯物史观的角度深刻剖析了资本积累与劳动力流动之间的辩证关系。②他指出:第一,农村剩余劳动力转移的前提条件是社会分工的形成。在自然分工的基础上,社会生产力的不断进步使社会分工逐渐形成,而社会分工反过来又对社会生产力和生产工具起到了促进作用,为社会提供多种多样的劳动产品,同时出现产品剩余。这也导致了经济社会划分为农业部门和工业部门。新兴工业部门的不断形成便为劳动力的转移提供了前提。第二,农村剩余劳动力转移的直接原因是现代耕作技术与机器在农业中的广泛使用。由于工业化发展速度不断加快,大量机器被广泛运用在农业生产中,进而替代了部分劳动力,使农业劳动量占社会劳动力总量的比重减小,同时工业化进程导致农民维持生计的耕地资源被大量占用,导致大批农民不得不转移到其他行业谋求生存。第三,农村剩余劳动力转移的根本动力是资本积累。资本所有者在获取更多剩余价值,以及为在行业竞争中占据主导优势的过程中,获取资本积累使资本有机构成不断提高,造成劳动力需求相对减少,产生一部分相对过剩人口,于是部分剩余劳动力选择迁移到城市工业部门变为雇佣工人。这就对这部分剩余劳动力在进行转移过程中也提出了人力资本存量的要求。

具体来说,人力资本的存量积累在促进农村劳动力转移方面可以使劳动者获得以下几点提升:①使劳动者获得一定的文化基础知识,掌握与就业相

---

① Lucas, R.E.On the Mechanics of Economic Development [J].Journal of Monetary Economics, 1988, 22 (1): 3-42.
② 杨善奇.中国城乡劳动力流动的政治经济学考察:兼对刘易斯拐点研究范式的反思[J].理论月刊, 2021, 497: 73.

关的专业实践技能,两者可以帮助转移人群在新环境下稳定就业,更好立足。②随着劳动人群在城市的就业,个人收入提高,生活水平上升,生活质量的改变将对转移人群形成更强的拉力。③劳动者的个人素质得到提高,个人社会责任感增强,有助于转移人群积极融入城市,从而为城市建设贡献自己的力量。

(三)农村职业教育促进农村劳动力转移

农村职业教育可以提高农村劳动力的技能和知识水平,增加其在城市工作市场上的竞争力,进而促进农民向城市进行劳动力转移,对于缓解农村劳动力过剩具有重要意义。农村职业教育能够促进农村劳动力转移,主要是通过以下几个方面:

1. 提高农村劳动力的技能和素质

农村职业教育能够提供与城市就业相关的职业培训和技术培训,帮助农村劳动力掌握更多技能和知识。这些技能和知识可以提高农村劳动力在城市工作市场上的竞争力,为他们开辟更多的就业机会,促进劳动力流动和转移。

2. 培养适合城市工作的职业素质

相对于普通高等教育,职业教育更重视实践技能的培养,两者最大的区别在于,职业教育突出实用性,更具针对性,能够围绕劳动力市场需求来确定教育方向及内容,客观上增加受教育者的就业机会。[1]农村职业教育能够培养学生适应城市工作的职业素质,如沟通、协调、合作、创新等。这些素质是城市工作所必需的,能够帮助农村劳动力更好地适应城市工作的环境和氛围。

3. 提高城市工作能力

农村职业教育能够为农村劳动力提供专业技能培训,掌握城市工作所需的技能和知识,提高他们在城市工作市场上的竞争力。农村劳动力通过职业教育提高工作能力,能够更快地适应城市工作环境和工作内容,增强工作自信心。

4. 提供职业发展方向

农村职业教育能够在教学内容和课程设置上,为农村劳动力提供多样化

---

[1] 布俊峰.农村剩余劳动力转移视角下职业教育发展的路径[J].农业经济,2020,395(3):78.

的职业发展方向，帮助他们探索更多的就业机会和行业趋势，并制定适合自身的职业规划和发展路径，为农村劳动力转移提供更多的职业选择。

5. 增强农村劳动力的社会认可度

综上分析，农村职业教育通过对劳动者实施教育培训，使劳动者积累了一定的人力资本存量，从而促进剩余劳动力转移。农村职业教育是能为乡村振兴和农业农村建设服务的教育。在教育领域，农村职业教育涉及"三农"领域的教育，这种教育形式对农村人口变迁、经营管理、技术环境、文化传承都有着重要影响。从教育对象上，农村职业教育是针对农村地区人口和城市能为农村服务的转移人口的教育，受教育的程度和类别相对传统教育面扩大，且受教育者的技术技能能够很好地满足现代农村社会经济服务的要求。从教育服务经济发展上，农村职业教育改革发展是主动适应中国特色社会主义经济发展的要求。农村职业教育是我国农村人才振兴、经济发展和技术变革的支撑，农村职业教育可利用广阔的职业教育理念与产业对接发挥外溢效应。同时，以职业教育改革为契机，不断推进农村职业教育独特的"文化素质+职业技能"各项要求的落实，能为现代化农村教育建设提供保障。

二、农村职业教育与农村经济发展

职业教育的发展状况往往是一定社会经济水平的缩影。社会对职业教育的需求，反映出经济发展的水平。农村职业教育培养的人才多为技能型，他们直接进入社会生产过程，成为生产力的要素，把科学技术转化为直接生产力，促进社会经济的发展。经济发展需求是职业教育产生的动因。农村职业教育的课程设置和教学内容的变革也是由经济发展所决定的。与普通教育不同的是，由于职业教育有更为直接反映生产力发展的特点，这种变革的速度相对较快。社会经济的发展总是对农村职业教育提出新的要求，其教学内容如果落后于生产和科技发展的速度，就不能使农村职业教育培养的人才在劳动力市场上具有较高的竞争力。经济发展水平对农村职业教育发展的规模速度具有直接的影响作用。

农村职业教育是我国职业教育的重要组成部分，也是相对比较薄弱的环节，发展农村职业教育有着十分重要的战略意义。我国农村建设和经济发展方式转变的需要决定了必须高度重视并大力发展农村职业教育。农村现代化建设需要的不再仅仅是只懂耕地的传统农民，而是拥有生产技术和管理知识的复合型人才。近年来随着经济发展方式的转变,产业结构调整,新兴产业兴起,第二、第三产业的发展,大批养殖业、加工业、种植业发展起来,这些行业的发展和规模的不断扩大,劳动力市场对人力资源的要求也在不断提高,迫切需要掌握了相应养殖、种植等技术的专业人才。原有的低素质农村劳动者已不能适应新时期农村社会发展的需求,因此必须大力发展农村职业教育,培养适合现代农村和农业发展所需要的新型人才,这对于发展农村乃至整个国民经济都有十分重要的战略意义。

(一)农村职业教育推动乡村经济发展

农村职业教育推动乡村经济发展主要体现在以下几个方面:

1. 提高乡村劳动力素质

农村职业教育能够为乡村劳动力提供各种职业技能和素质的提升,让乡村劳动力从低技能、低薪酬的传统农业转变为更具活力、创新的新型种植、养殖、加工等职业。同时,也为乡村企业、乡村旅游等提供技能人才支持。

2. 增加乡村就业机会

农村职业教育能够为乡村提供研究员、教师、文化传承、服务贸易等非农业领域的就业机会,创造多种就业的工作场所,并增加了农村的就业保障。乡村劳动力通过接受职业教育,具备更丰富的专业技能,可成为一些高附加值产品和服务的提供者,同时也增加了农村收入来源。

3. 增加乡村创意和创新能力

农村职业教育能够为乡村提供一些新领域的技能培训,如休闲农业、绿色农业、农村社区服务、农村文化创意产业等。培养出一批从事这些领域的职业人才,为乡村创新发展提供了人才保障。

4. 推动产业转型升级

农村职业教育能够强化职业技能培训,逐步提高乡村产业、服务业的竞争力。培养一批能够推动产业转型升级的领军人才,同时建立适合农村职业技能人才发展的创新型企业,为乡村经济脱贫致富提供人才和智力支持。农村职业教育"科教新农"模式和"知识+技能"培养方式,"降低了人才、资金、信息、技术、产品、市场等要素的进出成本,有利于促进农村经济要素流动,提高生产效率,强化资源有效利用"。①

---

① 梁龙凤.农村职业教育推动农村经济发展的内在机理与现实路径[J].教育与职业,2021,998(22):52.

5. 推动农村文化和科技发展

农村职业教育能够培养一批懂技术、懂文化、懂管理的职业人才，此类人才不仅具备了视野广、质量高的素质特点，而且还有了对乡村文化和科技的理解，因此他们更能够带领乡村产业向信息化、智能化、服务化的方向推进，推动了乡村经济发展的步伐。

总之，农村职业教育在乡村经济发展中起到了重要作用，通过提高乡村劳动力素质、增加就业机会、培育创意和创新能力、推动产业转型升级和推动农村文化和科技发展，农村职业教育为乡村发展注入了活力，带动了乡村经济的快速发展。

（二）农村经济发展反哺农村职业教育

农村经济发展对于农村职业教育的作用体现在以下几个方面：

1. 促进农村职业教育的需求

随着农村经济的发展，越来越多的农村企业需要技术高超的工人和管理人才。因此，农村经济发展将会带来对农村职业教育需求的增长，从而促进教育内容、方法、对象的变化。

2. 促进农村职业教育机构的发展

农村经济的发展会为农村职业教育机构带来新的发展机遇。一方面，职业教育机构可以通过参与农村经济建设，为农村企业提供服务和支持，提高职业教育质量和能力。另一方面，职业教育机构可以利用农村经济发展的机会，积极开展产学研合作，提高科研水平和服务社会的能力。

3. 提高职业教育质量

农村经济的发展需要越来越多的技能高超的复合型人才，这将对农村职业教育提出更高的要求。农村职业教育机构需要根据农村经济的需求，优化课程设置、实践教学和教学方法，提高职业教育的质量和效果。

4. 增强职业技能人才的就业能力

与农村经济的发展相伴的情况是，农村企业对高素质的职业技能人才的需求逐渐增加。农村职业教育可以通过适应市场需求和提高教育质量，培养更多的适应产业发展的职业技能人才，增强他们的就业能力。

5. 支持农村产业共同发展

随着农村二、三产业的发展，农村职业教育可以根据农村产业的特点，开展有针对性的技能培训和人才支持，促进农村产业共同发展。在职业教育的支持下，农村企业可以更好地实现产业升级和转型。

综上所述，农村经济发展对于农村职业教育具有重要的促进作用，职业教育机构应随着农村经济发展的变化，适时调整教育内容和方式，为农村经济和社会发展提供有力的人才支持。

（三）农村职业教育与农业现代化发展

进入21世纪，经济结构发生重大转变，在我国农村劳动力的供给中，接受过职业教育的劳动力不足未接受过职业培训的劳动力的四分之一。其中初中职业教育的比重明显低于高中职业教育，现实中农民选择职业教育已经成为一种被逼无奈的选择，这与20世纪的繁荣发展形成鲜明对比。按照教育的筛选作用分析，农民接受农村职业教育主要是因为，通过教育能改变毕业后的职业。而在市场经济的背景下，我国原有的农村职业教育学校相对较落后，与农民的期望相差太大。所以，处于这种状况下的人们会对教育作出选择的成本与投入进行比较分析，导致他们对于农村职业教育的热情不高，这也是我国农村职业教育走下坡路的原因之一。

1.农村职业教育与农业现代化发展的同步性分析

农业现代化对现代农民提出了新的要求，作为新型农民必须具备较高的现代化经营管理观念、先进技术及相关操作技能。而农村职业教育作为一种专门的教育形式，使农民通过教育改变已有的传统观念，努力学习新技术及创新运用新技术，从而促进农业现代化。早在20世纪90年代，科教兴农战略的提出使我国农村教育取得了一定程度的发展。随着城市化的进程加快和终身教育观念的普及，在接受高等教育的学生中，来自农村的学生比重开始上升，从以往职业教育是为了继续深造的观念，到目前活到老学到老终身受教育的观念转变，我国劳动力的学历结构层次有所改善。在信息技术日益更新的当今社会中，农民通过职业教育及时了解现代技术信息，比如说在农作物的治理上，提高自己的信息接受能力，大大减少了以往因不懂技术而带来的成本增加，有效地缩短了先进技术的转化周期，加快了农业现代化的进程。

农村职业教育有助于加快农业现代化进程，促进农业产业转型升级，实现高质量发展。[①]农村职业教育通过对农民进行专业的技能培训，提高劳动者

---

① 张阳.农村职业教育助力乡村振兴的特色经验、瓶颈问题及优化路径：以江西省为例[J].中国职业技术教育，2022，805（9）：82.

的整体质量,提高农民的收入,对处于传统农业向现代化农业过渡的中国来说,是一个催化剂。农村职业教育的平均经费支出在逐年增加,这是由于农村职业教育的功能所导致政府加大对其财政支持。基于此,农村经济也得到一定程度的发展,这说明农村职业教育对经济发展具有拉动作用,且农村职业教育对农村经济增长具有正向贡献率。对不同时期农村职业教育对经济的贡献率作分析表明:随着受教育年限的延长,农村经济增长与农村职业教育发展具有同步性。

2. 农村职业教育与农业现代化发展的差异性分析

农村职业教育在 20 世纪末期进入了黄金阶段,虽然农村职业教育对农村经济的发展具有较稳定的贡献率,但是对于不同时期不同地区的贡献率不同。教育对经济增长的贡献率首先来自劳动力受教育年限的变化,其次为教育投入情况的差异。我们将从这两个方面来分析农村职业教育在现代化进程中所表现出的差异性。

随着时间的推移,虽然劳动力整体受教育年限有所延长,但东中西部的差异较明显。一直以来,西部受农村职业教育年限相对较短,长期的差异累积造成了我国城乡二元结构的形成。按照刘易斯的两个转折点的思想,农村职业教育有利于第一个拐点向第二个拐点推移,即释放更多的农村劳动力向非农转移。虽然农村职业教育对经济发展具有同步性,但是在同一时期区域之间不尽相同,同一地区在不同时期也会表现出较大差异,且变动趋势也有所差别。从各个时期来看,对西部地区实行农村职业教育,对经济的贡献率在 21 世纪后明显快于其他地区,这与我国的西部大开发战略的实施同步。20 世纪 90 年代以来,东部的职业教育贡献率处于西部和中部之间,但是分时期来看,职业教育的边际贡献率明显是西部大于东部,把农村职业教育作为一种公共产品来看,符合经济学上的边际效应递减规律。

通过以上分析,随着农村职业教育投入增加,农业现代化的发展状况在各区域间会表现出明显的差异性,其原因在于农业现代化中所要求的现代技术是否能够很好地运用于农业生产。尤其在一些偏僻的农村,由于长期处于教育水平低下的状况,虽然现阶段职业培训得到重视,但由于不同地区接受能力的差异,一些农村科技成果的转化率不足三分之一,科技成果转化的周期长,造成部分区域农业现代化的发展进度缓慢,各区域之间的差异明显。现阶段包容性增长及终身教育等观念的提出,将在一定程度上缓解我国农村职业教育与农业现代化发展的差异性。当然,缓解我国农村职业教育与农业现代化发展的差异性需要多方面的共同努力。此外，调整职业教育的课程设置，加强实践教学和实习锻炼的时间，提高师资和教学设备水平，加强职业教育与农业现代化发展的联系，结合政策引导，促进农业现代化发展等，都是缓解职业教育与农业现代化发展差异性的有效措施。

三、农村职业教育与农业科技发展

发展农村职业教育，强化农民的科技文化素质，是农业科技推广和扩散的基础。失去了农村职业教育这一重要载体，农民的科技素质就难以提高，农业发展的科技含量就难以增加，建设现代农业就将陷入空谈。未来农村是现代化的农村，未来农业是现代化的农业。农村职业技术教育所要完成的重要任务之一就是为农村培养具有适合农业发展、能促进农业的现代转型，甚至进行农业技术创新的"新农民"。

（一）农村职业教育与农业科技发展关系的理论基础

农村的科技水平会在农业科技成果不断传播扩散的过程中得以提升。一个地区如果农业科技成果扩散速度越快，辐射的面越大，接纳、使用新技术成果的人越多，经济水平就越高，反之则越低。

1. 农业科技成果供求理论

农业科技成果供求理论是指在农业科技领域，针对科技成果的供给和需求进行的分析和研究。其主要思想是，科技成果的供给是农业科技研究的重要目标，而需求则是适应农业实践需要的重要推动力。农业科技成果供求理论主要包括以下几个方面：一是科技成果供给的内在机制。科技成果的供给是由科研机构、科技专业人员和农业生产企业等多个供给主体共同构成的，并受到政府、资本和市场等多重因素的影响。二是农业科技需求的内在机制。农业科技需求是由农业生产和市场需求共同构成的，其需求特点包括技术短缺、技能不足、生产成本高等。三是科技成果供给和需求的协调机制。农业科技成果的供求不平衡，导致了一定的技术扩散和转化的瓶颈，需要政府和市场实施有针对性的调控、引导和管理措施。四是农业创新体系的建立和调整。农业创新体系是在供求协调机制的基础上，建立起来的面向农业科技研究和成果应用的新型科技创新体系。

综上所述，农业科技成果供求理论重点关注科技成果供给和需求的平衡问题，旨在提高科技成果推广和应用效果，促进农业经济和社会可持续发展。当然,农业科技成果推广扩散过程还与科技成果本身含金量、自然环境资源、社会环境条件等其他因素密切相关。首先,只有那些符合农业、农村、农民实际需求,能够在短时间内看得见增产、增收、提质增效的农业科技成果,农民才会乐意并快速接受。其次,农业生产中不可缺少的土地、光、热、水、气等自然资源,是农业科技成果转化的承载主体。最后,农业科技成果要由潜在生产力转变为现实生产力,需要在一定的社会环境条件中实现,诸如农资价格、政策制度、设备资金、市场规模、销售渠道等社会因素也是农业科技成果推广过程中需要充分考虑到的。

2. S形曲线增长理论

法国社会学家塔尔德(Gabriel Tarde)最早将"扩散"的概念引入技术服务领域,他认为模拟是最基本的社会关系,一切社会过程都是个人之间的互动,是一种模拟,社会事实是由模拟而传播、交流的个人情感与观念。[1]他还观察到几乎所有的新事物、新思想、新技术、新成果的扩散传播过程都呈现出"S"形曲线,农业科技成果的扩散过程亦是如此。麦斯费尔德(Mansfield)在此基础上提出了著名的S形模型,由此开创了对扩散问题的宏观、定量分析传统。S形曲线增长理论是经济学中一个比较重要的理论,也称为"S"形增长曲线理论或者"趋势"的理论。S形曲线增长理论认为,在一定条件下,经济增长必然呈现S形曲线的态势,也就是前期增长缓慢,中期快速增长,后期逐渐趋于饱和或停滞。S形曲线增长理论的核心机制是"正反馈机制"。正反馈机制是指随着经济发展越来越快,经济内部的互动关系逐渐加强,内在的增长动力也逐渐增强,从而因正反馈机制的推动而进入快速增长阶段。但是随着产业结构的调整、资源环境等瓶颈的出现,经济增长的动力逐渐减弱,导致增速减缓,最终进入饱和或停滞阶段。

S形曲线增长理论对于经济发展和科技创新都有一定的启示。在经济发展方面,S形曲线增长理论提醒我们,经济增长是有一定的规律可循的,必须注意时机、节奏和节制,不能盲目追求增长速度而忽略了经济稳定性和可持续性。在科技创新方面,S形曲线增长理论提示我们,创新是必须在前期投入大量时间、资源和人力的基础上,才能获得丰厚的收益,未来的增长空间是非常有限的。

---

[1] 见塔尔德.模仿律[M].何道宽,译.北京:中国人民大学出版社,1980.

3. 双向沟通理论

双向沟通理论提出了在沟通过程中双方都要理解和尊重彼此的观点、意见和感受，并将其作为建立良好关系和解决问题的重要基础。这种理论认为，沟通不是单向的信息传递，而是双方互动的过程，需要双方都认真倾听和理解对方的观点，才能达成共识和协作。双向沟通理论主要包括以下几个方面：第一，沟通应该建立在平等的基础上。双向沟通需要双方平等对待，不应该有优势与劣势的存在。只有在平等的基础上，双方才能真正地理解彼此的需求和关注点，并最终得到满意的解决方案。第二，倾听是双向沟通的重要部分。在双向沟通过程中，倾听是至关重要的因素。双方都需要耐心倾听，理解对方的观点和感受，这样才能建立真正的沟通渠道，解决可能出现的问题和误解。第三，尊重彼此的意见和观点。双向沟通需要双方彼此尊重，理解对方所表达的意见和观点，并不轻易地做出批评或指责。只有在建立起彼此的信任和尊重之后，沟通才能进一步深入，进而解决出现的问题。第四，关注彼此的情感和感受。双向沟通不仅要关注实际问题，还要关注彼此的情感和感受。通过在交流中表达情感和关注点，能够建立互信，增强沟通的效果。

据不完全统计，我国农业科技成果转化率仅为30%～40%，有60%～70%的科研成果无法转化。其中推广组织、人员与成果接纳主体之间的沟通问题是我国农业科技成果转化率不高的主要原因之一。很多学者就如何解决这种因为信息不对称而导致农业科技推广效率不高的问题进行了深入的研究，并由此逐渐产生形成了"双向沟通"理论。该理论把农业科技推广过程视作推广组织、人员与接纳主体之间双向沟通的过程，在推广过程中强调解决推广与接纳双方信息不对称的问题。农业科技推广的沟通过程是一个双向互动的过程，推广组织、人员将信息通过渠道传递给接受者，同时接受者还要将他所接受、理解到的信息反馈给扩散者，这样构成一个反复循环的互动过程。只有这样，才能推动农业科技在农村的推广和应用。而新媒体农技推广方式则依托于互联网信息技术"互联互通"的优势，把农民、农技员和农业专家多主体联系起来，形成农业信息双向沟通机制。①

---

① 王建鑫，罗小锋，唐林，等.线上与线下：农技推广方式对农户生物农药施用行为的影响[J].中国农业资源与区划，2023，44（2）：44.

(二)农村职业教育助力农业科技信息的传播

农业科技发展的原动力是农业科技信息传播,农村职业教育的目标是促进农业科技信息的传播与应用。因此,研究农业职业教育与农业科技发展问题,必须探讨农业科技信息的传播学理论及其应用机理。

农村职业教育与农业科技发展是一种相互联系、相互影响、相互促进的关系,二者之间具有广泛的联系:农村职业教育和农业科技发展共同作用于农民、农业、农村,必须通过各种农业经营主体来实现其职能;农村职业教育为农业行业培育新型职业农民、农业科技人员、农业管理人员,同时提供农业科技信息、农业市场信息和农业管理信息资源;农村科技发展提供新品种、新技术、新工艺和技术服务平台、信息服务平台、综合服务平台,促进农民致富、农业增收和农村经济社会发展;与此同时,农村职业教育推进农业科技发展,实现知识创新、技术创新并传播农业科技信息和市场信息,农业科技发展也反哺农村职业教育,丰富和优化农村职业教育所需要的教育教学资源。为了助力农业科技信息的传播,农村职业教育可以从以下几方面作出努力:

1. 改革农村职业教育培养对象遴选办法

农业中专、农业职业中学、农业广播电视学校、农业职业技术学院是目前农村职业教育的责任主体。从现状来看,无论是纳入全日制学校还是农业广播电视学校,培养的毕业生数量相当可观,但大部分学生对于农业的热情不高,毕业生中从事农业创业或进入农业行业的人数量很少,这也是按考分录取的招生制度和片面追求办学规模所导致的恶果。农村职业教育的基本任务是培养新型职业农民、农业技术人员和农业管理人才,必须遴选农村科技信息的狂热追求者和积极追求者作为培养对象。如湖南省桃源县职业中学作了很好的探索,他们的农科类学生都来自本地种养大户的子女和青年农业创业者,从源头上解决了学习的动力问题,同时也为毕业生开展农业创新提供了更大的可能性。

2. 强化农业科技信息传播中的榜样示范作用

农村地域广、农民群体大、农业生产技术复杂,增加了农业科技信息的传播难度和有效性。因此,农业科技信息传播必须强化榜样的示范推广作用,这样可以帮助营造积极、正面的氛围,增强农民的信心、动力和意愿,促进科技成果的推广和应用。为此,一是要建立农业科技示范基地。在关键地区，建立农业科技示范基地，通过现场展示和培训，向农民介绍先进的农业科技成果和技术，推荐适合当地的农作物品种和生产工艺，提高农民对农业技术的认识和应用技能。二是要推广农业科技信息的先进典型。组织推荐全国和地方优质农业科技成果，选出典型代表，通过新闻报道、科普讲座、宣传海报等方式介绍其科技创新和成功经验。并鼓励其主动向社区农户提供咨询服务。三是要加强农民科技信息学习和传播。在农村社区和职业学校开设农业科技信息学习班，向农民、农业工人和农业专业人员介绍新技术和新科学知识。同时，在传播农业科技信息时，应加强对应用效果的跟踪和评估，向农民提供真实可信的科技信息和技术服务。四是采用丰富多样的科普推广形式。通过多种形式的科普宣传，如微信公众号、短视频、电视广告、公共需求、电话咨询、志愿服务等，让农民广泛接受农业科技成果的信息，营造农村科技文化氛围，传递农业科技新知识、新技能。通过以上几个措施，可以在广大农民中营造先进、积极、勤奋的科技创新和信息共享氛围，在加速推进农业信息化和现代化的发展进程中，起到更好的促进作用。

3.重视农村信息传播的受众心理特征

农村信息传播过程中的受众具有三个基本特征：第一，广泛性。农村信息传播的受众是农村居民，大众传媒是面向全社会开放的，理论上说农村信息传播所覆盖的特定地域内所有社会成员都是现实或潜在的受众。受众的广泛性也使受众超越了地域间隔，在相同或相近的时间里，聚合而为传媒信息的接受者。第二，混杂性。受众的广泛性同时也造就了受众群体成员的混杂性特征。农村信息传播的受众既包括农村常住人口、流动人口，也包括外出务工或经商者，表现出很大的个体差异性和群体复杂性。第三，隐蔽性。尽管分散的受众成员有时也采用各种形式直接、间接参与信息传播过程，但在总体上，受众对于传播媒介来说，是不见面的，是一种笼统的、隐蔽的存在。农民接受农业科技一般出于两种心理：第一，源于认知心理，目的是拓展视野增加知识和见识，为自己的农业经营获取新知识、新技术，狂热追求者和积极追求者均是出于这种心理。第二，源于从众心理，受众具有时代和话题趋同性心理，农业科技信息的响应追求者正是基于这种随大流的趋同心理，对农业科技信息传播表现出一定的积极性。

向农民推广农业科技需要考虑到其信息接收特点和实际操作的困难。一是开展多样化科普宣传活动。例如，农村科技大篷车、"种粮不易"等宣传活动，借助多媒体、展板、观摩等形式，通过现场展示，让农民更直观地看到科技的效益，增强科技的吸引力和操作性。二是利用微信等新媒体推广。利用微信、抖音等流行形式的应用，通过简洁明了的文字、图片和短视频，将抽象的农业技术信息更为直观、生动地传递给农户，提高农业科技信息的传递质量。① 三是加强政策引导。政府应制定鼓励农业科技进步和推广的优惠政策，例如提供科技贷款、税收减免等优惠政策，同时，在科技专项资金的配置中，加大农业科技项目的投入力度。四是加强海报或传单宣传。在农民活动场所及田地等地方，投放高质量制作的宣传海报或传单，为农民提供科技常识和农业经营管理等信息，进而提升技术应用能力，了解科技奖励制度，增强其信心和热情。通过上述措施，可以帮助农民了解到最新的农业科技成果和新技术的应用、提高其接受、反馈和应用信息的能力，进而加强农业科技成果的推广和应用，为农产品生产和农业经济的发展提供更加有力的支撑。

四、农村职业教育与新型农民培育

新生代农民伴随着"农民荒""新型职业农民""留守农民"等而逐渐进入人们研究的视野，他们是16周岁以上45周岁以下、正在务农或者立志务农的农村和城镇劳动人口，包括职业农民、兼业农民以及有意向务农的大学生群体和返乡农民工。与老一代农民相比，新生代农民生长在网络时代。据统计，目前被称为第一代"互联网原住民"的90后数量约为1.4亿，约占全国总人口的11.7%。② 伴随着互联网长大的一代，他们的价值观、理念、行为方式正在发生根本性变化，他们崇尚个性、思维不受束缚、充满创意和灵感。③ 新形势下，农村职业教育把培养新型农民作为首要任务，实行多层次、多形式、多元化办学。

---

① Bentley J W, Mele V P, Barres N F, et al. Smallholders download and share videos from the Internet to learn about sustainable agriculture [J]. International Journal of Agricultural Sustainability, 2019, 17（1）: 92-107.

② 新华网.90后："互联网原住民"的双面性 [EB/OL].（2013-07-21）[2016-05-28].http://news.xinhuanet.com/newmedia/2013-07/22/c_125042843.htm.

③ 吕莉敏，马欣悦."互联网+"时代新生代农民职业教育培训的政策支持[J].职业技术教育，2018，39（4）: 64.

(一)农村社会转型中农民的主体地位

1. 新生代农民是农业产业兴旺的促进者

农业产业结构调整是我国农业现代化进程中一个重要阶段,随着社会经济发展到一定程度,原有的农业产业生产结构已经无法适应经济发展需要,需要对原有的产业结构作出调整,实现传统的粗放型的农业生产向集约型农业转变,低素质的体力型农业向高素质的智力型农业转变。这些转变都要求农业生产经营的主体——农民具有良好的职业素质、文化水平、科技水平和专业技能。马克思主义经济理论提出:人是生产力中最活跃的因素,在生产力的三个要素中,劳动者起着决定性的作用。科学技术是先进生产力的载体。农民所掌握的农业生产科学技术是从事农业生产能力的表现,在农业生产发展中起着决定性作用。农民是我国现代农业发展的主体,具备利用市场运行规律,运用现代农业生产技术的能力,因此,新生代农民是现代农业发展的促进者。其理由有三:第一,新生代农民具有较高的现代农业生产技术水平。新生代农民可以运用现代农业专业技术降低生产成本,提高成产效率,提高农产品品质,增强市场竞争力,发展大农业,形成产业规模效应,降低市场风险。第二,新生代农民拥有较强的市场观念和经营管理能力。新生代农民拥有较高的信息搜集分析能力,能够敏锐地捕捉市场信息,充分利用市场运行机制,遵循市场规律,将农业生产收益达到最大化。与此同时,新生代农民可较好地掌握和运用现代化的农业生产技术,转变农业生产方式,提高农业产业化经营。第三,新生代农民的自我发展和创新意识较强。随着我国农业生产的现代化、规模化、产业化、商品化的发展,农业对农民提出了更高的要求,面对不断增强的市场竞争压力,只有不断提高自我,不断创新才能在市场竞争中不断发展。

2. 新生代农民是实现农民生活富裕的引领者

生活富裕指的是农民通过劳动生产显著提高自己的收入,从而使生活环境不断得到改善,生活质量以及生活水平不断提高,城乡差距逐渐缩小。农民要想生活富裕,首先要增加收入。随着国家提出"乡村振兴"的发展战略,中央和地方政府制定了多种惠农政策,充分调动农民的农业生产劳动积极性,农民的生活质量和收入有了较大提高。但我国城乡居民收入差距依然很大。运用马克思主义农村发展理论可以看到,城乡差别会随着农业与工业发展的越来越紧密,最终将城乡差别消灭。因此要想从根本上缩小城乡收入差距，破除城乡二元结构，就必须从农民这个主体入手，加快新生代农民的培育，努力提高农业发展水平，推动乡村振兴。新生代农民作为农民生活富裕的引领者主要有三个方面的原因。一是新生代农民是农村先进生产力的代表，是建设社会主义新农村的中坚力量。只要加强新生代农民现代农业科学技术的学习，提高综合素质，增强利用市场信息的能力，将通过发展生产，提高收入。二是新生代农民具有较高的文化水平，为适应市场化的智力型农业打下扎实的基础，为提高经营管理水平创造了条件。同时，与传统农民相比更具创新的思维与能力，创新将能创造出更多的价值。三是新生代农民的思想观念与传统农民不同，他们不仅要能创收，而且要会消费，使自己生活过得更好。

3. 新生代农民是农村乡风文明的示范者

农村的精神文明建设就是建设"乡风文明"的新农村。在经济、政治、文化得到长足发展的同时，农村的乡风文明也在悄然发生着变化。新生代农民逐渐成长为农村经济发展的中坚力量，也承担起推动建设乡风文明进步的任务，自觉成为乡风文明的示范者。第一，新生代农民具备传承并创造绿色健康新农村文化的能力。优秀的乡村文化是我国五千多年民族文明的基石，是社会稳定健康发展的重要前提；乡村文化也是健康的积极向上的乡风民俗。而新生代农民是建设乡村的新生力量，能够传承与发扬健康的乡风民俗，自觉地反对封建迷信，用健康的积极向上的新农村优秀文化去建设和谐安定的生产生活环境。第二，新生代农民具备较高的文化素质和文明素养。近年来，随着我国农村社会的空心化，农村中留守的大多是老人、妇女和儿童，农村社会治安问题越来越严重，留守儿童得不到父母的关心教育，很多少年逐渐走向歧途，老人又得不到赡养，家庭关系紧张，影响到整个农村社会的安定与团结。形成这种不良社会问题的一个重要因素是农民的整体素质偏低。而新生代农民具备较高的综合素质，能够满足现代农村社会的发展需求，是新农村乡风文明的示范者。

4. 新生代农民是农村生态宜居的塑造者

农民生活环境的改善离不开新生代农民。生态宜居是我国新农村风貌的展现。新生代农民是农村生态宜居的塑造者。首先，新生代农民更加注重生态环境的保护和可持续发展，具有更多的环保意识和乡土情怀，能够更好地保护和修复农村生态环境，在农业生产和经济活动中注重生态效益，推动乡村生态文明建设。其次，新生代农民受过更广泛的教育，拥有更高的文化素养和科技水平,更具有现代观念和科学精神,能够采用更加生态友好和可持续的农业生产方式,推广绿色种植、无公害农业等先进理念,为农业生态化发展提供技术支持和实践示范。最后,新生代农民在生活和工作方式上更加注重便捷、舒适和品质,能够促进农村生态宜居环境的建设。对于新建农村住宅、农村新村落的建设等方面也会考虑环保、节能、低碳,把绿色、文化、舒适、示范等要素融合在一起,打造新时代农村"美丽家园"。因此,新生代农民在推进农村生态宜居的建设和发展中扮演着重要的角色。

5. 新生代农民是农村治理的有效推动者

治理有效指的是在乡村振兴过程中,政府、社会组织和市场等各利益主体,在遵循规律的前提下,以合理的方式协同作用,有效地解决农村在经济、社会、文化等方面面临的各种问题,推动乡村振兴事业的持续发展。新生代农民是农村治理有效的推动者。第一,实现治理有效需要具备较高文化素质的农村新型基层领导班子。目前,农民素质整体比较低,民主意识、主体意识不强,再加上受到农村传统观念的影响,农村封建家族观念比较严重,给农村社会各项事务的管理带来了很大障碍。新生代农民思想活跃、观念较新,综合素质相对较高,能够从发展全局去考虑和处理各方面的利益关系,有利于新农村建设。第二,新生代农民具有较强的民主意识。随着社会民主法治的不断增强,新生代农民从学校、社会、各种媒体了解和接受着民主意识和管理的知识和情况,民主意识逐步提高,自我发展意识和参与农村民主管理意识也随之增强,是推动新农村管理民主的有生力量。第三,新生代农民在社会交往和组织中更加积极,能够组织和依靠年轻人的力量,推动乡村治理体系的建设和发展,特别是在智慧农业、农村电子商务等新领域方面,可以为农村经济的发展注入新的活力。同时,新生代农民面临的经济、社会环境也不同于上一代农民,他们更加注重生态环境保护和可持续发展,具有一定的市场敏感度和商业眼光,能够更好地适应市场发展和社会变化,从而推动乡村振兴的转型升级。

总之,新生代农民是乡村振兴的有生力量,他们以其自身的特点,在促进产业兴旺、生态宜居、乡风文明、治理有效、生活富裕方面有着比老一辈农民更加突出的地位和作用。

(二)农村职业教育培育新型职业农民

我国农村职业教育发展的目标就是要培育符合新农村经济发展需要的专

业人才。职业教育不仅要注重农业生产技能的培养，还应重视农民综合素质的提升，把培养和塑造新型农民作为衡量职业教育政策价值的标准。[①] 随着时间的推移，新生代农民逐渐成长起来，成为建设新农民的主要力量，他们综合素质水平的高低直接影响着我国新农村建设的成败，而农村职业教育逐渐发展成为面向农村，服务农民，成为培育新生代农民的重要形式，是快速提高新生代农民的综合素质最行之有效的途径。农村职业教育不单单是专业技能的培养，它是针对新生代农民综合素质的培养。新农村建设不仅需要新生代农民具备专业技术，还需要他的具备较高的思想道德品质。良好的道德品质和积极向上的精神面貌，是建设乡风文明、生态宜居的新农村的有力保障。

新型职业农民是指具有科学文化素质、掌握现代农业生产技能、具备一定经营管理能力，以农业生产、经营或服务作为主要职业，以农业收入作为主要生活来源，居住在农村或集镇的农业从业人员。新型职业农民代表现代农业发展方向，是家庭农场的基石、农村合作经济组织的骨干、农业社会化服务体系的中坚力量。他们以农业为稳定职业，实现新身份（身份农民转变为职业农民）、新作用（推进农业发展方式转变）、高素质（文化素质、技能水平、经营能力的统一）。他们普遍具有人力资本高、农业技术硬、农村情怀深和社会责任感强的特点。[②]

国家十分重视对于新型职业农民的培训。2004 年，农业部、财政部、劳动和社会保障部、教育部、科技部和建设部决定共同组织实施"农村劳动力转移培训阳光工程"（简称为"阳光工程"）。在国务院领导下，由农业部、财政部、劳动和社会保障部、教育部、科技部和建设部共同组织实施。成立全国阳光工程办公室，负责制定政策、综合协调和项目监管。各地在党委和政府统筹领导下，成立阳光工程办公室，负责组织开展本辖区的阳光工程各项工作。培训对象方面，2004—2005 年，重点支持粮食主产区、劳动力主要输出地区、贫困地区和革命老区开展短期职业技能培训，探索培训工作机制，为大规模开展培训奠定基础，培训农村劳动力 500 万人，年培训 250 万人；2006—2010 年，在全国大规模开展职业技能培训，建立健全农村劳动力

---

① 付国华，张浩瑜，冯丽. 职业教育服务乡村全面振兴的实践困境与优化路径［J］. 职业技术教育，2021，42（29）：13.
② 朱逸文，余丽芹，饶彭等. 乡村振兴视域下新型职业农民数字技能培育研究［J］. 学校党建与思想教育，2023，695（8）：91.

转移培训机制,加大农村人力资源开发力度,培训农村劳动力 3000 万人,年培训 600 万人;2010 年以后,按照城乡经济社会协调发展的要求,把农村劳动力培训纳入国民教育体系,扩大培训规模,提高培训层次,使农村劳动力的科技文化素质总体上与我国现代化发展水平相适应。培训内容主要围绕以下几类工种展开:一是劳动密集化程度高,吸纳数量大的加工业、建筑业等工种,如机械加工技术、数控技术应用、电子电器技术应用、纺织服装加工、建筑施工等;二是服务业,如家政与社区服务、烹饪与餐饮服务、保健与美容、驾驶与维修等工种;三是针对劳务输出的培训;四是围绕农业产业化,侧重于产品加工、运输、储藏与销售、专业经纪人等开展培训。培训的具体内容主要包括职业技能培训和引导性培训。培训方式上,主要依托省、市、县农广校及农民科技教育培训中心、农业职业技术院校等农业培训资源,建立阳光工程培训基地。

农村职业教育是培育新型职业农民的重要途径。一是创造良好的教育条件。为农村职业教育提供充足的教学设备、教学场所和合格的教师队伍,建设现代化、智能化的职业教育中心,提供多种专业技能课程。二是设计多样性课程,培养多技能人才。要紧密围绕当地的产业特点,聚焦农民需求,开设实用性强、与当地产业紧密相关的多样化培训课程,培养新型职业农民。例如,农业科技、农业机械、养殖等领域的专业技能,同时加强管理、行政、经济方面的培训,让学生掌握多项技能,提高他们的竞争力。三是开设实践性实训课程。通过实践教学,让学生能够更好地应用所学知识,亲身参与农业生产的种植、施肥、收割、加工等全过程,增强实际操作技能和实践经验。还应加强与当地企业的合作,为学员提供实践机会。四是提供就业服务。为各地的农民提供适应当地需求的职业培训,提供实习机会和工作机会,帮助他们实现就业与创业,为地方产业经济发展注入新鲜血液。五是加强资金支持。政府应加大资金支持力度,为农村职业教育提供必要的经费和社会资金支持,建设农民职业教育项目,为农民提供更专业、更全面、更高水平的职业教育服务。农村职业教育生源大多来自农村。农村职业教育的生源大多来自农村初中、高中毕业生,他们当中的一部分人在毕业后会回到农村发展,成为建设新农村的主要力量,成为新生代农民,因此农村职业教育与新生代农民有着最直接、最紧密的联系。总之,通过农村职业教育提高新型职业农民的培养质量,提高他们的专业技能和实践能力,为农村地区提供更多有素质的、多技能的就业人才,推动乡村振兴战略的实施。

值得一提的是，越来越多的农业企业在生产和经营活动中都需要或离不开农民的广泛参与，农业企业越来越重视对农民的培训，形成了一种企业带动培训的模式，即通过企业组织开展培训。农业产业化龙头企业模式不同，培训主体也有差别。从"公司+农户"模式来看，有委托培训、联合培训和直接培训。委托培训是企业把培训对象送到相关的农业高中等职业院校培训机构培养，企业提出培训目标，提供资金支持。联合培训是企业与培训单位共同组织开展培训，其实施主体是企业和与之相联合的培训单位。直接培训是企业自己组织开展培训，其实施主体是企业自身。培训对象主要是年龄在50岁以下，具有一定文化基础且有一定生产实践经验，与企业生产、经营、服务等有一定利益关系的农民，特别是优秀青年农民。培训内容一般围绕农业企业发展的主导型项目和内容，重点培训该产业发展所需的基础知识、生产技能、法律法规政策等相关常识，重点加强对农民生产实践操作技能的培训和训练。企业带动培训主要以短期实用培训为主，一般安排7～15天培训时间。通过集中授课、现场讲解、播放碟带、印发资料等形式开展培训，有的也采用"师傅带徒弟""干中学"。

总之，新生代农民已经成为乡村振兴的主体，提高新生代农民的综合素质，培养造就符合现代农村农业经济发展需要的新生代农民，是市县乡村振兴和解决"三农"问题的迫切需要。加快农村职业教育的发展，促进农村职业教育的改革，将会有利于快速培养一大批新生代农民，为乡村建设提供持续不断的内生动力。

第三章　新型城镇化背景下农村职业教育的新使命

第一节　新型城镇化与农村职业教育的关系

费孝通先生曾提出了中国农村社会结构的"差序格局"这一概念。在差序格局中，社会关系是逐渐从一个一个人推出去的，是私人联系的增加，社会范围是由根根私人联系线所构成的网络，是指以家庭为中心，按照亲属关系的远近向外扩展关系网。家庭在传统社会中的特征归纳为四点：一是权威的继承，二是权威与财产继承的非同步性，三是众星捧月式的权力结构，四是血缘的重要性。乡镇企业和小城镇的兴起，对农村无序结构产生明显冲击：打破了家庭界线，使血缘之外的业缘关系得到实质性发展，血缘关系网络向业缘关系网络过渡；打破了地缘关系，除了向大中城市的转移外，当地小城镇成为社会转型的地域新增长点。上述两点也意味着农村权力重心的转移和现代社会组织如村委会、公司等的产生。上述变化总体上导致了农村社会的开放性和调控手段由礼俗向法制化的转变。乡村社会转型与小城镇发展是一个相互联动的过程，社会转型在一定阶段促进了小城镇的发展，反过来小城镇又成为乡村社会转型的场所和载体，尤其是社会转型中一些新生因素是在小城镇这一新的地理空间中得以成长和壮大的。例如，乡镇企业工人这一新阶层就是以小城镇为诞生地的，目前这个阶层在全国有数千万人。随着我国民营经济的兴起，可以预见，私营企业主和农民企业家也将在小城镇崛起。小城镇的崛起为农民的分化、聚变提供了适宜的土壤和环境，也为农村职业教育的发展提供了新的契机。

农村劳动力在我国城镇化和现代化发展中起着举足轻重的作用，其廉价特性是我国改革开放三十年经济保持高速发展的重要因素。为了发展新型城镇，扩大内需，21世纪初，国家就开始实施农村劳动力转移培训工作。2002

年1月10日，中共中央、国务院出台《关于做好2002年农业和农村工作的意见》，提出促进农村富余劳动力转移。2003年2月10日，农业部出台《关于做好2003年科教兴农工作的意见》，提出启动"农村富余劳动力转移培训工程"，开展技能培训，促进农村富余劳动力有序有质的转移。2003年12月30日国家教科领导小组通过的《2003—2007年教育振兴行动计划》提出："实施'农村劳动力转移培训计划'，对进城务工农民进行职业教育和培训"。2004年3月24日，教育部出台的《农村劳动力转移培训计划》从责任主体、招生、教学方式、经费保障等方面要求提高农村劳动力的就业和创业能力，兴起培训高潮。2004年4月7日，教育部、科技部、建设部、农业部、劳动和社会保障部、财政部六部委启动了"阳光工程"（《关于组织实施农村劳动力转移培训阳光工程的通知》）。2005年12月31日，中共中央、国务院颁布了《关于推进社会主义新农村建设的若干意见》，要求继续加大农村劳动力的技能、科技培训，扩大阳光工程力度，增加农民转移就业的能力。2006年12月31日，《中共中央国务院关于积极发展现代农业扎实推进社会主义新农村建设的若干意见》进一步强调了要继续加大农村劳动力的转移培训工程。由上可以看出，国家对农村富余劳动力转移培训的作用从开始单纯地促进农民增收致富的角度，转变为促进乡村振兴、农民致富、城镇化建设等作用的新高度，国家对农村职业教育的重视程度不断增加。新型城镇化作为国家重要战略，必然对引发农村职业教育的深刻变革。同时，农村职业教育以培养人、提高人们素质和技能为目的，对新型城镇化的发展具有促进作用。二者是一个问题的两个方面，只有二者相互协调、相互促进才能实现双赢。

一、新型城镇化对农村职业教育的影响

（一）助力农村职业教育重新定位

新中国成立以来，我国农村职业教育定位于"立足三农，服务三农"，为我国农村经济社会发展作出了巨大贡献。进入21世纪后，大量农民转移到城市务工，不仅提高了农民的年均收入，而且为城镇化发展提供了大量廉价劳动力。同时，我国大部分的农村职业学校也顺应时代发展趋势，转变教育发展目标，从单纯为农业、农村服务转变成为农村富余劳动力转移服务。党的十六大以来，中共中央提出统筹城乡发展，特别是党的十八大提出新型城镇化，强调城乡发展一体化，不仅要提高城市化质量，而且要发展文明、

繁荣的现代农村。因此农村职业教育的目标定位应该摆脱单纯思维。从地区来看,农村职业教育不仅要服务新农村,而且要服务县城、小城镇和农村社区;从服务行业来看,农村职业教育不仅要服务现代化的农业发展,而且要服务新型工业化和服务业的发展;从服务对象来看,农村职业教育不仅要服务新生代农民,服务留守农民、在职或兼职农民、农场主等新型农业主体,而且要服务进城务工的农业转移人口。在新型城镇化进程中,针对"留守农民"开展农业科技教育培训活动,帮助农民掌握先进的农业生产方式,培养有文化、懂技术、会经营的"新型职业农民"已成为农村职业教育的重要责任。[①]

(二)刺激高素质技能型人才的需求

新型城镇化中的新型工业化需要大量高素质的技能型人才。城镇化必然伴随工业化,工业化是城镇化发展的动力,城镇化是工业化发展的加速器和载体。新型工业化是以信息化为翅膀,科技含量高、环境好、资源消耗低、经济效益好的工业化。可见,新型工业化是依靠科技进步和高素质劳动者,提高经济增长质量的工业化;是人力资源得到充分发挥,增加就业的工业化。农村职业教育是提高农业转移人口素质的主要途径,以服务农民,提高人口素质,增加职业能力为本质任务,其在教育内容、课程、教育手段上不断变革,以期适应新型工业化对高素质工人的需求。使农业转移人口的素质与新型工业化的制造技艺、生产技术和流程的国际化与现代化相适应,实现产业生产核心技术的传承、创新和发展,促进我国由制造业大国向制造业强国的目标迈进。

新型城镇化中第三产业兴起需要大量高素质技能型人才。伴随新型城镇化的第三产业兴起是历史发展的必然结果,是现代化经济的必然特征。第三产业的大力发展,有利于提高工农业的社会化和专业化水平,有利于增加就业,促进整个经济健康、持续发展。第三产业主要包括流通和服务两大部门,如交通运输业、商业、饮食业、金融业、保险业、居民服务业、旅游业等。这些行业都需要一定的知识和技能的劳动者才能胜任。我国第三产业占GDP比重还会逐步提高,需要大量高素质技能型人才。农业转移人口市民化后大部分从事的产业就是第三产业,特别是新生代农业转移人口,大多从

---

① 陈坤,李佳.新型城镇化进程中农村职业教育发展论析[J].继续教育研究,2017,221(1):38.

事饮食、旅游、运输、快递、服装、服务等行业，他们不同于父辈仅仅满足于生存的需要，而是更加注重从事行业的发展空间和前景，创业意识更加强烈。在满足对行业基础知识和基本技能的需求上，更加追求创业知识和获得创业能力。因此，农村职业教育的教育内容和重点作出相应改变，必须在满足农业转移人口对基础知识和基本技能的需求上，还要培养其创业意识、提高其创业能力。

新型城镇化中的农业现代化需要大量新型职业农民。农业现代化是机械化、科技化、规模化、市场化，现代农业需要现代化的经营主体，但是传统经营主体农民不能适应现代化农业的发展需要。传统农民的小规模生产和自给自足阻碍了现代农业的规模化和市场化，也不能利用现代科学技术发展现代农业，封闭的农业生产容易导致生产盲目性，经济效益低下，城乡差距得不到缩小，农村仍然落后，阻碍了小康社会和现代化国家的实现。2003年农业部颁布的《2003—2010年全国新型农民科技培训规划》对新型农民的标准为："觉悟高、懂科技、善经营，能从事专业化和产业化经营。"并从五个培训内容方面培养新型农民：第一，提高农民的农业生产技术和水平；第二，提高农民的法治意识和用法的能力，并且学会贯彻国家相关农业政策；第三，提高农民经营、管理的水平和能力；第四，提高农民的环境保护和粮食安全的意识和能力；第五，提升农民的转岗创业意识和能力。

培养新型职业农民是农村职业教育义不容辞的责任。农村职业教育应该响应国家号召，遵从国家政策安排，顺应社会发展趋势，培养新型职业农民。新型职业农民主要分为三种类型：第一种是专业技术型，如农业工人、农业雇工等，要有熟练的生产技术和成熟的生产经验。第二种是社会服务型，如农产品经纪人、信息员、农机师傅、防疫人员等，主要对农业生产的产前、产中、产后一条龙的社会服务。第三种是生产经营型，如农场主、专业大户等，他们不仅会指导生产，又会从事经营。农村职业教育要根据当地农业经济发展水平、结构、规模等因素合理制定教育内容，采用灵活的教育或培训方式，培养三种新型职业农民，其中第三种新型职业农民是重点培养对象，他们是构建规模化现代农业急需的新型职业农民。

（三）推动小城镇和新农村社区人才的培养

农村职业教育主要为农村、县城服务，但是在我国新型城镇化发展过程中，会出现具有城镇形式的农村新社区，农村职业教育也应该服务于这一新出现的农村新社区。①小城镇形态和农村新社区形态,既不同于原始的农村形态,也不同于城市形式,在这两种新形态区域中,农民的生产、生活方式发生了一定的改变。农民生产一般横跨第一、二、三产业,农民可以依据自己的兴趣和知识技能不断变换职业,农民的生活方式具有城市特点,新形式的农村和小城镇的建设和管理需要专业人才。一是缺乏乡村工匠人才。如木工和瓦工等传统建设人才数量逐渐减少,年龄趋于"高龄化",手艺陈旧,无法满足人们日益增长的对建筑美的需求。二是缺乏乡村文化人才。随着人们物质条件的改善,精神文化需求也在提升,但乡村和社区的专业文化人才匮乏,人们的精神文化需求长期得不到满足,导致"三俗"作品日益蔓延农村文化市场,对农村人们精神生活造成极大伤害,对社会安全稳定带来莫大隐患。三是缺乏专业服务人才。如随着"老龄化"社会的到来,农村和小城镇、社区的养老问题日益引起人们重视,但现有的教育制度没有培养出养老服务专业人才,特别是没有培养出针对农村养老问题的养老服务专业人才。目前的农村养老服务还仅仅停留在解决基本的吃饱、穿暖的生理方面,缺乏对老年人的精神文化需求、健身需求等多元化需求的关注。例如部分农村养老院变成"吃喝等死"的代言词,年轻人把老人送到养老院之后就"失踪"了,有的老人甚至在家自杀也不去养老院,这与养老院的服务质量低下是息息相关的。又如,乡村环境卫生的整治、非物质文化的传承、文化体育的发展、社会管理、社会保障等与民生息息相关的事业都缺专业人才。

农村职业教育要发挥根植于农村、服务于农村的重要特点,灵活转变教育内容、改变教育方式,培养与农村、小城镇、社区发展相适应的建设、文化体育、社会服务、环境卫生、社会保障、社会管理等方面的专业人才。一是贴近实际需求,开设特色课程。农村职业教育应根据小城镇和新农村社区的实际需求,开设与当地产业发展相关、实用性强的专业课程,培养适应当地产业发展需要的专业人才,提高产业转型升级的技术水平。二是强化师资队伍建设。农村职业教育的师资队伍应具备行业背景和现代技术理念,教师应不断更新自己的专业知识和实践经验,提高个人素质,为学生提供更好的学习体验。三是强化实践教学。农村职业教育应该注重实践教学,让学生通过实践活动来掌握专业技能。学校可以与社区合作,为学生提供实习机会,

---

① 任聪敏,石伟平.城镇化进程中农村职业教育的新型定位与发展策略[J].教育发展研究,2013,33(23):55.

参与真实的经济活动,学以致用。四是加强毕业生就业服务。农村职业教育应开展就业指导和创业培训等服务,帮助毕业生实现就业和创业,促进他们回归小城镇和新农村社区,为当地经济发展注入新的活力。总之,农村职业教育可以为小城镇和新农村社区专业人才的培养起到至关重要的作用,通过面向市场需求的专业课程和实践机会的提供,实现人才的储备和积累。同时,农村职业教育应强化师资队伍建设和毕业生就业服务,全面提升教育质量和就业竞争力,为小城镇和新农村社区的可持续发展作出贡献。

二、农村职业教育助推新型城镇化进程

国家在推进新型城镇化的过程中,注重实现城乡经济、社会和生态环境的协调发展。其中,农村职业教育作为培养农村人才和推进城乡一体化的重要手段之一,其在新型城镇化进程中的作用越来越受到关注。

(一)储备人力资源,提高新型城镇化质量

教育是生产性投资,因为教育能提高劳动力的质量,改变劳动力的形态,会生产人的劳动能力。[①]我国是人口大国,人口数量世界第一,但不是人力资源强国。根据我国城镇化进程来预计,到2030年我国常住人口城镇化率将达到70%,也就是将有3亿左右的农村户口的人进城市民化。如此数量庞大的农村人口进城,如果其素质低下,将会成为我国经济社会发展的沉重负担。城镇化的发展不是简单的房地产建设和人口聚集,而需要强大的工业化来提供发展动力。城镇化与工业化相互协调发展是发达国家现代化的经验所得。我国工业化与发达国家相比,呈现规模大、质量低的特点,无法满足中国城镇化发展对新型工业化的发展需求。新型工业化发展的秘密武器是高级技能工人,但我国缺乏高素质、高技术型的一线高级技能工人,工业化的水平不高导致城镇化质量不高。高素质人才、人力资源才是提升新型城镇化质量的关键。新型城镇化需要通晓现代城市管理和农村经济开发的复合型人才,能熟练掌握市场营销、会计、财务、法律等多个专业领域的知识和技能,能适应复杂的市场环境和挑战,具有开拓创新的意识和精神。具体来说,新型城镇化需要的农村人才,应包括以下几个方面:一是具备良好思维素质和创新能力,能够不断学习和接受新知识及新技术,并能应用于解决实

---

① 靳希斌.教育经济学[M].北京:人民教育出版社,1997:167.

际问题和推进城乡一体化发展。二是具备强烈的社会责任感、服务意识和团队合作精神，能够积极主动地为城市和农村建设作出贡献。三是具有深厚的农村文化底蕴和生活经验，能够为农村经济的发展提供独特的见解和经验。四是具有较强的信息化、科技化和现代化意识，能够灵活应用新技术和新理念，在城乡一体化发展中推动旧有观念和体制的变革。五是具有专业技能或专业知识，如工程技术、土地规划、农业经济等相关领域，以满足城乡一体化发展的需求。总之，在新型城镇化的进程中，农村人才的角色将变得越来越重要，只有深入挖掘和培养优秀的农村人才，才能更好地推进城乡一体化发展，促进新型城镇化实施。

农村职业教育是储备农村人力资源和助力新型城镇化质量提升的重要力量。它能提高农民的知识和能力，促进人口流动，为农民进城工作、生活，进而成功转型为市民打下良好基础，从而显著提升"以人为本"的城镇化的质量。同时，我国户籍人口的城镇化远远低于常住人口的城镇化，提高户籍人口的城镇化率，使常住人口享受与户籍人口均等社会服务，是提高城镇化质量的重要方面。但农业转移人口市民化需要承担一定的成本，这一成本由政府、企业（工作单位）、农业转移人口个人共同分担，为此，很多城市（如广州、北京、上海等）对农业转移人口的市民化提出要满足技能和技术等级的硬性条件。因此，必须通过农村职业教育提高农业转移人口素质，以有力提升农业转移人口市民化的能力，促进城镇化质量的提高。一是制定人才服务计划。农村职业教育机构可以与当地政府和企业合作，制定人才服务计划，明确年度和长期目标；同时针对当地人才的特点与需求，制定适合当地的人才培养、引导、储备计划，引导学生合理选择职业，确保对当地新型城镇化所需人才的储备。二是加强实践教学与实习基地建设。加强与企业合作，把企业引入学校，开展实践教学与实习，更好地将教学内容与实际应用结合起来，并促进职业技能的提高。规划、建设和利用当地的实习基地，为学生提供更多的实际操作机会，培养优秀的职业人才，同时也满足当地新型城镇化发展对技术和技能的人才需求。三是推广灵活的用工制度。农村职业教育机构应该与企业合作推广新型灵活的用工制度，为学生提供就业前景广阔的机会，使学生获得更多的就业选择，提高其对就业市场的适应性。同时，通过利用这种用工模式，也可为当地新型城镇化的企业提供更加灵活、多样性的人才支持。四是实行动态管理。农村职业教育机构应该根据市场情况和就业需求，采取灵活、动态的管理方式，根据不同时间段、不同地区的用工情况，及时调整人才培养的方向和优先级，为新型城镇化和学生就业提供更有针对性的服务。五是多元化人才储备。充分利用社会媒体和其他渠道，为学生提供多元化的人才储备方式。除传统的招聘会、招聘信息外，还可以利用网络、社交媒体、大数据等新兴技术，根据未来对人才的需求预测，储备合适的人才资源，为新型城镇化提供一个有力的人才支持。六是加强职业指导和咨询服务。为学生提供多种形式的职业指导和咨询服务，指导他们进行正确的职业规划、选择，促进其职业发展，提高职业素养。同时，为企业提供更加优质的人才推荐和培训服务，为新型城镇化和乡村振兴提供更加优质的人才支持。

总之，农村职业教育储备人力资源和助力新型城镇化的质量提升是一项重大的任务。需要全面发挥职业教育的优势和作用，加强与各方面的协作和配合，在人才储备、职业指导和咨询、师资队伍建设、品牌建设等各环节进行系统性的深耕和细化，为建设美丽中国、推进新型城镇化、振兴乡村经济发挥应有的作用。总之，农村职业教育在储备人力资源方面需要根据当地的具体情况灵活采取措施，规划、建设完善的职业教育体系，发挥职业教育在新型城镇化中的作用，培育适应新型城镇化发展的人才，为新型城镇化和乡村振兴注入新的发展动力。

（二）促进农村剩余劳动力转移，助力城镇经济繁荣

我国农业现代化水平逐步提高，机械化、科技化对农业发展的贡献率稳步增加。农业需求的农民数量大量减少，农村剩余劳动力数量十分庞大。同时，新型城镇化、工业化以及第三产业的发展都要求农村剩余劳动力市民化。因此，农村、农业的发展必须转移农村剩余劳动力，只有转移农村剩余劳动力才能发展农村和实现农业现代化，同时城市的发展也必须吸引农村剩余劳动力进城，为其提供人力资源和带来巨大的内需消费市场。大量农业转移人口面对职业的转换（由农民到农民工再到市民）、地域的转换（由农村到城市），这些新市民拥有的知识与技术不足以处理他们的工作与生活，需要不断学习新知识、新技能。[①] 当前我国大量农业转移人口在城市和农村流动，他们在城市工作挣钱，在农村花钱，因此，他们消费对城市经济的贡献率远远低于具有城镇居民对城市经济的贡献率。城镇化过程中，农民市民化之后，

---

① 范红.基于新型城镇化的农村职业教育发展［J］.教育与职业，2015，849（29）：9.

他们的消费观念和消费结构会发生改变,消费潜力将会释放。目前我国城镇人口的人均消费是农村人口人均消费的 3.1 倍左右。根据有关研究表明,"农业转移人口市民化的人均成本约在 10 万元左右",到 2030 年将有 3 亿左右的农民市民化,因此,至少拉动 30 万亿元左右的"内需",而且随着进城农民消费观念的转变和消费意识的建立,拉动的内需将会远远超过这一数字。这一切,看似"一个愿打,一个愿挨",关键是必须提高农村剩余劳动力的素质和能力,从而促进农村剩余劳动力人口的有序转移,从而实现农业现代化和新型城镇化战略目标。

农村职业教育可以帮助农村剩余劳动力通过学习获得必要的技能和知识,提升自身综合素质和能力,使其成为有竞争力的劳动力。这有助于实现农村剩余劳动力向城镇就业的有效转移,拉动内需增长,促进城镇经济的繁荣。具体来说,农村职业教育可以通过以下几个方面促进农村剩余劳动力的转移:一是开展特色培训。根据当地企业需求和市场的变化,开设与就业市场相适应的培训课程,提高农村剩余劳动力的专业技能和实际操作经验,让他们更好地适应城镇就业市场。二是进行职业规划。针对不同的就业方向和市场需求,提供科学的职业规划指导服务,帮助农村剩余劳动力了解自己不同的能力和潜力,根据自身情况和市场需求有针对性地选择和发展职业。三是提供实习机会。为农村剩余劳动力提供实习机会,可以让他们在实际工作环境中学习和获得经验,更好地了解岗位职责和工作要求,提高自己的职业素养和竞争力。四是进行创业指导。对于有一定资金和经验的农村剩余劳动力,提供创业指导服务,帮助他们了解现代企业运营和管理的基本知识和技能,创办自己的企业,甚至成立农村合作社。总之,农村职业教育可以通过培训和教育,提高农村剩余劳动力的职业技能和素质,为他们提供更多的就业机会和市场竞争力,促进农村剩余劳动力向城镇就业转移,助力城镇经济的繁荣。

(三)统筹城乡职业教育,促进城镇可持续发展

新型城镇化是城乡发展一体化,城乡基础设施和公共服务一体化。公共服务必然包括教育,为统筹城乡职业教育的发展提供了政策依据。农村富余劳动力市民化需要输出地和输入地的密切配合,为统筹城乡职业教育的发展提出了新的要求。目前"农村职业教育基层体系破坏严重,功能难以发挥,民众对职业教育的偏见仍严重,农村职业教育认可度低,农村职业教育办学

水平与质量难以满足需求"①，每年大概有 1000 万农村转移人口，单凭农村职业教育的现有力量不足以保质保量地完成任务。而城市职业教育资源足，基础好，故需要统筹城乡职业教育，共同完成这一任务。对于进城农业转移人口的培训要实现城乡联动，进城前由农村职业教育负责，进城后由城市职业教育承担。

农村职业教育是城乡职业教育体系中不可缺少的一部分。在推进农村职业教育的同时，需要统筹城乡职业教育的发展，在城乡之间建立联系，促进城乡资源的协同利用，实现城乡职业教育一体化发展，促进城镇可持续发展。具体来说，可以从以下几个方面进行统筹：一是教育资源共享。在城乡职业教育资源分配上，学校可以优先考虑本地区的需求，同时根据各地职业教育的发展水平，及时调配资源，加强资源的互利共享，促进区域职业教育的全面发展。二是课程设置创新。针对不同地区的经济发展和市场需求，将城乡职业教育课程有机结合，增加适合农村发展的特色课程，如农村产业工人、特色农产品加工等职业课程。同时，城市职业教育可以设置农村实践教学环节，让城市学生了解农村实际情况，推动城乡交流与合作。三是培训机制建立。建立城乡职业教育培训机制，让城市企业和城市职业教育机构积极参与到农村职业教育中来，为农村剩余劳动力提供更多的就业机会和技能支持，推动城乡劳动力的有序转移。四是建立城乡职业教育培训联盟。政府可以通过组织城乡职业教育培训联盟，将城乡职业教育资源整合起来，打破城乡之间的壁垒和隔阂，促进城乡职业教育共同发展。联盟可以通过举办职业技能大赛、经验交流会等活动，在城乡之间实现技能、经验和信息的共享，并且鼓励城乡教育机构和用人单位互通有无，协助农村及城市地区剩余劳动力工作和就业。五是引导优秀人才流动。在推进城乡职业教育的过程中，需要鼓励在职人员到农村地区参加教育教学工作，轮岗、流动、培训，增强教师、企业家、技术工人的城乡交流和实践经验，帮助农村地区提升职业教育水平，同时也让城市人员更好地了解和服务农村地区的职业教育，促进城乡接合部的互惠互利。

总之，城乡职业教育应该有机结合，相互支持、相互促进，以落实乡村振兴战略和城市转型的要求，在服务于城乡人才发展中发挥重要的作用。只有这样，可以实现城乡资源的优化配置，推进人才流动和转移，促进城乡经

---

① 田贵平. 天津市新型职业农民培育的教育政策研究 [D]. 天津：天津理工大学, 2015：19.

济发展的良性互动，从而实现城镇可持续发展。

三、新型城镇化进程中农村职业教育的发展

新型城镇化战略的实施，必须大力发展农村职业教育已经成为政府和社会的共识，但是对于如何发展农村职业教育，一直是众说纷纭。因为农村职业教育是一个系统工程，涉及教育培训、劳动就业、扶贫开发等错综复杂的方方面面。只有理清各个方面对农村职业教育的作用以及相互之间的影响，发挥政府主导、学校主体、企业支撑、个人观念转变的综合作用才能大力发展农村职业教育。

（一）转变教育思想，重视和加强农村职业教育发展

转变农村职业教育是"低等、劣等"教育的思想，政府、企业、学校和个人都要重视和加强农村职业教育发展。

农村职业教育是我国职业教育的重要组成部分，在我国建设新农村、发展现代化农业、提高"以人为本"的新型城镇化质量过程中具有举足轻重的作用。在全面建成小康社会的目标下，必须通过开展农村职业教育提高农民素质和技能，培养与乡村振兴相匹配的生产和管理方面的农村实用人才、农业现代化发展急需的新型职业农民、新型城镇化要求的高素质农民，以及与全面建成小康社会的农村扶贫工作相匹配的人才。农业现代化是我国粮食安全的保障，更是工业化、城镇化发展的基础，同时也能加快实现农民富裕速度。新型城镇化促进农村富余劳动力转移：一方面转移农民进城从事第二、第三产业是农民致富的重要路径；另一方面提高了农村人均土地占有率，为现代化农业规模化发展提供了土地保障。2020年小康社会的全面实现不是看城市的房子建得多好，也不是看城市的道路修得多宽，关键是看农民的生活水平。上述问题的关键都是农民的素质问题，农村职业教育应发挥提高农民素质的基础性和先导性作用。

农村职业教育在我国现代化发展中具有举足轻重的作用，但现实中却存在农村职业教育是"低等、劣等"教育的思想，"认为农村职业教育是劣等教育，是次等教育，是学生考不上高中的无奈选择"。[①] 这种观念必须彻底转变。首先，从家长和学生的角度看，家长和学生首选还是普通教育，认为职业教

---

① 张清.试论我国农村职业教育［J］.安徽农学通报（下半月刊），2009，15（22）：2.

育是低层次、失败者的教育，部分家长把孩子送到职业学校并不是以学习技能为目的，而是从找人带孩子的"保姆"角度来考虑。部分学生选择职业教育是因为免学费，国家从2009年就实施中职学生免学费和书本费的政策，接受中等职业教育的学生90%左右是农民子女或者城市家庭贫困户，普通教育昂贵的学费使他们无力承担。还有部分学生选择中等职业教育是因为更易实现大学梦，普通高中的竞争压力众所周知，竞争非常激烈，而国家为了促进中等职业教育的发展实施的对口高考，让一些成绩不是特别优秀的学生看到了进入大学的希望，同时中等职业教育也在打着"职业教育更易实现大学梦"的旗帜吸引生源。因此，家长和学生转变教育思想要落实在行动上，积极参与职业教育中才是最大的重视和加强农村职业教育发展。

"低等、劣等"教育的思想是过时的观念，随着近年来国家对农村职业教育的高度重视和支持，农村职业教育已经逐步从"低劣"的教育理念中走出来，正在逐渐走向高质量、高水平的教育模式。具体来说，需要进行以下方面的转变：一是教育理念转变。农村职业教育的教育理念不能仅仅停留在传统的理念，应该转变为以学生为中心，以全面发展为目标，着重发展学生的职业技能和创新能力。二是课程内容转变。考虑到农村学生的需求，农村职业教育应该强化培养学生的职业技能，同时应该关注本土特色，注重传承农村文化和艺术等。三是师资转变。农村职业教育的师资是培养高质量学生的关键，需要大力提高师资队伍的水平、教育教学质量和服务意识，不断增强教师的专业知识和教育能力。四是教育设施转变。为了适应现代化的教育需求，农村职业教育需要开展设施改善，采用先进的教育手段和先进的教学设备，以及提高学习环境和实践条件的设施。五是加强社会舆论的引导和宣传，让更多的人了解农村职业教育的现状和发展前景，认识到农村职业教育的重要性和必要性，并投入更多的资源和力量来支持农村职业教育的发展。总之，要摆脱"低等、劣等"教育的思想，农村职业教育需要从多个方面进行转变，包括教育理念、课程内容、师资、教育设施等方面，才能不断地提高教育质量和让更多的农村学生受益。同时，也需要社会各方面的支持和引导，共同推进农村职业教育的发展，为建设现代化农业、推动农村经济发展和城乡融合发展作出贡献。

（二）依据主体需求，重新定位农村职业教育内容

现代农民类型主要分为三类：进城务工农民、农村留守农民、新生代农

民。现代农民从事的产业为第一、第二、第三产业。农村职业教育应根据三类农民的主要就业方向对教育目标作出相应改变。

进城务工农民，一部分需要就地市民化，也是国家新型城镇化提出的目标，到 2020 年让 1 亿农业转移人口市民化。针对这部分人，农村职业教育机构可以为进城农业转移人口提供包括电工、木工、焊工、厨师等多种职业技能培训，提升他们的职业技能水平和就业竞争力；可以通过开设职业道德、沟通技巧、职业心理等课程，帮助其提升职业素质和就业能力；可以为进城农业转移人口提供双证制度培训，即同时拥有职业技能证书和相关职业学历证书，以此提升其就业能力和发展空间。进城务工的另一部分农民，他们在城市打拼多年，积累了一定的技能和资金，由于年龄、资金、家庭等种种原因，未能在城市扎根，不得不回乡。他们的观念能跟上时代发展的步伐，大部分人也有创业精神，自学能力、进取心都比较强，农村职业教育可以对其进行新型职业农民的培训，发展成为现代农业的新型主体。同时可以进行关于创业知识的培训，创办加工制造业、服务业等，发挥他们积累的知识和资金优势。

农村留守农民大部分是妇女和老年人，由于年龄和性别原因，身体比较弱，一般以从事简单的农业劳动为主，而妇女可以进行简单的第二产业和第三产业的培训，就近在家乡从事二、三产业。农民兼职在日本、韩国非常普遍，也是农民致富的有效、快速方式。我国由于地理环境复杂、耕地分散规模小、农村社会稳定、人们安土重迁的心理等原因，无论是现在还是将来建成社会主义现代化强国，即使城镇化率达到 70% 的稳定阶段以后，我国还将有 4 亿多农民生活在农村。在农闲季节从事非农业产业仍是农民的首选。特别是妇女，繁重的农业体力劳动不可持续，兼职二、三产业是她们就业的必然选择。据安徽潜山县政府工作报告显示，2015 年该县有 3 万农民白天在县乡镇上从事非农产业，晚上回家，其中女性占绝大部分。针对农村留守妇女，农村职业教育机构可以为其提供多种职业培训，如家政服务、农产品加工、手工制作等，提高其就业能力；可以为农村留守妇女提供就业指导，帮助她们了解当地就业市场需求，提供岗位信息、推荐优质用工单位、提供求职技巧和自我营销等能力提升的培训；可以提供创业启动资金、免费或低廉的场地租赁等扶持，帮助留守妇女在创业过程中克服资金、场地等方面的困难，提高创业成功率；还可以与社区合作，为留守妇女提供社区服务，帮助她们融入社区、建立新的社交网络和获得社区资源。比如，开设社区志愿活动、妇女社团、女性创业培训等。

　　留守农村中的另一小部分是现代农业的经营主体,农业大户、农场主等的经营主体规模初步形成。我国农村土地的确权、登记、颁证持续推进,农村土地的经营权正在快速有序流转,形成了大量的农业大户、农场主等规模化、现代化经营主体。农村职业教育理应为培养新型农业经营主体服务,现在有部分省市(陕西、安徽、江苏、江西、重庆等)已经开展培养农业大户、农场主等的新型职业农民的培训,但是培训的时间短、数量少、内容单一、方式不多等制约着培训效果。今后,农村职业教育应该为现代农业经营主体提供以下服务:一是职业培训。农村职业教育机构可以根据现代农业产业的需求,开展多种专业技能、管理培训等,提高农业经营主体的专业素养和技能水平,增强其在现代农业产业中的竞争力。二是创新培训。农村职业教育机构可以为现代农业经营主体提供创新培训,引导他们了解最新的农业技术和理念,提高创新意识和能力,开发新产品和服务,推动农业生产的现代化和智能化。三是企业管理能力培训。农村职业教育机构可以为现代农业经营主体提供企业管理方面的培训,包括财务管理、人力资源管理、市场营销、领导力培训、团队建设等能力提升的课程,提高企业的经营模式和管理水平。五是提供创业扶持。农村职业教育机构可以提供创业扶持,包括创业培训、创业孵化、企业融资等,为现代农业经营主体创造良好的创业环境,帮助农业经营主体实现创业梦想。综上所述,农村职业教育可以从多方面为现代农业经营主体提供服务,帮助他们提高农业生产和经营能力,促进农业创新与发展,提高企业管理水平和市场竞争力,增加农村经济收入。

　　新生代农民是指出生于改革开放后,成长在新农村建设阶段的年轻农民,他们在受到家庭和社会熏陶的同时,也接受着现代化的影响。他们具有现代化意识和科技应用能力,常年在农村生活和从事农业生产经营活动,同时也具有一定程度的教育素质和城市化经验,是新农村建设的主要力量之一。新生代农民不同于传统意义上的老一代农民,他们生活条件更好,思想境界更加广阔和开放,对新生活方式和新经营理念表现出更大的接受度和适应性,更富有创新精神和创业意识,可以通过自身努力和现代化农业产业的支持逐步脱离贫困,发展成为中国乡村现代化建设的推动力量。农村职业教育可以为新生代农民提供以下服务:一是客观分析市场需求。农村职业教育机构可以对当地就业市场需求进行客观分析,掌握市场对人才的需求,然后有针对性地开展职业培训。二是培养职业素养。农村职业教育机构可以引导新生代农民注重社会责任感、职业道德和职业精神。劳动技能的提高和劳动态度的改善，不仅可以提高实际生产能力，还可以提高个人的社会地位。三是提高职业技能。农村职业教育机构可以开设木工、电工、计算机操作等相关技能培训课程，提高农民技能和专业水平，增强他们的职业发展机会的能力。四是创业培训。农村职业教育机构可以为新生代农民提供创业培训，从创业思路、市场分析、商业计划、资金筹措、售后服务等方面进行全方位授课，提高创业者的管理能力和商业意识。五是帮助其进一步升学。农村职业教育机构可以帮助新生代农民进一步升学，提供职业学位教育、成人高等教育等机会，逐步提升其学历水平，提高升职加薪的机会。总之，农村职业教育可以从多个方面为新生代农民提供服务，帮助他们提高职业能力和素养，提高职业技能和市场竞争力，进一步升学逐步提升自身价值和实现人生目标，成为"有文化、懂技术、会经营"的应用型新型职业人才。

（三）坚持协同发展，构建城乡统筹的农村职教体系

新型城镇化是统筹城乡发展一体化的城镇化，是以人为核心的城镇化，是"四化"同步的城镇化，新型城镇化进程中需要转移大量农村剩余劳动力。新型城镇化发展中的农业现代化必须走规模化、机械化、市场化、科技化的依靠有技术高素质新型职业农民的道路，转移大量农村剩余劳动力成为必然选择。因此，新型城镇化发展关键是提高农民素质、促进农民顺利转移。只有农民成功转移，才能发展城镇化、实现农业化，才能实现农民富裕。农村职业教育体系必须保障大量剩余农村劳动力转移，培育现代农业需求的新型职业农民，要实现这两个艰巨任务，必须构建城乡统筹的农村职业教育体系。

具体而言，就是要构建以县、乡职教中心为主体，依托城市高等职业学校和农业大学的农村职业教育新体系。在县城，根据各县域经济发展水平、产业结构、产业特色需要，继续保持"县—乡—村"三级的农村职业体系建设。一是加大县职教中心发展，打造成集学历教育、技术推广、扶贫开发、劳动力转移培训和社会生活教育的综合平台，其服务网络延伸到社区、村庄、合作社、农场、企业。二是打造资源整合统一的乡级农村职业教育培训和成人文化中心，由乡镇主要领导担任负责人，统筹全乡所有涉及农村职业教育资源，如中小学、农技中心、扶贫办、企业、种植养殖教育培训基地等，注重实践理论结合式培养新型职业农民。三是构建农村职业教育和城市高等职业教育、农业大学的沟通机制。完善中高职衔接机制，打通中等职业

教育、高职专科、应用型本科、专业研究生的学历层次上升机制。在招生、人才培养、实习基地、教学设施、师资培养等各环节密切合作，使农民升学有通道，就业有本领。如现在实行的县职教中心的中等职业教育和城市高等学校的对口高考、"3+2"模式受到了广大家长和学生的欢迎，应该加大力度，增加比例。还可以实行联合招生，委托招生，县负责招生、城市负责培养等方式的合作。对进城务工的农业转移人口进行城乡联动培训。在农业转移人口进城前，有当地的农村职业教育进行基础的知识教育与技能培训，而且加大《劳动法》等相关就业法治宣传教育、城市生活方式介绍等。在农业转移人口务工的城市，应把农业转移人口的继续教育和培训纳入城市发展规划中，利用城市社区教育、职业院校、培训机构等丰富的教育资源免费为农业转移人口的继续教育服务。

（四）加强政府统筹，完善农村职业教育保障体系

完善和系统的农村职业教育发展保障体系是农村职业教育可持续发展的基本条件，也是发达国家促进农村职业教育发展的普遍规律。农村职业教育在我国新型城镇化、新农村建设、农业现代化、扶贫开发工作中具有基础性和先导性的作用，在我国现代化以及未来发展中大有作为。农村职业教育发展保障体系的构建应从组织领导、法律法规、资格证书制度、经费投入、教育督查、专家咨询委员会等方面来进行。

加强组织领导，落实各级政府的责任。政府各管理部门要明确自身的本质任务，做到各司其职、各尽其责，坚决杜绝越位、缺位、错位现象的产生。[①] 政府应从经济和社会发展的全局出发，统筹规划、指导农村职业教育，促进职业教育适应经济建设和劳动力市场的需求，并根据经济发展趋势、就业需求预测和农村职业教育发展情况，制定当地县乡村职业教育发展规划，并纳入当地经济和社会发展总体规划。[②] 在现阶段农村职业教育发展中，政府责任主要为加大资金投入、监督监管职业教育、推动农村职业教育整体水平提高。[③] 中央政府负责农村职业教育发展的办学准入标准、办学质量标准、经费投入总量与比例等法律法规政策规划的顶层设计，加大中央财政对特定

---

① 李璐. 安徽农民职业教育供给与需求协调发展研究［D］. 合肥：安徽大学，2012：42.
② 胡银花，万绍政. 新农村视野下江西农村职业教育的发展对策［J］. 科技经济市场，2010（8）：97.
③ 谢倩，白乃心. 农村职业教育发展中政府责任研究［J］. 中国管理信息化，2017，20（8）：182.

地区的转移支付力度；省级政府负责对省域内的农村职业教育统筹发展，促进本省域内的农村职业教育与经济的协调发展，落实农村职业教育的均衡发展。落实县级政府在满足县域内农村经济社会发展需要，完善县域内农村职业教育与职业培训的领导、经费投入等职责。把推进农村职业教育发展作为县级政府和乡级政府政绩考核的必需内容，完善考核机制和问责制度。县级政府要定期向县人民代表大会报告教育工作情况。建立以县级主要领导为第一负责人的农村职业教育联席会制度，联合农业部门、劳动部门、教育部门、科技部门、行业、企业等部门各司其职、共同努力推进农村职业教育的发展。完善农村职业教育的法律法规体系建设。我国很多法律法规对职业教育都有所规定，如宪法、《教育法》《职业教育法》《现代职业教育体系建设规划（2014—2020年）》，都对发展农村职业教育有所涉及，但是并没有专门的促进农村职业发展的法律法规。鉴于农村职业教育在我国特定历史时期的特殊任务和我国人口众多，保证粮食安全的重要性等，而且农村职业教育具有复杂性、长期性、艰巨性，因此，需要制定专门的农村职业教育的法律。规范政府部门、学校、企业的各自职责，完善有法可依、执法必严的农村职业教育法制保障。2015年全国人大执法检查组对《职业教育法》作了检查汇报，突出反映了农村职业教育存在的社会认可度低、基础设施差、教育经费投入不足、行业企业参与度低等问题，急需制定一部农村职业教育发展的专门条例。构建适应现代农村职业教育发展的稳定投入机制。首先，完善政府财政性职业教育经费投入机制。依法出台职业院校生均经费标准、公用教育经费投入标准，出台新型职业农民培养的经费投入机制。县级政府要依法建立对本县农村职业教育经费的绩效评价制度、审计监督公告、预决算公开制度。加大省级政府和有能力的市级政府的经费统筹力度，对于财政能力有限，达不到投入标准的县职业教育加大经费转移支付保障。加大中央财政对经济欠发达地区、边区、少数民族地区的农村职业教育的经费转移支付力度。其次，鼓励行业、企业、个人等社会资本以不同方式投入农村职业教育。国家制定从事农村职业教育的标准和监督体系，促进民办形式农村职业教育发展。通过财税、宣传、社会信誉等鼓励行业、企业、个人等社会主体举办、捐赠、参股、基地等多种方式发展农村职业教育。最后，组建县职教中心和农业大学、高职院校、应用型本科结对子工程，在人才培养、课程设计、实习基地等方面定点支持本地县级职教中心的发展。

建立定期的督查制度。上级政府联合组建由相关学者、行业企业人员组成的督查组，定期对农村职业教育和培训情况进行督促落实，检查相关主体的执行情况，形成检查报告，向社会公布，对于责任落实不力的人员和组织单位要加大追责力度。

设立专家委员会咨询制度。政府起主导作用，负责召集、组建专家委员会；行业企业起支撑作用，在人员、信息方面提供支持；教育起主体作用，负责教育理论专家的召集；人力资源、财政等部门在人事上、财政上给予一定的支持。以便为职业学校、企业中的师生培训等有关的课程标准、课程内容、教学方式等提供专业咨询。

（五）注重内涵发展，提高农村职业教育的办学质量

现阶段，我国农村职业教育的办学水平和教学质量不高，社会吸引力不足，很多优秀学生不愿选择职业教育，更不用说农村职业教育，绝大部分学生选择就读农村职业教育只是一种无奈的选择。但是，农村职业教育在我国新型城镇化、工业化、新农村建设、农业现代化中发挥着非常重要的作用，这也是世界发展的普遍规律，如英、美、日、印、韩等国在城镇化、工业化过程中普遍重视职业教育的发展。我国政府已经作出了大力发展现代职业教育的决定，并在经费投入、组织领导等方面作出了规定，这些都是农村职业教育发展的重要外部条件。外部条件的改善还要靠内因起作用，真正促进农村职业教育发展最终需要内部因素的有机调整和改革，注重农村职业教育的内涵建设，大力提高农村职业教育的办学水平，以增加社会对农村职业教育的认同感和吸引力。

合理规划布局农村职业教育。根据当地的经济发展水平、产业结构、农民教育发展需要，合理科学布局农村职业教育，把农村职业教育的规划纳入城乡统筹规划发展之中。加大基础设施建设，我国职业教育的基础设施不完善，特别是县级政府的职业学校硬件和软件办学条件都较差，"有些仍停留在'一支粉笔、一本书'的落后水平，缺乏专业教师，没有配套的实训设备，学生参加实训锻炼、顶岗实习的机会很少"。[①] 因此，应加大县级职业学校的基础设施建设，完善和优美的校园环境也是吸引学生的重要方面。依托国家到2020年全面建成小康社会和到2020年基本实现教育现代化、基本形成学习型社会的社会改革，农村职业教育应利用国家的扶贫项目、重点工程的契机，

---

① 文康.新型城镇化进程中农村职业教育发展研究［D］.南昌：东华理工大学，2016：36.

提高农村职业教育的基础设施建设和教育质量。

培养理论精通、实践能力强的"双师型"教师。加强新任教师准入制度，改革现今注重学历的教师资格和偏重稳定的僵化型人事编制制度，探索适应我国农村职业教育发展特点的教师资格准入制度，实行流动性的人事制度，引进在企业和行业中技术水平精湛、道德水平高的能工巧匠，经过一定的教育理论培养，从事教师岗位。不要用普通教育的普通话水平要求、专业知识的理论等级限制实践一线的技术人才从事职教工作。职业学校注重实践能力的提高，实践型教师数量要占全校所有教师总量的60%以上。完善在职教师培养制度，完善教师培养，探索职业教育学历教育加企业实践的培养方式。完善教师培训体系，促进专业教师轮岗、定期到企业和实习基地参加实践，制定新任教师岗前接受企业实习制度。

创新人才培养模式。改变重理论轻实践的传统模式，加强"校企合作、工学结合"的培养模式；强调以动手实践为主的教学模式；增加以实践操作为主要方式的考试模式；构建学习内容与实践相联动的课程结构；创新仿真、虚拟化的信息远程教学方式。积极推进职业学校学生的学历证书和职业资格证书双证制度。大力开展现代学徒制度，让职业学校和企业在招生、培养过程中深度合作，培养理论深、技术精的现代学徒式工人。最后，多利用开展职业技能竞赛的方式促进社会对职业教育的认可，促进职业教育质量的提高。

健全课程衔接体系。满足经济结构调整、技术升级与人们对职业教育愿望的需要，构建职业教育课程标准建设。首先，职业教育的专业、课程内容要与职业行业标准相衔接。其次，各级职业学校和培训机构的基础教学内容要相衔，要打通人才上升渠道。最后，职业教育的课程内容要与普通教育内容相衔接，使学生能根据自身需要自由选择职业教育或普通教育。同时，为了培养具有创新和实践能力的素质教育人才，也应加大职业教育学生的职业道德建设和人文素质培育力度。

第二节　新型城镇化进程中农村职业教育发展的新使命

农村职业教育将在城镇化进程中扮演极为重要的角色。随着城镇化的不断发展，农民将逐渐转向城市，农村职业教育可以为他们提供岗位培训和规范化技能培训，提高他们的职业技能和就业能力。同时，农村职业教育也可以帮助农民适应城市生活和就业环境，缓解城市就业压力，促进农村产业的发展，推动农村经济的发展和稳定性。因此，农村职业教育在城镇化进程中的作用将更加重要，对于推动农村和城市的共同发展具有重要的意义。

一、助推经济的城镇化

在新型城镇化的过程中，经济方面的突出表现就是产业结构的变化，第一产业向第二、第三产业为主的经济结构转变需要依靠生产力的推动。人力资本理论指出，劳动者在接受了教育或培训后所获得的知识和技能，是促进生产增长的主要因素。《中国教育改革和发展纲要》指出："职业教育是近代工业和商业经济的产物，是教育与经济的要结合点，是把人力资源转化为智力资源，再把智力优势转化为现实生产力的桥梁。"因此需要通过开展农村职业教育来达到这一目标，从而推进生产力的发展，完成城镇化背景下的经济结构转型，促进产业结构、就业结构、技术结构的升级。

（一）促进经济结构转型

根据钱纳里和塞尔奎因的标准结构理论，经济的发展来源于工业化的推进，同时也会带动产业结构、劳动力结构以及技术结构的变动。[①] 钱纳里的研究表明，在城镇化进程中，劳动力会因为人均收入差异而从第一产业向第二产业流动，再向第三产业流动。这种转变同时也会带动城乡劳动力结构变动。当一个城市发展起来，它的资源配置处于一个有利地位，生产要素会逐渐聚集于此；同时，这些生产要素彼此凝聚组合，从而形成一个规模效应和经济效应。为实现规模生产和经济效应的最大化，基础设施会逐渐完善，服务体系也会逐渐建立起来。当城镇的组建基本完成时，会有大量的二、三产业再次聚集，同时也带来更多的就业机会。当城镇本身的人口不足以完全满足这些机会时，农业富余劳动力会为这些机会所吸引从乡村流动到城镇，完成就业结构的变动。

当前我国的第二产业仍存在内部结构不合理和技术落后的问题，而这些问题必须通过产业结构的调整和优化升级来解决。这就需要我们提高自主创

---

① 吕然.城镇化背景下的农村职业教育的新使命［D］.西安：陕西师范大学，2014：22.

新的科研能力，研发出有自主知识产权的核心和关键技术，大力发展高技术产业，并用先进技术和高技术取代或改造传统的落后的产业。在服务行业领域，我国的服务行业与发达国家服务业占GDP的75%以上的情况相比，有一半以上的差距。服务产业除了具有增加就业吸引剩余劳动力的作用，还可以推进产业结构比例的升级。经过工业结构调整和优化升级，特别是加快发展服务业，可以转变我国目前经济增长主要依靠第二产业的局面，调整至由第三产业来协调带动，以实现一个更为科学的三大产业比例结构，由此满足经济城镇化的需求。

从目前我国二、三产业人口中受教育程度来看，农、林、牧、渔、水利产业生产人员中未上过学和小学文化程度的比例最高，专业技术人员中大学本科和研究生比例最高，商业和服务业人员中初、高中学历最多。如果按三大产业的受教育年限的统计来看，第二产业从业人员受教育程度在49.2%左右，比之前提高了5个百分点，同时平均受教育年限也在同比上升，这表明第二产业的素质要求也在提高。而第三产业的从业人员比例中初中和高中比例差距不大，但本科以上的从业者比例也有所提升。这些数据说明，二、三产业对于从业者的文化素质要求有所提高。农村劳动力如果希望从农村转移到城镇，并在二、三产业顺利就业的话，就需要有农村职业教育来提升他们的文化素质以满足要求。目前我国农村的职业学校教育以中等职业学校教育为主，对于促进劳动者进入以初、高中学历为主的二、三产业有很大的作用，推动了就业结构的升级，加大了非农就业的比例，促进了城镇化的进程。

我国经济的发展同时也带动了技术结构的变化。目前，我国国民经济技术构成仍处于自动化和半自动化、机械化和半机械化的过渡状态，甚至在西部偏远地区还存在着半机械化和传统手工业的状态。但是随着我国经济的快速发展，自动化和机械化必然会取代现有的落后状态，劳动密集型为主的生产活动将被技术密集型的生产活动所取代。但我国现有的劳动力素质和从业人员的水平仍低于技术结构现代化的需求，从业人员中初级以下文化程度占了84%，而技师和高级技师只占1.5%。而农村职业教育作为培养应用型、技能型人才的教育，理应得到重视。

正如人力资本理论所指出的，人类的知识、技能和偏好都可以被视为一种资源，就像工具和设备一样，可以被作为一种资本而增加价值。同时，人力资本的投资可以带来净现值的回报。因此，通过加强农村居民的职业教育，提高他们的技能和知识，可以增强农村居民的人力资本，促进农村经济结构的升级和转型。具体来说，农村职业教育的核心仍然是技能培训。随着经济的发展和城市化进程的加快，农民向城市迁移成为新的趋势，进入到市场经济当中，其适应城市环境的能力和素质愈发重要。农村职业教育可以培养出高技能人才，这些人才可以在城市中竞争和谋求更多的机会，为农民获得更多的就业机会。农村职业教育不仅可以加强技能，也可以帮助提升农村居民的素质教育。人们具备更多更高素质的知识，占有更多的经验和技能时，就具备更好的分析和解决问题的能力，这些能力可以被应用于各种领域内，促进发展。农村居民具备了更好的技能后，他们不再局限于农业、林业、牧业等传统产业领域，而可以有机会迈向创新领域、文化创意和高科技，创造出更高附加值。总之，农村职业教育可以是一种投资，通过增加居民的人力资本来推动增长，促进农村经济结构转型。

（二）促进农业产业化现代化

2007年的中央一号文件提出："社会主义新农村建设要将发展现代农业放在首位，实现以科学发展观统领农村工作，必然要进行农业现代化。"我国处于由传统农业转型为现代农业的关键时期，带来了我国农业和农村翻天覆地的变化。农业是工业发展的基础，现代农业也需要与现代工业相互依存，现代农业既为现代工业提供基础保障，现代工业同时也对农业实行反哺，科技的进步和现代工业体系的建立是我国发展现代农业的两大助力。发展现代农业的总思路和目标是："用现代物质条件装备农业，用现代科学技术改造农业，用培养新型农民发展农业，提高农业水利化、机械化和信息化水平，提高土地生产率、资源利用率和劳动生产率，提高农业素质、效益与竞争力。"

科技进步是现代农业发展的决定性因素之一，科技要创新，成果要推广应用，要将投入农业中的科技发挥出最大的效用，推广集约的、清洁的、安全的和可持续发展的生产方式。要大力普及现代农业技术，要让家家户户享受农业科技成果。完善农业科技的推广体系，提高技术人员素质，使他们成为连接上级科研机构和下级企业、组织和农户的桥梁。农业现代化需要技术的支撑和创新，而农村职业教育可以为农村人才培养提供适应当代农业技术和生产模式的培训和教育。这样，农民可以掌握一些先进的理论知识和技术操作，提高农产品的品质和生产效率，使农业从工具化向知识化转变。

农业现代化依赖于制度的变革和创新，特别是在土地资源的配置和管理、市场化经营与生产等方面。农村职业教育能够为农村居民提供基础知识教育和职业技能培训,从而适应新的制度环境的变革并增强他们的市场意识和竞争意识,实现农业方向的调整,提升农业的现代化水平。农业的现代化可以促进农村向农业特色城镇发展,使农村向中小城镇形态过渡,最后实现城乡地区的统筹发展。

二、助推社会的城镇化

社会流动是一个社会学概念,主要是指:"在社会分层结构中社会成员因为利益等因素的驱动,从而从某一个社会位置向另一个社会位置移动的行为。"稳定的社会结构和和谐的社会状况来源于一个合理的社会流动。农村劳动力凭借职业变更的方式实现自身的社会流动,而有效的职业教育将会促进劳动力流动的合理性和规范性,从而促进社会稳定和社会公平。

(一)促进社会稳定

随着城镇化的快速发展,我国流动人口迅速增加。他们虽然进城了,但在融入城市的过程中却面临着许多障碍。一方面,他们希望能够在城市找到一份工作,拥有安身立命之所,并真正融入城市;另一方面,城乡分割的二元体制导致了他们和城市人口的生存境遇存在巨大差别。这导致部分流动人口"缺乏归属感,不同程度地存在着对城市的疏离感,存在相对剥离感、社会差异感、社会距离感、混乱的身份认同和不满情绪"[①],一旦这些情绪和不满得不到有效疏导和解决,极易引发违法乃至犯罪行为,这会给社会稳定埋下隐患。

农村职业教育可以通过提高学员的就业能力,帮助他们适应市场需求,以此促进城市的经济发展,缩小城乡差距,降低社会不稳定因素,增强社会和谐性,有助于促进中国城市化和社会稳定的发展。首先,农村职业教育可以帮助转移劳动力增加就业,提高转移劳动力的技能水平以增加其收入。其次,发展农村职业教育可以促进农业现代化产业化发展,提高农民收入,推动农村向中小城镇发展,缩小城乡收入差距,维护社会稳定。再次,农村职业教育可以为城市提供优秀的人才,同时为农民提供了机会去了解和融入城市社会,增强了城市和农村之间的联系和互动。这将有助于促进城市居民与

---

① 见许传新.新生代农民工城市生活中的社会心态[J].思想政治工作研究,2007,83(10):57-59.

农村居民之间的相互理解和交流,增加社会和谐和稳定。最后,农村职业教育可以通过提高职业技能,增加法律法规和职业道德方面的教育和培训,增强就业渠道和心理辅导等方面的措施,降低农业转移人口的犯罪率,减少社会矛盾和不稳定因素。

(二)促进社会公平

在社会学中,农民会因为社会结构和社会分层从而做出流动的选择,受教育水平与采取流动行为存在着正相关。据统计,受教育程度越高,越倾向于向城镇流动,而这也影响到他们选择接受更高级教育的偏好。同时,当大量劳动力流动到城镇后,他们所产生的教育需求可能对城镇原有的教育承载量造成巨大的冲击。城镇为了保持供需平衡,可能会用一些政策方式降低这些教育需求,影响教育公平。妨碍教育公平的另一种方式,体现在城乡教育的差异上,农村教育水平与城镇教育水平间有巨大差异。在这种情况下,农村职业教育其实是在为受教育者提供一种向上流动的可能性,并尝试在城乡职业教育水平间找到平衡点。另外对农村职业教育增加资金的扶持也是为保障教育供求平衡、维护教育公平的一个重要举措。

农村职业教育可以通过打破地域和家庭背景的限制,提供职业教育机会,推进职业教育改革,加强职业教育宣传和推广等措施促进社会公平。这将有助于减少教育和社会的差距,增强职业竞争力,提升社会公平,促进社会可持续发展。为此一是要打破地域和家庭背景的限制。农村职业教育可以为来自农村家庭的学生提供职业技能培训,从而使他们具备进入城市就业市场的能力。这有助于打破地域和家庭背景的限制,消除城乡教育差异,促进社会公平。二是要提供职业教育机会。农村职业教育可以为农村学生提供接受职业教育的机会,帮助他们通过学习,提高自己的技能和素质,从而增加竞争力。这可以减少因为教育水平不高而面临的就业和晋升难度,提高社会公平程度。三是要推进职业教育改革。农村职业教育可以通过改革,提高教育水平和职业技能标准,增加职业技能培训的针对性和实用性,让学生能够掌握更多实用技能,更好地适应市场需求。这有助于促进职业教育的均衡和质量,提高社会公平性。四是要加强职业教育宣传和推广。农村职业教育可以通过各种宣传渠道,如互联网、电视、广播、报纸等,宣传和推广职业教育的好处,吸引更多的学生选择职业教育和培训机构。这将为所有人提供公平机会,以获得职业成功和稳定收入。

三、助推人的城镇化

根据马斯洛的需求层次理论,人的需求包括五个层次:生理需求、安全需求、社交需求、尊重需求、自我实现需求。在农村剩余劳动力向城镇转移的过程中,首先,要满足的最基本的需求就是生理需求,即要获得一个工作岗位;其次,是安全需求,转移劳动力所获得的工作如何,是否有疾病和意外的保障,以及是否稳定;再次是社交需求,转移的劳动力是否能融入城镇的生活中;第四是尊重需求,转移劳动力在城镇中是否已经融入,还是被当作外来者受到歧视、得不到认可与尊重;最后是自我实现需求,当前四种需求满足的时候,转移劳动力会考虑自身未来的职业发展和个人的发展。

(一)促进社会适应

从社会学的角度来看,农村劳动力融入城镇需要有三次适应"社会生存适应、社会心理适应和社会组织适应"。[①]

在社会生存适应方面,转移劳动力可以通过职业机会的获得来融入城镇。获得工作是进城农业转移人口最基本的需求,为了维持和改善生活,农业转移人口必须找到工作以劳动换得一定形式的报酬。中国城乡社会的二元结构导致劳动力市场的二元化,使得农业转移人口在职业获得、报酬公平、技能提升等方面与城镇居民有着不小的差异。另外由于城乡的教育水平不同,导致农业转移人口的素质水平也与城镇居民不同。因此通过对农业转移人口开展农村到城镇的职业教育培训,可以满足其提升自身素质以找到一份安身立命的工作这一需求。[②]

在社会心理适应方面,农业转移人口来到城镇,是在生活环境上发生了变化,由此产生了两种生活方式和思维方式的对立和冲突。城市由于其规模一般大于农村,在其中有更多的阶层、民族、地域、职业的划分,生活环境、收入水平、社会地位和文化程度等因素将人们分散结成重组为一个个不同的团体,这些团体的不同生活方式构成了城镇生活的多样性。此外,城镇容纳了很多的外来群体,因此也具有比农村更广阔的开放性和更强的吸引力。在以往农村的社会交往中,农民间的互通往往是血缘和地缘上的,是有限的。但是对于兼容并包的城镇来说,人际间的交往互动要更加的复杂和多

---

① 参见谢建社.新生代农民工融入城镇问题研究[M].北京:人民出版社,2011:13-14.
② 谢建社.新生代农业转移人口融入城镇问题研究[M].北京:人民出版社,2011:112.

变。农村职业教育可以为农业转移人口提供职业技能培训,使他们能够掌握更多实用的技能和知识,增加他们的自信心和自尊心,从而促进他们更好地适应社会。可以为农业转移人口提供一个社会支持网络,包括同学、教师和就业机构等。他们可以通过这个网络相互支持和帮助,分享工作和生活的经验,从而减少社会隔离和焦虑感。

在社会组织适应方面,在农业转移人口转变自己的身份向市民化发展时,社会组织对他们的承认和接纳是最后一步。如果农业转移人口在城镇中的经济权利、社会权利、政治权利都受到身份性限制,缺乏话语权,就无法完成身份上的最后一步转化。同时农业转移人口本身也要有城镇主人翁的意识,有作为城镇一员的参政议政的意识。通过农村职业教育与培训,为学生提供相关政策指引、社会资源、人力支持等帮助,形成人人平等、民主法制、保障人权的观念,是农业转移人口逐渐成为城镇社会的一分子,并彻底融入这个社会。

总之,职业教育在促进转移农业转移人口的社会适应中发挥着重要作用,通过加强培训和教育,以提高他们的文化素质和职业技术能力,由此获得更高收入,以逐步引导其消费方式和消费习惯的改变,通过职业教育来培养他们与人交往的能力,扩大他们的交往圈子,逐步引导他们转变交往方式。促使他们融入城镇的社会组织和群体,彻底成为城市的一分子。

(二)促进自我实现

需求范畴理论是在马斯洛需求层次理论上进一步发展起来的,分为生理、心理和社会三种范畴。在最高层次的自我实现需要中涉及个人的理想、抱负,以及对个人潜力的运用,使自己成为所期望成为的人物。

由于城镇化的发展,农村社会的阶层也发生了改变,从事农业的农民仍处于较低的地位,他们一样渴望向上流动,转换身份。农村职业教育可以助力这部分人由身份农民转向职业农民,获得身份和地位上的提升。美国人类学家 Eric R. Wolf 是最早提出"职业农民"概念的人,他认为,"职业农民是将农业作为产业,充分自由地进入市场并利用一切可能的条件使经济报酬最大化的一个群体。"[1] 这种新型农民将农业生产作为一种自我实现的职业,而非一种为了维持生计不得不从事的活动。

---

[1] WOLF E R. Peasants [M]. Eangle wood Cliff, New Jersey Prentice Hall, 1966.

农村职业教育可以为职业农民提供一系列职业规划和发展的支持，帮助职业农民准确定位职业发展目标，并提供相关的技能和知识培训，以增强他们的竞争力和实现的可能性。随着城镇化的发展，转移劳动力对于自身的生存和发展也会提出更高的要求。而农村职业教育进行职业技能教育除了为经济建设服务外，还具备教育这一公共属性，具有培养人的思想道德和民主法治意识、提升职业农民的文化素质的任务，不仅仅要传授专业技能，也推广人文知识。受教育者通过教育来提升自己的公民意识和民主意识，塑造自己健康的世界观、人生观和价值观。同时农村职业教育在对职业道德方面的教育也有着重要的作用，诚信、敬业、合作的职业意识，以及端正的职业态度和纪律，是从业者在自己的职业生涯中有着重要作用的基本能力。对于道德素质的教育，可以使受教育者正确认识自己的社会价值，明确自身的社会定位，感受自己的社会责任，从而在岗位上实现自我价值。

第三节　城镇化背景下农村职业教育发展中的问题

一、农村职业教育功能定位的偏离

自20世纪90年代后期以来，中国农村职业教育的发展呈断续性下降态势，其主要原因在于职业结构的升级和国家政策的转型。农村职业教育经过了一个由地位教育转向生存教育的过程，功能与定位上无法与普通教育和高等职业教育竞争，受教育者只能从事低端职业，也无法升学至高等职业教育和普通教育相衔接，生源严重不足。农村职业教育应该如何定位，已经成为决定其发展前景的重要问题。

（一）地位教育还是生存教育

科林斯认为："可以根据不同的形式区分为三种形式的教育：以训练谋生技能以及实用技术的'生存教育'和追求身份和地位的教育'地位教育'以及为寻求政治权利或控制国家官僚组织的教育。"中等职业教育以教授就业工作岗位职业需求技能为目标，进行社会过渡的准备，具有明显的生存教育的特质。

我国职业教育史发展最好的一段时期是在1951年至20世纪90年代初

期，当时中等专业学校的受教育者可以进入管理层，获得城镇户口，职业教育甚至具有了"地位教育"的特征。但此后，经济的发展和产业结构的升级对文凭资格的要求提高，中等职业教育文凭无力与正规高等教育及高等职业教育的文凭相抗衡，中专生地位不断下降。职业教育无法对持有者的身份地位进行改变，不再具备"地位教育"的特性。根据劳动和社会保障部关于"中国技能人才职业声誉调查"结果来看，有半数以上的人认为技能人才的社会地位不高，46%的人不愿成为技能人才，将近70%的人不愿让自己的孩子接受职业教育。而媒体在第九届振兴杯的青年职业技能大赛上对选手的采访显示，有近80%的技术工人认为，他们在政治上处于中等以下的地位。90%的人认为在经济和社会地位上他们仍处于底层。另外通过调查公司对七个大型城市的抽样调查也显示，有40%的父母希望子女能拥有权势和名利，有60%左右的父母希望子女工作稳定生活安逸。①可见技能人才不被大多数人接受，社会地位较低。持有职业教育文凭资格的农村劳动力从身份上来说是技术人员，即便其获得高级技工职位，他也仍是蓝领工作者。尽管近年来我国各地高薪聘请高级技工而不得的消息屡见报端，但是这并不代表高级技工的身份地位有所改变。同时高级技工的培养需要长时间的工作岗位实践经验，职业教育只能起到培养具有一定技能的劳动者的作用，而无法直接培养出高级技工。因此农民在接受农村职业教育以后，也只能成为二、三产业中的产业工人或劳动者，这些岗位处于职业声望的中下层，因此职业教育并不是农民子弟首选的向上流动通道。

  农村经济社会的发展为农村职业教育的发展奠定了坚实的物质基础，而职业学校的繁荣也可带动地方经济的发展，因此农村职业教育不能仅考虑自身的存亡问题，更要承担一定的社会责任。对于农村职业教育来说，当前最紧迫的任务就是培育新型职业农民，助推农业供给侧结构性改革，因而其定位更要面向农村。但长期以来，农村职业教育没有将当地经济社会的发展需求纳入功能考量之中，致使其与当地经济社会发展之间没有形成互相扶持的良性循环。不准确的办学定位导致农民对农村职业教育存在认识上的误区。有调查发现，农民对于农村职业教育的办学定位与价值取向的认识存在一定偏差。农民普遍对于服务业、工业、制造业等第二产业抱有更高的期待，而轻视自己所从事的农业生产。农民认为农村职业教育应该以培养学生拥有进

---

① 吕然. 城镇化背景下的农村职业教育的新使命［D］. 西安：陕西师范大学，2014：31.

入第二、第三产业的职业素养为主要任务，而对于从事农、林、牧、副、渔等第一产业所需要的职业素养则并不重视。一项调查研究显示，72.90%的人认为职业学校应当以培养学生的二、三产业素养为主要任务，仅有2.20%的人认为此种办学定位并不合理，且这一数据在东、中、西部地区并无明显差异。由此可以从侧面反映出，农村职业教育定位的偏离影响了农民对农村职业教育的认识，而这种认识进一步强化了农村职业教育现有的办学定位，最终导致农村职业学校定位偏离初衷，脱离农村需要。

（二）升学还是就业

农村职业教育的初衷是"立足农村，发展三农"，它一直承担两大重任，一是就地改造现有农民，将其培育为新型职业农民；二是向外转移农村剩余劳动力，使其在城镇就业。在不同的发展时期，两项任务各有偏重。20世纪80年代中期，随着改革开放的不断发展，最高决策者已经意识到中、初级技术技能型人才缺乏对国家经济发展造成制约。1985年国家颁布《中共中央关于教育体制改革的决定》，对中等教育结构进行调整，大力发展中等职业教育，使中等职业学校与普通高中保持适当的比例，通过结构调整，为城市和农村培养大批中、初级技术技能人才。在我国实现现代化、城镇化的进程中，尤其在追求学历至上的现实冲击下，农村职业教育的发展处境艰难，与国家的政策目标存在较大差距。为了能在学历主导的环境中生存，许多职业学校不得已将升学纳入自己办学定位，将适应城市产业发展的人才作为其培养目标，以吸引更多农村青年人进入职业学校，以便使职业学校在普通高中一支独大的形势下，能守住自己的生存空间。涉农专业招生难，后继职业农民培养堪忧，涉农生源问题一直是制约农村职业教育发展的重要症结，即使是农家子弟，真正愿意报考涉农专业的可谓屈指可数，而许多就读涉农专业的学生学习动力明显不足，即使毕业了，愿意从事涉农职业的也较少。[①]有研究发现，农业高校涉农专业毕业生中只有4.40%的人选择了到县城就业，而到乡镇就业的人仅占1.10%，能到村里工作的人则寥寥无几。这种办学定位与目标定向在提高农村人口文化技术水平的同时，也强化了他们离开农村、跳出农门的愿望和具备了实现这种愿望的资本。改革开放以来，大量农村劳动力向城市的持续转移本身就说明这一点。农村职业教育在某种程度上呈现

---

① 马建富，谭宝仪，邹心鋆，等.农村职业教育发展历史回溯与未来指向：从"十三五"到"十四五"[J].中国职业技术教育，2022（12）：26.

出"离农"教育的特征,它成为农村人才的"抽水机",偏离了其"立足农村,服务三农"的初衷。

农村职业教育出现升学定位的原因有以下几点:一是学历影响社会地位认知。在我国,社会上对学历的重视程度较高,许多人认为只有具备高学历才能提高自己的社会地位,获取更好的工作和收入。因此,不少农村高中生和家长更倾向于选择升学而不是职业技能培训。二是高考和模拟考试之间的差距问题。农村职业高中学生通过校内考试、综合学业水平考试等方式获得高中毕业证书和学历,但是升入本科的门槛非常高。因此,高中学生和家长往往觉得前期选择职业教育的投入不能得到足够的回报,而升学等传统路径似乎是更稳妥的选择。三是学校和地方政府的压力。由于职业教育市场竞争较为激烈,许多职业高中、中专为了争夺学生数量和教育资源占比,为学生创造升学通道或口子,从而逐渐形成了升学定位的现象。四是就业市场就业岗位的单一。部分地区因为职业教育发展不完善,就业市场上的职位单一,且容易被外来务工人员填补,学生和家长对未来有职业发展的担心和不满意,选择了升学这一安逸的道路。总之,农村职业教育出现升学定位并非单一因素所致,需要从多方面的角度来考虑,以解决农村职业教育的定位问题。

二、农村职业教育结构布局的滞后

我国的城镇化带来了我国经济结构的变动和升级,产业结构、劳动力结构和技术结构都发生了变化,对于职业岗位的要求也变得越来越复杂,对技能和技术的层次要求也日趋高级化。农村职业教育主要是初级的职业教育,只能满足初、中级技术工人的培养,办学层次的局限性和专业设置的落后,不仅无法满足企业的需要,更难以保障就业的需要。

(一)办学层次受限

尽管职业教育的首要办学目标是解决就业问题,但也应该尊重个人的教育公平选择权和学生的多元化发展。从国外职业教育的发展来看,韩国、日本、德国、美国都有自己特色的职业学校升学体系。然而,我国20世纪80年代初对于中等职业教育的调整,使农村职业教育出路不畅,缺少与普通高中或高等教育之间的双向流动机制,因而造成农村职业教育成为"教育孤岛"

或"断头教育"①，中等职业学校的毕业生无法升入更高一级的学校深造。2006 年国家下发的普通高等教育招生计划通知中提到，高职院校对口招收中等职业教育应届毕业生不能超过 5%。升学数量的限制，使许多优秀中职毕业生无法通过考试进入普通高校继续深造。这也是一些希望可以深造的学生不愿选择中等职业教育的重要原因，甚至很多学生便是被录取了也不愿意去上。同时，由于中、高职教育衔接断裂，也导致初、中级技术人才无法通过学习来晋升为高级技术人才。正是由于升学困境的存在，农村职业教育学生难以获得多元化的教育选择，影响了学生对中等职业教育选择的热情。

（二）专业设置落后

近年来沿海城市不时出现大面积"民工荒"，其核心就在于劳动力技术水平无法适应新型产业结构和技术的升级。我国正处于产业结构的调整时期，对一线的工程技术岗位需求较大。

目前，全国城镇就业人口中技能型劳动者仅占总数的三分之一，其中初级工还占到 43%，劳动者的技术水平大都偏低。相关调查表明，农民进城找工作，由于学历低而被拒绝的占 51.4%，由于缺乏技术而被用人单位拒绝的占 57.8%。② 而农村职业学校开设比较普遍的科目都是易于上手且对于硬件设施没有较高要求的计算机、餐饮和设计等专业。2006 年，我国有 424.1 万中等职业技术学校学生，其中 111.8 万人都学的是信息技术类，毕业生人数占中等职业学校毕业生总人数的 23.05%。职业学校的专业设置与市场需求不挂钩的后果就是，学生花了大量时间和金钱在学习一门与自己就业无关的科目上，浪费了教育资源，也无法满足自己最基本的就业需求。

一所学校的专业设置能很好地体现其办学定位与功能定向，对于农村职业学校来说，其涉农专业的规模、类别、数量与质量便能反映出该学校的定位究竟是姓"农"还是姓"城"。而其专业结构，尤其是涉农专业与其产业结构的吻合度更能反映农村职业学校服务当地经济社会发展的程度。职业教育专业结构与产业结构吻合度是指区域职业教育的专业规模、专业类别与数量、专业人才培养质量等专业结构要素与区域产业发展需求结构对接的一致程度。因此农村职业学校在进行专业设置时首先要考虑当地经济社会发展对

---

① 李智君，夏梦瑶. 我国农村职业教育发展的现实困境与实践调适［J］. 职教发展研究，2020，5（2）：106.

② 胡同泽，文莉. 农民工人力资源现状评析及开发研究［J］. 经济体制改革，2006（6）：100.

人才的需求结构。部分农村职业教育学校不是根据本地经济发展状况、现有的传统产业和支柱产业设置专业,开设课程,而是盲目"跟风",设置热门专业,在农村职业教育中出现了轻视传统专业,重视新兴专业的局面,偏离了服务农村经济建设的办学宗旨。①

一方面,各职业学校涉农专业逐渐萎缩。农村职业学校开设的大多是沿海发达地区经济社会所需的专业,而较少开设与当地发展密切相关的涉农专业。2010年教育部颁布新修订的《中等职业学校专业目录(2010年修订)》中,中等职业学校专业数量为321个,其中涉农专业(农林牧渔类)专业数量为32个,占专业设置总数的不到10.0%。在涉农专业逐渐减少的情况下,涉农专业的招生数与在校生数也随之下降。2015年我国中等职业学校农林牧渔类专业招生人数从2011年的85.40万人降为34.33万人,5年时间降幅达59.80%,而其在校生数也由225.96万人下降为104.77万人,降幅为53.60%。呈现出这样大幅度的下降,与农村职业学校纷纷"弃农"开设非农专业不无关系。2015年中等职业学校招生总人数约为479.82万人,而涉农专业的招生人数只占到0.70%,还不足总数的1.0%。不论是从地方的情况还是全国状况来看,涉农专业都面临难以为继的境地。农村职业学校专业设置"离农"倾向严重是一个普遍的现象,这也是农村职业教育不能培养出年轻的和潜在的新型职业农民的主要症结所在。

另一方面,已设置的涉农专业教学质量不佳。首先,农村职业学校的涉农专业未能与当地特色优势产业相结合来服务于当地经济社会的发展。其次,农村职业学校的涉农专业在设置与调整上缺乏对市场变化的敏感性。农村职业学校涉农专业呈低迷的发展态势与其滞后的专业设置和调整不无关系。职业学校涉农专业发展不好存在两种情形:一是一直延续传统专业,其间未作改变与调整;二是一直在变化调整,但每一个专业的生命周期都不长。这些职业学校的领导与教师并未意识到问题的根源在于其未能对当地市场的变化作出适应与前瞻性预估,因而其涉农专业发展态势不佳。这种情况既打击了选择涉农专业学生的积极性,也影响农民对农村职业学校的印象,不利于农村职业教育的发展。

---

① 黎敏.国外农村职业教育发展对我国的启示[J].经济与社会发展,2011,9(7):129.

(三)培养模式单一

随着国家经济社会发展水平的提高,农民的诉求也愈发多样化。尤其是随着新型职业农民培育工作的开展,无论是作为受训方的农民还是培训方,都对培训方式提出了更加多元化的诉求。然而当前的新型职业农民培育方式并不能在原有的基础上有所突破,依旧延续着原有的培训方式,这对培育工作造成了一定的阻碍。

一方面,新型职业农民培训方式缺乏创新。传统的农民培训形式以"专家讲,农民听"的单向知识传递形式进行,鲜有地区能够做到理论学习与实践操作相联系。具体到新型职业农民培育上,各地充分发挥了农民田间学校、农业广播电视大学等主体的作用,培训方式有所改进。但总体而言,多数地区培训方式单一,缺乏创新,很难满足农民的需求,从而导致培训效率较低。新型职业农民培训应该充分尊重农民对培训方式的倾向性。

另一方面,新型职业农民培训忽视线上培训方式。课堂讲授是新型职业农民培育较为普遍的培训方式,这种方式能够实现农民与专家面对面的交流,有利于农民疑惑的及时解答。一项调查研究显示,农民能接受的培训方式也是以具有丰富实践经验的教师现场指导为主,占比约为83.60%,而接受视频、网络等线上培训方式的农民占比约为16.40%。在这种情况下,大多数地区较少或者忽视了远程教育等线上培训方式。基于这种现状,新型职业农民的培育必须重视线上培训方式。提倡利用线上方式进行新型职业农民培育出于以下两点考虑:一是当前新型职业农民培训教师匮乏,一定程度上造成培训效率低下。农村地区师资队伍匮乏已是不争的事实,在这种情况下用于新型职业农民培育的师资就更为短缺,采用现场教学方式进行培训的次数有限,在某些地区甚至出现农民从未接受过培训的现象。有学者通过对全国15个省份农民进行问卷调查发现,未参加过教育培训的农民占比高达89.30%。新型职业农民培育工作开展较好的陕西省渭南市某县职教中心每年开展的培训也才10余期。同时,从农村职业学校、农业高校等地拼凑来的教师队伍并不稳定,培训的效果无法保证。线上培训方式则可以充分利用全国各地的师资资源,农民有不理解的地方可以反复观看。随着信息技术的普及与发展,农民与讲课教师实现实时在线交流已成为现实,因而线上培训有其自身的优点,应该作为新型职业农民培育的方式之一受到重视。二是农民参与培训时间有限,时常以时间冲突为由不参加培训,也造成培育效率不高。线上培训迎合了农民自己安排时间的主观意愿，培训时间上灵活自由，农民可根据自己的时间自行安排学习时间，既可以有效避开农忙时节，又有很大的灵活性，对农民也有一定的吸引力。因而各地应秉承"平台为基、内容为王、运营为本"的理念，创新在线学习方式，吸引社会力量参与，促进新型职业农民线上培训提质增效[①]。

（四）培养对象忽视成年农民

培育新型职业农民是农村职业教育应该主动承担的责任，农村职业学校在其服务对象的确定上，是否关注了成年农民是判断职业教育现代化发展水平的重要因素，也是衡量它是否能够承担起培育新型职业农民重任的核心指标。在农业和农村发展中，从成年农民的实际贡献率和农村劳动力人口结构的合理性上来看，他们都是最主要的建设力量。而我国当前农村职业教育的面向对象主要以学龄青年为主，成年农民并未被纳入学校职业教育之中。这在一定程度上阻断了成年农民通过系统教育成为新型职业农民的途径。

一方面，农村职业学校未向成年农民开放。著名经济学家舒尔茨在其著作《改造传统农业》中指出，对传统农业的改造要在良好的技术支持和制度保障下，从对农民的人力资本投资入手。当前对农民最好的投资就是将其培育为新型职业农民。农村职业学校进行新型职业农民培育的首选对象应该是农村专业大户、家庭农场主、农业企业负责人等成年农民群体。这类群体的共同特征是长期稳定地从事农业生产，且具备一定的文化基础，可持续发展性高，可培训力强。因此，农村职业教育在落实新型职业农民培育的过程中，成年农民必然不能被排除在外。而目前中等职业学校招收的对象主要是适龄青年，成年农民这一群体未被纳入。对于农业生产而言，实践性强是其主要特点，农业生产者应具备农业生产的稳定性与长期性。青年学生年龄较小、职业取向尚未确定等特点决定了其只能成为新型职业农民培育的潜在对象。而当前的农民群体是新型职业农民的确定群体，且具有较为强烈的接受系统教育的意愿。有研究显示，在需要自己承担培训费用的条件下，仍然有超过60.0%的农民表现出参与培训的意愿。因此，农村职业教育应该把成年农民作为其重要的服务对象，通过系统教育将其培育为新型职业农民，更好地服务农村社会经济发展。

---

① 孙绪峰.做优线上培训培育新型职业农民的思考[J].农场经济管理，2020，291（6）：33.

另一方面，农村职业教育未能发掘普通农民、老年人、妇女等留守农民的潜在价值。2017年中央一号文件提出的新型职业农民的培育对象中，这一群体因年龄较大、受教育水平较低而被排除在新型职业农民培育行列之外。事实上，农村留守农民是现阶段我国农村人口的主体。《2012年中国社会形势分析与预测》指出，农业户籍的在业人口中，有近1/3的农业户籍者已不再从事农业生产，而是转变为非农就业，纯粹务农者的比例已下降到39.0%。而这一群体主要以妇女、老年人等留守农民为主。他们素质的提升直接影响农村建设的成效。新型职业农民培育的一大特点是根据培育对象的特点，将其培育成不同类型的新型职业农民。每一位农民都可以根据自身特点选择适合自己的新型职业农民类型。再加上随着农业现代化地逐步推进，农业生产不再单纯依赖劳动力的大量投入与劳动强度的增加，留守妇女、老人都可以根据自身特点选择不同的劳作方式，如发展当地特色种植业可以成为有效利用留守劳动力的办法。因此留守农民同样应该成为新型职业农民的培育对象，尤其是老年人和妇女，农村职业教育更应根据其群体特征对其进行合理的培育。

三、农村职业教育外部力量的限制

农村职业教育具有公共产品的属性，能够促进社会稳定和社会公平，具有公共产品的特征，需要政府的投资和扶持。而目前，由于我国农村职业教育管理部门较为混乱，供需市场之间存在错位，政府的投入力度不大，这些都严重影响着农村职业教育的发展。

（一）多头管理的局限

目前我国县域职教资源分别由教育部门、劳动部门和经济部门三大部门进行管理。从各部门的角度来看，各部门负责的部分相对完整。但在实际运行中，资源被分隔成了块状，缺乏统筹管理，整体上处于无序的状态，导致分属于不同部门的农村职业学校在办学方向上差异较大，在学校的结构布局方面会产生重复设置，极大地浪费职业教育资源。多头管理和交叉管理的现象，不仅不可避免地造成了资源分割，而且不同主管部门之间往往由于本位主义而产生利益冲突与矛盾。[1] 除了资源管理的分割以外，农村职业学校与农村社会职业教育部门也处于分隔状态。虽处同一地域却各行其是，不能发

---

[1] 贾建国.利益相关者的视角：我国农村职业教育制度的改革与创新[J].中国职业技术教育，2009，358（30）：15.

挥资源的最大合力效用。比如农村职业教育系统在办学机构上发展得比较完善，但却缺乏专门的教师和实训基地。农业技术推广部门在专业教师和实训基地方面占优势，但没有完善的培训机构。而其他一些社会组织，培训机构完善，但教学机构、师资和实训场地却十分缺乏。管理分散的后果就是各个部门各自为政，根据自己的特点需求和性质来进行培训教育工作，致使培训出来的人才存在某些欠缺。农业科技的推广由农业局来管，教育局忙着扫盲，农广学校学历教育是主流，而农函大又主要集中在专项技术教育上。导致农民无法进行受到完整的职业教育或教育培训。这种多头管理、资源分散的状况，导致农村职业教育体系呈现条块状，严重阻碍了农村职业教育发展。

在我国现行职业教育管理体制下，开展农村职业教育需要调动多部门力量联合进行，但部门与部门之间的价值目标与利益关系并不总是一致，因而在新型职业农民项目制定以及具体执行中，时常出现各部门之间因利益关系相互掣肘，在执行时"有令不行"或"有令争行"。没有一个统一的领导机构对新型职业农民培育工作进行管理，客观上造成培育的实效性较差，除此之外，理想中县级政府在农村职业教育管理中应发挥主导作用，现实中却是各部门之间权责交叉增加了行政成本，县级政府并不能担当起统筹农村职业教育的职能，这使得新型职业农民培育处于多头管理的状态，培育效率不高。

一方面，职业教育资源在各部门相互掣肘中流失严重。在现有的行政管理体制下，教育部门、劳动部门、经济部门等多个部门都肩负着培育新型职业农民的责任，各个部门都进行着各自职权范围内的培训工作，但由于各部门之间存在的责权界限和利益保护，使得培训资源不能流动和共享，出现部门之间培训内容重复或因利益的考虑和资源的限制而相互掣肘，应有的培训得不到有效落实，无法形成培育合力，严重影响培育的实效性。在实际中，师资与培训项目之间的矛盾最为突出。从培训能力和条件上，县职教中心既是主阵地也是主力军，但因其身份的限制很难拿到培训项目。而拥有培训项目和经费的农业局、林业局、卫生局、扶贫办等部门又因为缺乏师资和场地，常常会把培训任务外包或委托给第三方。这种体制和机制上的问题，导致有限的培训资源在运转过程中价值流失和耗损。职业教育和培训是一种跨界行动，各部门之间只有进行密切合作，形成责任和利益共同体，才能确保有限的培训资源升级为强大的合力，从而有效完成培育新型职业农民的使命。

另一方面，县级政府不能担当管理农村职业教育的重任。农村职业教育现行的管理体制人为地阻碍了其健康发展，条块分割的管理体制从制度上肢解了职业教育整体，使其管理缺乏协调，国家一直致力于采取措施缓解现有局面。《职业教育法》中曾提到，县级人民政府应适应农村经济社会发展的需要开展多种形式的职业技术教育与培训。《国务院关于大力推进职业教育改革与发展的决定》十分明确地指出"发展职业教育的主要责任在地方"，要求县级人民政府应结合当地经济建设和社会发展实际开展职业教育。该管理体制赋予县级政府管理农村职业教育的权力。但就管理体制内部而言，我国现行农村职业教育管理体制是教育系统的垂直管理体制与按行政辖区的横向管理并行。在此行政体制下，由教育部门组织的农民培训要接受各级教育行政部门的垂直领导和属地政府的横向管理。而这两个管理部门之间法规能级的不确定，使得新型职业农民的培育出现政策难以落实或政策无从选择的状况，这在一定程度上削弱了县级政府的权威与信用。除此之外，就财政投资而言，绝大多数农村职业教育是在县级政府主导下进行的，其经费主要来源于县级政府拨款，由于目前相当一部分县级政府财政收入相对有限，所以县级政府对农村职业教育的投入力度也有限。[①] 特别是在经济不发达的地区，县、乡两级财政严重依赖上级政府支持，常常入不敷出，自然不会首先考虑教育问题，对新型职业农民培育的投入常常是力不从心。没有强有力的行政力量与财政支持，县级政府并不能很好地承担起农村职业教育的管理主体责任。

（二）供需市场的错位

我国的培训机构和职业学校以及企业间存在着沟通不畅的状况。缺乏统一的劳动市场，导致就业信息和需求缺乏有效的传播和接收，而培训机构和学校方面也缺乏对市场所需人才的预测和了解，这就使得农村职业教育对人才的培养有一定的滞后性，所培养出来的劳动力无法进行有效的转移。

从劳动力需求方来看，我国的就业形势在数量和结构上都较为严峻。从劳动力数量需求来看，在中国转型时期，劳动力的数量需求比较旺盛。由于城市化进程快速推进、经济发展进入高速阶段、投资热潮兴起等原因，农村劳动力纷纷向城市迁徙，供给相对不足，所以劳动力在数量上十分短缺。从劳动力需求的结构来看，经济的快速发展和消费、产业、经济结构的升级，推动了经济发展方式的变革和优化，一些传统行业的需求逐渐减少，而有关

---

① 南海，刘烁.乡村振兴背景下农村职业教育乡土课程建设问题研究[J].南方职业教育学刊，2022，12（6）：8.

新型数字、科技、金融等行业的需求不断增加。一方面，第三产业有大量的新增就业岗位，另一方面是第二产业中一般技工的饱和以及高级技工的匮乏。此外，随着社会结构的变化和老龄化程度的提高，劳动力结构也发生了变化，对技能复合型人才的需求日益增强。因此，"从需求侧来看，经济发展方式转型，劳动生产率提升，经济产出能力增强，数字社会智能机器人对劳动力的替代，劳动力数量需求弱化和质量需求强化同在"。[1]

从劳动力供给方来看，农村职业教育供给错位主要表现在职业教育领域单一、教材质量和工作需求不符、师资力量不足和校企合作关系紧密性不足等方面，需要政府、社会、学校等多方合作，共同推动农村职业教育的发展和提高。一是职业教育领域过于单一。由于中国的传统文化、产业结构、地域特点等因素的影响，农村职业教育的供给较为单一。大部分学校聚焦于农业生产、养殖、农村电商等领域，缺乏对工商业、现代服务业等新兴领域的教育和培训。二是教材质量与工作需求不符。部分学校的教学内容不符合市场需求，没有办法培养出既符合行业的需求又具备创新能力、综合素质高的人才。所以，教材质量需要把握市场需求，根据不断变化的劳动力市场作灵活调整。三是校企合作关系紧密性不足：当今时代，校企合作是地方经济发展和职业教育衔接的重要方式之一，但是农村职业院校和企业之间的合作仍然不够密切。企业可以提供职业人才培训、实习机会等，而学校可以整合教育资源，与企业合作开发课程、建立实践基地等。此外，我国农村职业学校规模较小，且地处较为偏僻落后的地区，很难掌握到最新而又准确的信息。许多职业学校对职业市场的信息不够重视，甚至完全不考虑市场反馈的信息。对需求市场信息的缺乏，导致农村职业教育作出盲目决策，浪费了职业教育的资源配置，同时造成了人才结构与市场需求的严重失衡。

（三）政府投入的不足

开发农村人力资源需要依靠农村职业教育，需要国家提供公共服务作为支撑。尽管近年来国家对于职业教育的重视程度逐年增加，但是同普通教育相比，重视程度仍显不足。依据国际经验，职业教育和普通教育的成本比例约为 2.5∶1。这是因为职业教育需要大量的设备以供学习者进行实际操作，这需要大量资金支持。而目前，大部分农村职业教育学校缺乏足够的资金和

---

[1] 原新. 人口规模巨大是建设中国式现代化的基础［J］. 中国科技论坛，2023，323（3）：2.

场地来建设厂房或实习基地，主要资金只足够用来维持学校的基本设施和日常开支。缺乏设备和实训基地，使得职业学校的学生缺乏实践的条件。据中国社会科学院的调查，大部分学生表示自己缺乏实践的机会。在学校实训基地方面，有54.54%的学生表示自己没有去过实训基地，有45.4%左右的学生在实训基地实习过，其中在校内实训基地的占四分之三。在企业和单位实习过的学生仅占20%。

"在农村职业教育发展问题上，我国实行的是以县为主的管理体制。当前，我国县域经济基础比较薄弱，县级财政比较困难，如果有限的投入经费再分散使用，其效益将肯定会降低"。[1]农村职业教育在资金投入和政策扶持上还存在短板，这限制了农民职业发展的机会，导致农村职业学校学生缺乏实践机会。由于缺乏实践技能，农村职业学校毕业生在就业市场上没有优势，难以找到工作。就业优势的缺失，使农村职业教育不具备竞争力，无法让学生家长们主动选择进行职业教育，这又会导致职业学校生源严重短缺。因此，政府有必要加大对农村职业教育的投入力度，缩小城乡教育差距，提高农村居民的职业发展能力和就业水平。

（四）现代农村职业教育体系的不健全

农村职业教育体系涵盖了农村人才教育教学体系、职业教育内部有机衔接体系和多元化立体的全方位发展与配套体系。目前，我国尚未建立起完整的现代农业职业教育体系，农业职业教育存在脱节、断层或重复现象。尤其是本科及以上的农业职业教育成为明显短板，限制了各类农业技术技能人才的成长空间，制约了农业高层次创新性人才的培养。

首先，农村职业教育服务能力有待提升。具体表现在以下几个方面：一是缺乏突出特色。农村职业教育学校的课程设置和教育方向相对简单、单一，缺乏突出的教育特色和特色课程。这使得一些学校无法吸引更多的学生和教师，影响了学校的声誉和办学质量。二是教育资源不均衡。目前农村职业教育课程实施存在着中高职之间、城乡之间、校企之间的资源不均衡以及资源不足、资源浪费的现象。[2]一些农村职业教育学校的办学条件较差，教育资源不足，使得他们难以提供高质量的职业教育服务。三是农村职业技术学

---

[1] 雷世平，姜群英. 我国农村职业教育管理体制创新探析[J]. 成人教育，2008，253（2）：26.
[2] 孙凤敏，沈亚强. 农村职业教育课程开发的问题、原则与路径：基于新型城镇化的思考[J]. 当代职业教育，2017，90（6）：88.

校对市场需求的反应速度和敏感度相对较低。农村职业技术学校的课程设置和培训目标往往滞后于市场需求。一些学校还停留在传统的课程设置和教学模式,难以适应现代产业对人才技能的需求。

其次,农村职业教育统筹协调能力不足,职业、教育和社会经济系统的有机衔接有待完善。一方面农村教育内部结构体系的衔接性不强,学生培养层次仅限于中职和高职,高层次农村应用型人才短缺。农业职业教育与普通高等教育的融合发展势在必行。农业职业教育有其自身鲜明的特点,即以农业技术技能教育为主。但随着现代产业技术复杂性的增强,其背后的科学支撑需要跟上,因此职业教育的理论教学需要增强。为了应对未来快速发展的职业变化,职业教育也需要提升学生的思维能力。另一方面,农村职业教育外部技术衔接体系有待进一步完善,要积极协调企业参与职业院校和集团化办学,完善利益机制,加强校企合作,注重行业指导和社会评价,确保职业教育技术技能质量提升。

最后,农村职业教育多元立体配套建设有待加强。在现有办学体制和运行机制下,农村职业教育学校的管理机构设置不够专业化,缺乏针对性和科学性,存在管理不规范和教学质量不高等问题,尚未形成十分有效和成熟的人才培养模式和实践教学体系。同时,农村职业教育还缺乏合理的考核和评价机制,不能真正培养出具有实用性和创新性的高素质人才。

因此,政府应该加强对农村职业教育的经费投入,建立和优化相应的策略和机制,加强对学校的管理和监督,以提高教育质量和水平,为农民提供更好的职业教育服务。同时,学校应该积极推进内部管理改革,建立完善的教学质量和师资培养机制,促进校内外的资源整合,打造可持续发展的农村职业教育教育学校。

第四章　当代中国农村职业教育主体的角色和功能

第一节　政府的政策创新与农村职业教育的发展

政策创新是农村职业教育发展的重要推动力。当今社会，人才是农村发展的关键因素，而职业教育是培养实用型和创新型人才的重要途径。近年来，政府不断加大对农村职业教育的政策支持，出台一系列政策和措施，推进职业教育改革和发展。例如，加大财政投放、改革职业教育教学模式、拓宽人才引进渠道、推进职业教育一体化发展等，这些政策创新措施有助于提升农村职业教育质量和水平，进一步推动农村地区教育与经济社会发展协同发展。政策创新与农村职业教育的发展是相辅相成的，政策创新是农村职业教育发展的重要保障和动力，而农村职业教育的发展又将不断推动政策的创新和完善。

进入新世纪，农村职业教育的战略地位得到进一步强化，发展农村职业教育被提高到了前所未有的高度。2005年《国务院关于大力发展职业教育的决定》指出："大力发展职业教育，加快人力资源开发，是落实科教兴国战略和人才强国战略，推进我国走新型工业化道路、解决'三农'问题、促进就业再就业的重大举措。""职业教育要为农村劳动力转移服务。实施国家农村劳动力转移培训工程，促进农村劳动力合理有序转移和农民脱贫致富，提高进城农业转移人口的职业技能，帮助他们在城镇稳定就业。"2010年颁布的《国家中长期教育改革和发展规划纲要》则对农村职业教育赋予新的伟大使命：发展职业教育是推动经济发展、促进就业、改善民生、解决'三农'问题的重要途径，是缓解劳动力供求结构矛盾的关键环节，必须摆在更加突出的位置。加快发展面向农村的职业教育，把加强职业教育作为服务新农村建设的重要内容。加强基础教育、职业教育和成人教育统筹，促进农科教结合。所有这些都为农村职业教育的大力发展创造了优良的环境。

一、农村职业教育政策创新的功能

（一）政策创新，有利于推动农村劳动者跨越贫困陷阱

贫困不仅是一种经济现象，更是一种社会文化现象。也就是说，农村社会的贫困虽然最终主要表现为经济的，但决定因素却是非经济的，文化因素在其中起关键作用。提升农民文化素质的重要途径之一是开展农村职业教育。而农村职业教育的发展离不开国家政策的支持。因此，必须加快职业教育政策的创新以及新的制度的设计，以便为农村职业教育服务农村提供充分保障，营造一个有利于不同层次的农村劳动者学习、发展的人力资源开发环境。如此，才能真正培养农村劳动者的自主发展能力，跨越长期以来形成的教育贫困与经济低增长的陷阱，实现农村社会可持续发展。

（二）政策创新，有利于清除农村人力资源开发的制度性缺陷

社会教育制度与政策规范和促进社会教育的发展。一旦教育制度与政策成为人、教育以及经济发展的严重桎梏，就表明这个教育制度的基本方面已经出现了"病变"，应该加以改变。我国现存职业教育制度与政策确实存在着一些重大缺陷，有些政策与制度已经与今天的时代背景不相适应。如由于职业教育经费明显受制于地方财力和学校自筹能力。各地财力不均，城乡差别悬殊，人均收入差距巨大，建立此基础上的属地化财政教育经费分配体制，本身就隐含着区域职教经费保障差异化和贫困地区职业教育贫困化两大制度性缺陷，造成了事实上的教育不公。同样，政策缺陷的潜存，使得民办职业教育以及社会参与职业教育的积极性严重受挫。所以，必须通过教育制度和政策创新，营造一个公平、高效且有利于农村职业教育发展的宏观大环境。

（三）政策创新，有利于实现农村职业教育可持续发展和高效运作

一方面，我国农村职业教育体系不健全，农村职业教育、成人教育以及城乡职业教育未能统筹发展，有限的教育资源得不到合理整合。高等教育和职业教育仍然存在较严重分离，职业教育无法与高等教育相互渗透和融合，使得学生完成职业教育后难以实现学历认证和非学历认证的衔接。职业教育机构的师资力量、教学设备、财政拨款等方面存在问题，影响了职业教育质量的提高。另一方面，农村职业教育办学体制和管理体制始终是农村职业教

育发展的难题和关键性制约因素。因此，必须通过职业教育制度与政策创新，健全农村职业教育体系，理顺职业教育办学体制和管理体制。

（四）政策创新，有利于农村终身教育体系和学习型社会的构建

构建学习型社会，实施终身教育，意味着教育必须社会化，社会必须教育化。这就要求各级各类教育必须向社会开放，为社会提供各种服务，充分发挥教育的社会功能；同时，要求社会的各个层面（除学校以外的所有社会成员及具有教育功能的机构）也必须全面参与到这一全社会的教育事业中来。从农村来看，实现教育与社会大融合，构建终身教育体系，要求职业教育通过创新成为农村教育体系的中间环节，依据农民和当地经济社会发展的需要，提供最优质的服务。为了实现这个目标，农村职业教育需要积极完善体系，改革教育和管理制度，鼓励社会积极参与职业教育的实践，逐步促进创建适应终身学习的学习型社会。

二、当代农村职业教育政策的发展变迁

（一）教育资源的变迁

当代农村职业教育政策变迁大致可分为三个阶段，分别是 1978 年到 20 世纪 80 年代末，20 世纪 90 年代初至 21 世纪初，21 世纪初至今。三个阶段农村职业政策在教育资源方面主要涉及三个方面的问题：办学经费、师资和实训基地的建设。其中后两个阶段开始关注教材建设和教育信息化建设。

在第一阶段学校经费和师资主要由各单位自行解决，劳动基地和实验基地由县、社负责解决，中央和地方有关部门给予补助。这个阶段政府对农村职业教育资源投入很少，投入渠道单一。第二个阶段强调要加大投入，并从多个渠道进行筹措，包括加大各级政府的投入，厂矿企业给予财力支持，集体、个人及其他社会力量捐资助学，利用贷款等方式。强调多渠道解决师资，通过选派技术人员、企业工程技术和管理人员作为兼职教师以扩大农村职业学校的师资来源。同时，关注职业学校专业课教师的培养和培训，对教师的合法权益也有所涉及。此阶段强调办好实习基地和校办产业，仍然强调由县级政府负责解决农村职业学校的生产实习基地，并统筹使用各部门的实验基地和设施。教材的编写也开始得到关注，提出要编写适合农村的教材，并形成配套的教材体系。此外，还特别提出要发展电视、广播和函授等形式

的农村职业技术教育。①在第三阶段特别强调要加大对农村劳动力培训的投入，中央增加重点补助农村职业教育的专项经费，并以奖励、直接补助和资助学生的方式投入。还提出要为学生提供助学贷款和助奖学金，建立师资培养实训基地和师资培养培训网络。此阶段开始加强城乡统筹，强调大中城市要为农村职业学校培养骨干教师，仍然强调专职和兼职相结合的方式扩大教师来源。同时，要利用现有农业示范场所和科技推广基地，改善职业学校的实训条件。

加强"双师型"教师的培养是我国农村职业教育政策现阶段和未来一段时间内师资培养的主要方向。目前的政策对实训场地的建设也给予了更多的关注，提出通过开展农科教一体化来加强农村职业教育的实施，通过利用农业示范场地、科技推广基地和建立校内外实验实习基地等方式来改善职业学校的实训条件。此外，对农村职业学校的教材建设和信息化建设的关注也是农村职业教育政策不断发展的方向。

（二）教育权利和机会的变迁

三个阶段的农村职业教育政策中，农村职业教育主要面向的是农村学生（初中学生为主），农村未升学的各类毕业生、农民和农村劳动者。但是三个阶段的侧重对象有所不同。第一阶段主要侧重于学校教育。因此，更多地关注各年龄段的农村学生。第二个阶段更加关注未升学青少年和农民的职业培训，强调放宽招生和入学年龄的限制，并出台了各种农民培训计划项目。可以明显地看到政策越来越重视和关注对农民的培训。第三阶段对农民的职业培训给予高度重视。针对农民不同的情况，细化农民培训种类，据此开展不同类型培训，如农民实用技术培训、农村劳动力转移培训、农村新成长劳动力培训等。

从政策一直强调在农村中小学中适当地渗透职业技术或职业教育内容来看，政府也十分注重在课程方面加强职教和普教之间的联系。同时，政策也强调要扩大农村职业教育和培训的规模以及农村职业学校毕业生继续升学的权利和机会，提出农村职业教育毕业生可报考普通高等学校，扩大毕业生进入高等学校继续学习的比例，加强中等职业教育与高等职业教育的衔接，建立人才成长"立交桥"。由此可以看出国家政策对建立初、中、高职业教育体

---

① 许文静. 改革开放以来我国农村职业教育政策分析［D］. 西安：陕西师范大学，2012：43.

系的关注,并且越来越重视农村职业学校学生的继续学习和升学问题。

(三) 教育制度的变迁

在招生分配制度方面,各阶段国家政策一直贯穿一个原则,即"先培训,后就业",并逐步提出实行"双证书"制度,完善学历证书、培训证书和职业资格证书,逐步实施农民技术资格证书制度,执行和完善就业准入制度。

师资管理不断制度化。在第一阶段,国家主要关注教师职称制度和工资制度。第二阶段提出建立教师进修制度、聘任制和岗位责任制,逐步实行教师资格制度。第三阶段强调教师全员聘任制和到企业实践制度,并建立技能型人才到职校从教制度。国家还对教师进修和实践给予制度性保障,越来越强调教师实践能力的培养,并对技能型人才进职校任教进行规范。可以看出政府越来越重视职业教育教师准入和培训制度的规范化、专业化。

评估监督制度和奖助制度在第三阶段受到较多关注。但是与评估监督相关的内容仍然非常少,主要是提出要加强政府督导部门的督导工作,并吸收企业参加教育质量评估,职业道德、职业能力和就业率被纳入考核标准。奖助制度方面,提出建立职业教育贫困家庭学生助学制度,资助接受中等职业教育的农村贫困家庭。设立职业教育奖学金,提供助学贷款,逐步实行中等职业教育免费制度,并对开展此项工作成绩显著的职业院校、职业培训机构给予奖励。2005 年,国务院发布《国务院关于大力发展职业教育的决定》,明确提出要建立职业教育贫困家庭助学制度。中央和地方财政要安排经费,资助接受中等职业教育的农村贫困家庭和城镇低收入家庭子女。中等职业学校要从学校收入中安排一定比例用于奖、助学金和学费减免。对高等职业院校学生的资助,按国家有关高等学校学生资助政策执行。2011 年,《教育部等九部门关于加快发展面向农村的职业教育的意见》提出,进一步落实和完善国家中等职业教育助学金和免学费政策,加快推进农村中等职业教育免费进程。2019 年,国家出资设立中等职业教育国家奖学金。自此,我国建立起了"国家奖学金、国家助学金和免学费为主,地方政府资助、学校和社会资助等为补充的中职资助政策体系"。[①]

---

① 田志磊.中职资助调查及对"十四五"期间的政策完善建议[C]//北京大学中国教育财政科学研究所.中国教育财政政策咨询报告(2019—2021).2022:6.

三、政府农村职业教育政策创新的方向

（一）坚持政府主导为主，形成多元办学格局

发展农村职业教育主要责任在政府，同时要充分调动社会各方面的积极性，二者缺一不可。否则，农村职业教育就无法获得可持续发展。

首先，必须强调政府在发展农村职业教育中的责任，这种责任主要体现在三个方面：一是在政策导向上，政府有责任根据本地的实际情况，制定有利于发展农村职业教育的各项政策。在当前情况下，建立农村职业教育资源统筹机制，经费投入保障机制，教师队伍管理机制，企业广泛参与办学的激励机制，都有利于政府从政策层面来解决问题。目前，企业办学积极性不高的重要原因就是企业参与办学、接受学生顶岗实习得不到合理的经济补偿和利益回报。因此，政府除了自身要积极为农村职业教育发展创造条件外，还要积极研究和出台激发企业办学积极性的措施。二是增加政府的直接经费投入，各级政府特别是县级政府要切实承担起责任，依据本地职业教育特征和社会需求，加大对职业教育的投入。三是要引导社会建立科学合理的用人机制，少数单位在用人的问题上出现一些不合理现象：部分用人单位一味追求高学历，不仅提高了用人的成本，还误导了学校和学生，导致社会对职业院校毕业生认同度不高，农村职业教育生源不足。因此，要建立以政府主导的多元化农村职业教育投资机制，增加政府直接投入，各级政府要从整个国民经济支出中增加对农村职业教育和农民教育的投入比例[①]。

其次，发展农村职业教育必须强调办学主体的多元化。职业教育是紧密联系市场的教育，用市场机制来推动职业教育的发展，是职业教育办学规律的反映。从目前各类职业学校办学实践来看，职业教育发展最好、具有特色的一般是行业、企业所办的学校，原因在于学校和企业、行业联系紧密，熟悉企业用人需要，学生的就业指向比较明确。民办教育也是当前职业教育中具有较强活力的一类，主要原因就在于学校抓住了市场需要，在专业设置及内部管理机制上显示出灵活性。当前，政府办学面临着许多困境，主要是受传统教学模式和计划经济办学体制影响较大。因此，公办农村职业学校办学体制改革和运行机制改革势在必行，要鼓励公办学校引进民营机制，积极探

---

① 阿米娜·玉苏甫，帕塔木·巴拉提.浅谈新疆农村职业教育中存在的问题及对策[J].新疆农业科技，2012，204（3）：10.

索学校民营化，探索与企事业单位、其他教育机构、社会团体和个人合作办学，千方百计引进社会资金，来进一步激发公办学校的活力。

（二）坚持就业导向，推进人才培养模式改革

农村职业教育人才培养模式改革关系着学生未来发展走向。实施人才培养模式改革，必须以就业为导向。因为农村职业教育服务社会，主要是通过学生较好的就业来实现。农村职业教育面向市场、面向社会办学，也主要是要求所培养的学生能充分就业。以就业为导向作为改革纲领，要突出四个方面。一是市场需要什么人才学校就培养什么人才，形成能敏锐获取市场需求信息的能力和及时调整人才培养结构的机制，畅通学生的就业渠道。二是教育教学与生产实践、社会服务和技术推广要紧密结合，加强实践能力的培养。"职业学校应加强内涵建设，克服办学与经济社会发展不适应的问题，增强服务针对性，努力提高办学质量，培养优质的实用技能人才，发挥好示范带头作用"。① 突出技能教育，突出实习实训和学生动手能力的培养，培养的学生不仅要"对口"，更要"接口"，实现职业教育与市场需求的零距离对接。三是推动产教结合和校企合作，积极开展"订单式"培养。将企业用人标准引入课程标准，学校和企业合作共同开发专业课程体系，共同制订人才培养方案，共同组织教育教学。四是积极开展学校人事制度和分配制度改革，以就业为导向改革人才培养模式，关键是学校要有一支合格的教师队伍和管理干部队伍，破除"大锅饭"，创建有效激励和约束机制，培养一支德才兼备、高水平的教师和管理干部队伍。

（三）坚持以学历教育为主体，广泛开展职业培训

要坚持学历教育与职业培训并举推动新时代职业教育改革。长期以来，学历教育被称为正规教育，是各级各类教育的主体，职业培训被称为非正规教育，在学校教育中所占份额很少，普遍没有受到重视。处理这对关系，要从以下几方面入手：第一，加大学历教育改革，实现学科本位向能力本位转变。以企业的用人标准作为人才培养的质量标准。根据职业岗位对知识、技能、态度的要求来设计课程体系，确定教学内容和教学方法。根据市场需求来调整专业设置，真正做到每一个专业都有明确的就业岗位指向。把职业资

---

① 刘福军，秦莹.城乡统筹发展与农村职业教育改革分析[J].职业技术教育，2011，32（16）：67.

格证书和技能等级证书纳入教学体系，让学生不仅获得学历证书，还能获得相应的资格证书和技能等级证书。第二，积极举办职业培训。要积极开拓培训市场，扩大职业培训规模。职业培训应该是职业教育中最具特色的一种形式，也是终身教育的一条最为重要的途径，相对于学历教育而言，形式更为灵活。第三，要逐步建立学历教育与职业培训相互沟通的机制。学校要按专业把对应职业岗位所需求的职业技能分解成若干相互独立的模块，构建模块式课程体系，使受教育者既能在完成一定模块课程学习后具有直接上岗的工作能力，又能在完成全部的模块课程学习后获得相应的学历，从而通过学分积累的方式逐步完成系统的职业教育。

（四）坚持学校全面建设，突出重点建设领域

不同时期农村职业教育的重点不同。现在和未来的一个时期，应该专注于"双师型"教师队伍建设和实习实训基地建设，这是农村职业教育办学特色的重要基础。在师资队伍建设方面，学校应该以"双师型"教师队伍为主要建设方向：第一，完善兼职教师聘用机制，从行业及公司聘请相关专业领域的技术专家和技能大师来学校兼职任教，这一做法可以缓解"双师型"教师不足的问题，并将企业实际生产中应用的新技术、新成果带进课堂。第二，建立与企业合作的在职教师培训机制，选派教师参加社会职业技能培训[1]，只有通过定期到企业进行科学培训，教师才能不断掌握新工艺、新技术、新标准，保证教学水平的不断提高。农村职业学校应该积极创造条件，加强与合作企业的联系，利用学生顶岗实习和定期组织教师到企业参加顶岗培训。第三，要改革职业学校教师专业技术职务评审办法，建立有利于"双师型"教师队伍建设的指导方案。在实习实训基地建设方面，需要围绕以下方面展开：第一，选择合适的产业和企业。为确保实习实训基地的有效性和实用性，需要选择与当地经济相符合、在该领域拥有较高知名度和声誉的产业和企业作为合作伙伴。第二，建立合作机制。要与合作企业建立长期稳定的合作机制，建立协议，确立责任，明确资金来源，制定具体的管理、实施和评估计划，并签署书面合同。第三，设计和建设实习实训基地。按照企业的需求和实际情况进行实习实训基地的具体设计和建设。可以考虑模拟实际

---

[1] 于佳宾，王宇航，张宁.城镇化过程中农村职业教育发展对策研究［J］.理论观察，2016，126（12）：155.

工作现场的形式,将实习实训基地规划成对应领域业务的情景式模拟环境。第四,制定实习实训计划。应按照职业教育教学方案的要求,适应具体技能缺口和岗位需求,精心制定实习实训课程和教学计划,以便培养出符合市场需求的人才。

(五)坚持职业技能训练,提升学生综合素质

以人为本是科学发展观的核心,而就业是民生之本。解决毕业生就业,实现学生的全面发展,是农村职业教育以人为本的最大体现。为此,农村职业教育不仅应该突出专业技能的培养,而且要注重学生综合素质的提高。学生的综合素质包括思想品德、职业道德、健康的心理状况、良好的身体素质和科学的思维方式。强调学生综合素质的培养有三个重要原因:第一,用人单位越来越注重员工的综合素质,因此学校必须加强学生综合素质的培养,以提高学生的就业竞争力。第二,学生的综合素质对学生可持续发展至关重要。在现代市场经济社会中,学生除了要具备扎实的专业技能之外,更需要具备强大的适应能力、转岗能力,才能适应不断变化的职场需求。第三,教育不仅是帮助学生实现职业生涯发展,也是帮助学生适应社会生活的重要途径。因此,农村职业学校必须承担起培养学生综合素质的社会责任。我们必须意识到,综合素质的培养绝不能局限于学历教育,也是职业教育应该承担的社会责任。

第二节 农村职业学校的功能构建与农村职业教育的发展

农村职业学校是农村职业教育的重要主体[1],是农村职业教育的重要阵地。[2] 农村职业学校是指位于农村地区,主要面向当地农村学生提供职业技术培训的学校。它通常承担着职业能力培养、高素质人才培养、服务社会、传

---

[1] 吕莉敏.基于返乡创业农民工培育新型职业农民的社会支持体系构建[J].当代职业教育,2019,97(1):38.

[2] 韦七玲.农村职业学校助力精准扶贫机制构建与实践探究:以岑溪市中等专业技术学校为例[J].广西教育,2019,1118(38):39.

承文化等方面的功能，能够为农村地区的经济社会发展提供重要支撑，为农村学生提供更好的发展机会和职业发展平台。与城市职业学校相比，农村职业学校的办学条件和师资力量相对较弱，面临着资金、师资、课程设置等许多方面的瓶颈和挑战。

一、改革开放以来我国农村职业学校发展的历史演变

通过梳理改革开放以来农村职业学校发展历程，可以更好地了解其办学定位和功能，并从中获取经验和教训。这有助于当前我国农村职业学校确定合理的办学定位和功能定向，以最大限度地发挥其功能价值。农村职业学校的发展历程并非一帆风顺，经历了多次曲折。根据不同时期的办学目标，农村职业学校的发展大致可以分为三个阶段。

（一）缓慢恢复阶段（1978—1984 年）

1978 年 4 月 22 日，邓小平在全国教育工作会议上的讲话中明确指出，各部门要特别重视扩大农业中学、各种中等专业学校、技工学校的比例。以此为起点，农村职业教育的发展进入一个新的时期。1980 年 10 月 7 日，国务院又批转了教育部、劳动总局《关于中等教育结构改革的报告》，要求通过改革大幅提高职业学校的学生数量，提出了改革中等教育的方针和各类职业学校发展的整体要求。由此，一些城乡开始筹办农业中学和职业中学的试验，职业教育得以恢复和发展。1982 年 8 月教育部在转发的《关于加速农村中等教育结构改革问题的报告》中指出，一定要尽最大力量使农村技术教育在近段时间内扩大规模、提高质量，使其办学水平上升到一个新的台阶。与此同时，提出筹办一个基层农业技术网络。同时转发的重要"批语"中指出，要加大力度培养农业技术能手和经营管理型农民，不断调整农村中等职业教育结构，发挥出农业技术教育的作用和功能，不断提高农民特别是青年农民的教育水平。1983 年 5 月 6 日，中共中央、国务院《关于加强和改革农村学校教育若干问题的通知》中提出，各地要从大局统一安排计划、分批次增加一些农业高中和职业学校，可以将一些普通高中改为农业中学，或者筹办一些新的职业学校，只有不断改革农村中等教育结构，促进职业技术教育的发展，才能提高农民的科学技术水平和经营现代农业的能力，也才能早日实现农业的现代化和农村经济的快速发展。

这一时期我国农村职业教育得到快速恢复和发展，很大程度上要归功于

国家政策的支持和倾斜。《中华人民共和国国民经济和社会发展第六个五年计划》很好地体现了这一点。计划指出，1980年职业中学和农业中学招生数为24万人，而该计划中1985年的目标招生人数为140万人，是1980年的五倍还多。1979年我国有200多所农业中学，在校学生人数达到23万余人。通过不断改造农村中学和国家对农业学校的大力支持，到1984年，我国农村职业中学和农业中学总数达到了6019所，其中职业高中数量达到4285所，学校学生总人数接近130万人。数量上的增长展示了我国农村教育蓬勃发展的趋势。此外，农村职业学校在质量上也取得了显著的提升，在这个时期，无论是农村职业学校的专业设置，还是毕业生的就业去向，都带有农村特色。这是由于当时我国乡镇企业不够发达，在农村经济中仍以农业为主导，非农类专业的就业前景受到冷落和质疑。因此，农村职业学校紧密围绕农业领域发展，学制上也较为灵活，办学方向呈现出很强的"向农性"。这为今后农村职业教育的快速发展奠定了坚实的基础。

（二）持续发展阶段（1985—1996年）

在十一届三中全会之后，职业教育得以迅速恢复和发展。然而，新时代的发展环境对各行各业、各级技术人才的要求也在不断提高，当时的职业学校的数量、规模和教育质量都难以满足经济发展的迫切需求，亟须改革。

1985年，《中共中央关于教育体制改革的决定》提出了改革中等教育发展比例、促进职业技术教育快速发展的政策。为贯彻这一决定，各部门召开专门会议讨论，并相继提出了具体的执行办法和建议，如《关于进一步贯彻"先教育、后工作"原则的几点意见》《关于各类职校学制的暂行规定》等文件。此外，对于新建的农村职业中学，相关部门也给予了极大的支持和帮助。1991年10月，国务院颁布的《关于大力发展职业技术教育的决定》中提出要加大职业学校与企业的合作力度，充分利用社会上各种有效的资源和设施。1993年《中国教育和改革发展纲要》中指出，职业学校担负的主要职责是，要在政府的指导下，根据当地经济建设、市场经济发展的需求，走联合办学和校企合作的道路。在这些文件精神的指导下，各个地区进行了不断地摸索和实践，也形成了几种较为成功的典型职业教育办学模式。如比较有代表性的河北和苏南的职教中心。从1992年到1996年，河北省在全省139个县都成立了一所综合性的职教中心，它融合了职业中学、农民中专、技工学校、农业广播电视学校等多种类型的中等职业教育，各取所长，有效整合了职业教育资源。此后,各地开始大范围的推广县级职教中心,对农村职业教育的布局进行结构调整,合并淘汰了不少农村职业学校,在节约了教育投资的同时又充分利用了资源。苏南地区则主要是通过职教中心的辐射带动、组建办学集团等形式发展地区性的职业教育,这种职教模式主要包括县、片、乡三级,有效推动了该地区的经济发展。1996年5月15日,《中华人民共和国职业教育法》颁布,强调县级人民政府应推动农村职业教育,特别是农村职业学校的发展,以实现农村经济、教育和科技的协调、健康发展。

这一时期,在国家相关政策和法律的支持和指导下,农村职业学校蓬勃发展。然而,随着市场经济不断发展和城市化进程的加速,对劳动力的需求量增加,同时,农村出现的大量剩余农村劳动力也继续向城市转移。因此,农村职业学校开始逐渐设置符合城市化建设需求的专业,这种趋势日益强化。尽管如此,农村职业学校仍然走上了稳健发展的道路。

(三)全面改革阶段(1997年至今)

1996年《职业教育法》颁布以后,职业教育在迎来短暂的发展机遇后,开始面临巨大的挑战。为了适应国家发展和新的经济发展要求,我国农村职业教育进行了全面改革。

1999年高校开始实施扩招政策,导致农村职业学校生源逐渐萎缩,很多职业学校甚至面临着倒闭的危险。与此同时,随着城镇化的推进,农村劳动力转移等问题不断凸显,需要农村职业学校充分发挥其所担负的重要功能如发展现代农业、促进新农村建设、保证教育公平、促进劳动力转移等,以便为"三农"问题的解决提供重要保障。因此全面改革农村职业教育迫在眉睫。

首先,国家明确了农村职业教育的重要位置。2002年《国务院关于大力推进职业教育改革与发展的决定》中指出,职业教育不仅要服务"三农"和就业、再就业,而且还要服务于西部大开发、经济结构调整和技术进步。2003年,国务院发布一项决定指出,要坚持为"三农"服务的方向,全力发展职业技术教育、农村成人教育,深化农村教育改革。[1]

为了解决农村职业教育的招生问题,2003年、2004年、2005年有关部门分别下发《关于开展东部对西部、城市对农村中等职业学校联合招生合作办学工作的意见》《关于贯彻落实全国职业教育工作会议精神进一步扩大中等

---

[1] 国务院关于进一步加强农村教育工作的决定[J].湖北省人民政府公报,2003,12(12):38.

职业学校招生规模的意见》《关于加快发展中等职业教育的意见》等文件，分别对城市与农村、东部与西部的有关联合办学及招生的问题提出了建设性的意见，推进了东西部之间的对口招生以及城市和农村之间职业院校的合作办学，有效地利用了东部地区和城市的职业教育资源和潜在的巨大的就业市场。同时，实行更加方便、灵活的学制，如"2+1"等，这样可以实现教育资源的充分应用。另外，在条件允许的情况下，职业学校可以采取分时间段、分区域的办学模式。此外，国家也开始关注农村职业学校学生的奖助问题。2006年国家出台了《关于完善中等职业教育贫困家庭学生资助体系的若干意见》，进一步完善了中等职业教育家庭经济困难学生助学制度，资助范围得到了扩大，资助的数额也得到了提高。同年，针对中等职业学校的80万贫困生，国家投入专项资金8亿元。2007年秋季学期起，中央和地方财政共同设立国家助学金，资助对象扩大到中职学校全日制在校的一、二年级所有农村学生和城市家庭经济困难的学生，资助标准为每人每年1500元。2008年10月12日党的十七届三中全会通过《中共中央关于推进农村改革发展若干重大问题的决定》，其中指出：把加快发展农村中等职业教育作为中心，对其渐渐实行免费。2009年12月2日，国家最高行政部门决定从2009年秋季学期起，在公办中等职业学校中，对涉农专业全日制在校生和农村家庭经济困难学生逐步实行免除学费的优惠政策。对于符合免学费政策条件的，在民办中等职业学校就读的一、二年级的学生，按照当地公办中等职业学校中，同类型和同专业的免除学费的标准，由政府给予一定的资金支持。中央和地方政府要按一定比例分担免学费补助资金。经过国家财政的大力扶持，农村职业学校的生源不断增加，学校的资金问题一定程度上也得到了缓解，农村职业学校正在朝全新的发展方向前进。

这一阶段，主要经历了以升学为主和向城市输送人才两个阶段，现在仍然处于在这两个阶段。随着城市人才的饱和、乡村振兴的迫在眉睫，农村职业学校在面对挑战的同时也面临着新的发展机遇。农村职业学校如何更好地服务"三农"是当下国家政策的倾斜点。在城镇化与新农村之间，如何找到一个平衡点，是当下和以后很长一段时期内，农村职业学校办学需要权衡的关键问题。

通过对我国农村职业学校改革开放以来发展历程的回顾可以发现，农村职业学校的发展虽起起落落，但就目前的发展形势来看，由于国家相关政策的支持和市场经济的指引，它的数量在不断增加，发展模式越来越多样化，多办学主体也渐渐多元化,总体上在向农村经济的发展慢慢靠拢,越来越注意专业的合理分配。同时,历史中影响农村职业学校发展的不仅有社会的需求、政策的导向,还有学校自身定位与功能定向的准确与否。只有体现时代的要求、阶段发展的需求,农村职业学校才能够真正实现其自身的价值,才能够具有高度的生长性,最终成为真正意义上受人民喜爱的平民化教育。

二、农村职业学校在职业教育体系中的地位与功能

农村职业学校是农村教育事业的重要组成部分,其地位至关重要。一方面,农村职业学校是培养农村劳动力技能的重要场所,具有带动农村经济发展的重要作用;另一方面,农村职业学校也是保障农村青少年教育权利的重要机构,为广大农村学生提供了接受高等职业教育的机会。此外,农村职业学校也具有推进新农村建设、促进农村现代化和促进农村劳动力转移等多重功能。

(一)农村职业学校的地位

《国家中长期教育改革和发展规划纲要(2010—2020年)》提出,到2020年,在适应经济发展方式转变和产业结构调整要求的基础上,构建形成中等和高等职业教育协调发展、体现终身教育理念的职业教育体系。由此可以看出中等职业教育在我国职业教育体系中的基础地位。

在纵向上,农村职业学校起着基础性的教育作用,形成与高等职业教育的层次上的衔接。农村职业学校属于中等职业教育,重点培养的是技能型人才[1],起着根本性的作用;高等职业教育主要培养高端技能型人才,发挥引领性的作用。中高职衔接在构建现代职业教育体系和发挥职业教育的产业吸引力中,占据着核心位置。中高职衔接是培养经济社会发展需要的高端技能型人才的有效体系,为经济的发展提供高素质技能型人才。

在横向上,农村职业学校是我国中等教育的重要组成部分,与普通中等教育共同构成多元化的中等教育体系。农村职业学校为高考失败的农村青年提供了实现社会流动的另一条路径,同时满足了不同学生的需求和我国经济发展的要求。普通高中教育主要以升学为主,而中等职业教育则以就业为导向,着重培养适应社会经济发展需要的技能型人才。中等教育的多元化不仅为学生提供了更多的选择,也为我国经济发展提供了更多的人才支撑。

---

[1] 孟庆国. 新型城镇化背景下的农村职业教育改革[J]. 职教论坛,2013,542(34):42.

（二）农村职业学校教育的功能

农村职业学校教育的地位决定其功能，决定了它和城市职业学校相比，在招生对象、学科设置、就业方向、资金投入、教学条件等方面均有所不同。农村职业学校教育的功能体现在以下四个方面。

1. 高等学府人才的输送者

农村职业学校在培养高等院校人才方面，具有不可替代的作用。首先，农村职业学校为广大农村学生提供了接受高等职业教育的机会，为农村地区输送了一批高素质技能型人才。这些人才不仅具备扎实的职业技能，而且在综合素质方面得到提升，有能力进入高等院校接受更高水平的学术和职业教育。其次，农村职业学校的课程设置和教学方式更加注重实践与应用，使学生在学习过程中更好融入实际工作需求，培养了良好的职业素养和实际工作能力，从而为进入高等院校进行深入学习和研究奠定了良好基础。此外，农村职业学校还通过经验交流、校企合作等多种方式与高等院校开展合作，为高等院校提供了一批职业技能精湛、工作经验丰富的人才。这些人才具备丰富的实践经验和实际工作能力，在高等院校中能够更加快速地适应学习和研究，并为高等院校的科研及产业服务提供持久的支撑。总之，农村职业学校为高等院校输送了大量拥有实践经验和职业技能的人才，为我国经济和社会的发展提供了坚实的人才保障。

2. 培养技能型农民的重要基地

农村职业学校是培养技能型农民的重要基地和摇篮。首先，农村职业学校作为中等职业教育的重要组成部分，着重培养技能型人才，其中有一部分学生回到农村从事农业生产、加工、营销等方面的工作，为当地的现代农业建设和发展提供了重要的人才支持。其次，农村职业学校的学科设置和教学方式更加注重实践技能的培养，如农业机械维修、作物栽培、养殖管理、农产品加工等方面的技能，使学生能够在学习期间同步掌握实用技术，具备了很强的实践能力和职业素质。最后，农村职业学校的毕业生在就业方面具有明显的优势。由于具备了扎实的专业技能和良好的职业素养，毕业生在向当地农业企业和农户求职时能够更好地胜任工作，成为当地现代农业建设的重要助手。总之，农村职业学校为广大农村学生提供了机会，使他们能够通过职业技能教育和实践培训，具备实际应用技能，为当地现代农业发展作出了巨大的贡献。

3. 职业人素养的启蒙地

农村职业学校是职业人素养的启蒙地，对培养学生的职业素养起着至关重要的作用。第一，农村职业学校能够提供职业教育，并着重培养学生的职业素养，如职业态度，职业道德，职业精神等能力，使学生在入职后能够快速适应职业环境。第二，农村职业学校注重实践教育，将技能型教育和道德教育相结合，通过真实的生产实践，培养学生的动手能力和实际经验，同时塑造学生的良好职业操守和职业道德，形成良好的职业习惯。第三，农村职业学校还加强学生的综合素质教育，提高学生的工作能力与核心竞争力，增强学生的自我管理意识和团队合作精神，使学生在今后的职业发展过程中，拥有一定的应对能力与发展潜力。综上，农村职业学校从职业教育，实践教育，综合素质教育等方面入手，帮助学生形成良好的职业素养，早期培养学生的职业精神、职业能力，使其成为具备实际工作经验和高职业素质的优秀职业人才，帮助其更好地适应和融入社会。

4. 人才合理分流的调节器

农村职业学校属于初中后分流，即义务教育后分流。初中毕业后，一部分学生升入普通高中，一部分学生进入职业学校，接受职业教育为就业做准备。这样一来，帮助学生实现了合理的教育分流。[①] 义务教育分流一方面缓解了普通高等学校招生的压力，对社会稳定作出贡献；另一方面，农村职业学校依据学生的职业兴趣、能力优劣对其进行培养，提升学生的专业技术能力和团队合作能力，为农业和农村的发展提供人才支撑，满足了农村经济建设对各类初、中级人才和劳动者的需求。由此可见，通过教育分流，不同的人得以接受不同层次和水平的教育，充分发挥自身的才能和发展自己的个性，从而释放出自己独特的个人和社会价值，满足其自我实现的需求。此外，农村职业学校通过教育与培训向城镇有循序地分流农村富余劳动力[②]，促进人才在职业发展中走向更广阔道路，为人才资源向现代化、产业化方向转型升级提供了有力支持。

三、农村职业学校开展农村职业教育的现状

农村职业学校在我国的职业教育体系中具有如此重要的功能和作用，必须充分发挥其应有的功能和作用，才能加速农村发展之步伐，缩小我国城乡

---

① 关晓会.农村职业学校的定位与功能定向研究［D］.西安：陕西师范大学，2014：23.
② 张学军.试论农村人力资源开发与职业教育［J］.当代教育论坛（综合研究），2010，199（9）：7.

差距，加速实现我国现代化建设和和谐社会的建设。然而，农村职业学校的发展现状却堪忧。

（一）师资力量薄弱

农村职业学校的师资力量主要分为两类：一类是从城市或其他地区调派过来的教师，还有一类是当地从基层干部或地方企业员工招募的教师。这两类教师在专业素质和教学经验等方面差异较大，难以满足学生的教学需求。同时，农村地区因为文化和经济条件相对较差，教育资源相对较少，导致很多教育领域的专家和优秀人才不愿意留在农村，而选择在城市工作和生活，这进一步加剧了农村职业学校师资力量的不足。同时，农村职业学校缺乏足够的教育经费和培训支持，无法为教师提供更好的培训机会，教师的专业知识和教育方法无法得到有效提升。此外许多农村职业学校对教师的绩效评价和激励机制不健全，很难激发教师工作积极性，导致高素质教师的流失。总之，与城市职业教育和其他高等教育相比，农村职业学校在师资力量上还比较薄弱，存在严重的教师短缺[1]，师资队伍结构不合理，人才流失严重，教学水平不高等问题。

（二）可选专业受限

由于农村地区市场经济发展不足，职业需求相对较少，也导致了农村职业学校招生规模相对较小，很难提供全面的专业课程。农村职业学校的教学资源相对较少，很难提供更广泛的学科和专业选修，开设的专业也会受到限制，难以覆盖学生的全部需求，无法为学生提供更多发展方向。一些农村职业学校仅仅提供了一些传统的农村技能和职业培训课程，如农机维修、花卉种植等，而没有涉及一些新兴的领域，如互联网、金融业等。这就导致学生的就业选择相对单一，缺乏多元化的发展机会。此外，还存在专业设置与农村的联系较弱，并且不少专业脱离于农村，相关专业被淡化[2]等问题。

（三）教学资源不足

农村地区的经济实力相对较弱，自然而然地导致了其在教育领域的资源

---

[1] 李小琼.可持续发展理念下的农村职业教育改革创新［J］.继续教育研究，2017，226（6）：39.
[2] 王榕，刘丁豪.乡村振兴战略背景下农村职业教育的路径探究［J］.吉林工程技术师范学院学报，2022，38（2）：41.

不足。加上学生家庭背景和经济条件等因素，农村职业学校的入学率普遍较低，也无法支持学校建设和设备更新的必要投资。农村职业学校的实际教学资源主要体现在教学设施、实验室器材、专业书籍和教育软件等方面。许多农村职业学校缺少基本教学设施，没有足够完备的工具和设备，不能让学生真正接触到相关的工具和技能，这对学生的未来职业发展产生了不利影响。

（四）学生就业难

农村地区一般经济条件较为落后，工作机会有限，学生的就业机会受到限制。加上农村职业学校一般和社会对信息共享的协同度较低，学生在校期间难以接收市场需求情况，加上很多学生缺少市场亟需的专业技能，很难适应市场需求导致学生就业选择范围较小，很难选择到合适的就业发展机会。在这种情况下，学生可能会出现失业或者就业不稳定的情况，这增加了学生的就业压力，同时也减少了学生家庭的收入。

（五）招生难度大

在很多地区，职业教育的重要性没有得到足够的认识和保障，农村职业学校受到的关注度不高，学生往往会选择去城市职业学校读书，而不是选择当地的农村职业学校。许多农村职业学校缺乏优质的教学设施和教育资源，这导致学生与家长对于教育质量缺乏信心，也很大程度上降低了学校的吸引力。农村地区就业机会比较有限，许多家长认为让孩子去农村职业学校学习没有什么用处，家里也面临着留守儿童问题等，这也是导致农村职业学校招生数量不足的重要原因。此外，许多地方政策对学生本地入学比例有限制，让农村职业学校难以通过招生刺激内部发展。

（六）办学经费不足

农村职业学校的资源分配不均，一些贫困地区和学生没有得到相应的资金和物资支持，教育发展的不平等性日益凸显。同时，"农村职业学校自身办学经费不足，地方政府对改善办学环境的经费支持力度不够，造成了部分农村职业学校的办学环境差、教学条件落后"。[①] 还有部分农村职业学校的内部

---

① 张丽，杨凤.在乡村振兴视域下农村职业教育改革的建议——基于彭湃乡村教育改造思想的启示[J].中国培训，2022，401（8）：67.

开销不合理，往往存在过度开支和挥霍现象等问题，导致学校资金和资产的不当流失。此外，由于缺乏专业的财务规划和管理，农村职业学校会出现一些资源浪费情况，如设备和资产闲置、物资浪费等。

（七）缺乏创新发展

很多农村职业学校没有自主招生的权利，只能接受地方政府的派遣，没有主动地开展教育招生工作的积极性。许多农村职业学校仍然使用传统的教学模式，课程设置和教学手段相对单一，教育及培训效果不佳。此外，农村职业学校对于教育科技的应用较弱，无法满足学生和教师的学习和教学需求。

总之，农村职业学校面临着复杂的情况，需要全力加强改革和管理，加大资金投入力度，引入现代教育技术，拓宽学生的就业渠道，适时补充优秀人才，提高全体师生的素质和能力，促进学校的跨越式发展。

第三节 涉农企业与新型职业农民的培育

农村职业教育和培训的发展水平，取决于企业是否真正参与其中，这也是全社会广泛参与职业教育和培训的标志。在现代职业院校治理中，企业的高度融入是至关重要的，因为这可以彰显企业在职业学校管理运行中的话语权，同时有利于职业学校更好地把握市场方向，促进学校办学与市场接轨。

农村职业教育的发展和新型职业农民的培育需要涉农企业（行业）的鼎力支持，企业、职业学校和政府是农村职业教育发展的共同体。为此，《国家中长期教育改革和发展规划纲要（2010—2020年）》提出了调动行业企业积极性的建议，建立政府主导、行业指导、企业参与的办学机制，制定促进校企合作的政策法规。只有企业以主体身份积极参与农村职业教育办学，全面参与新型职业农民培育工作，才能提高职业教育的服务能力，提高培训的质量。

随着我国现代农业的发展，涉农企业将越来越多，对新型职业农民的需求也将日益增大，涉农企业与职业教育培训的关系也将越来越紧密。因此，涉农企业在职业教育发展中应该承担更大的责任，这就需要构建完善的涉农企业参与新型职业农民培育的机制，才能真正激发企业参与新型职业农民培育的内在动力。

一、涉农企业必须承担培育新型职业农民的责任

（一）涉农企业和农村职业教育是利益相关者

首先，涉农企业和农村职业教育是利益相关者。利益相关者是那些没有其支持，组织就不可能生存的团体成员。按照该理论，职业教育与企业分别居于人才产品"生产"和"消费"环节，他们互为依靠，相辅相成，是真正的命运与发展共同体。一方面，涉农企业是农村职业教育的重要受益者。农村职业教育的主要目的是满足当地经济发展和行业用人需求，培养服务于"三农"的高素质技能型人才，而涉农企业正是这个需求的最主要来源之一。也就是说，农村职业教育为涉农企业培养人才，为企业的生存及发展力的提升提供智力支持与保障。另一方面，涉农企业是职业教育的重要参与者。可以通过讲授企业所需的技能和知识，提高职业学校的教学质量和实践能力。同时，涉农企业还能为职业学校提供实践基地、就业机会等资源，从而使学生能够更好地融入产业、更好地贡献社会。因此，涉农企业是农村职业教育不可或缺的利益相关者，并应该积极参与职业教育的各个方面。"特别是公办职业院校，要消除对社会资本的歧视，通过多主体合作建立'乡村职业教育与培训点''乡村科技小院'等，进而延展职业教育服务链条，拓展职业教育服务领域，构建乡村技能形成体系"。① 总之，涉农企业和农村职业教育开展校企合作具有极大的必要性和重要性。

其次，农村职业教育服务的需求导向性，决定了涉农企业必须全面全程参与办学过程。为了给涉农企业培养出高质量的应用型人才，农村职业教育就必须按照企业对人才的要求标准办学。一方面要求精准确定培养目标及各类农企所需人才的具体质量，制订有利于目标达成的人才培养方案；另一方面要精心设计办学过程，为人才培养方案的实施提供必要的物质基础。此外，职业教育还必须根据涉农企业的发展动向、现代农业科学技术变革的趋势等动态调整进行人才培养方式。农村职业教育与涉农企业是必然的利益相关者。因此，涉农企业应积极承担发展农村职业教育的责任，认识到这是企业分内之事，而农村职业教育也完全有理由向涉农企业提出承担培育新型职业农民责任的诉求。

---

① 马玉玲，戴晓慧，闫志利.乡村振兴背景下乡村技能形成体系构建研究——基于布迪厄"场域理论"的阐释[J].职业技术教育，2021，42（13）：57.

(二)涉农企业具有参与新型职业农民培育的社会责任

所有社会成员都需承担或多或少、或大或小的社会责任。涉农企业作为社会成员集合体的代表,更应该承担相应的社会责任。1999年1月,在瑞士达沃斯世界经济论坛提出的"全球协议"中,将企业的社会责任分为经济责任、文化责任、教育责任、环境责任等方面。[①] 各类涉农企业与其他企业一样,都必须承担一定的教育责任。新型职业农民培育在我国现代农业发展以及新型城镇化推进中具有重要战略意义,具有明显的公益性特征。所以,涉农企业必须积极参与新型职业农民培育事业,承担一定的发展农村职业教育的责任。

农村职业教育与培训质量的保障,既需要有政府、学校和企业发挥主导、主体作用,更需要社会的参与和依法监督。通过委托有资质的社会力量对职业教育和培训质量进行评估,这是制度层面的重要保障措施。在这里,"社会力量"主要是政府和职业院校以外的"第三方力量"。作为涉农企业应是"第三方力量"的重要组成部分,它不仅是农村职业教育,尤其是新型职业农民职业教育和培训的重要主体,也是依法对农村职业教育办学过程和质量进行监督评价的主体和主要责任方。

(三)涉农企业参与新型职业农民培育是应该承担的法律义务

我国法律也明确规定了企业参与职业教育和培训的责任。《中华人民共和国劳动法》明确规定,用人单位应当根据员工岗位要求和个人情况,为员工提供合理的职业技能培训,提升员工的业务素质和综合素质。《中华人民共和国职业教育法》也规定,用人单位应该鼓励和支持员工参加职业教育、成人职业教育和继续教育,并为参加全日制职业教育的员工提供适当的学习便利和资助。《职业教育法实施条例》第十七条规定:用人单位应当制定岗位技能培训和继续教育计划,按照培训规则提供培训机会,加强培训成果评价,提高员工技能。《农业技术人员技术职务试行条例》主要是针对农村专业技术人员的培养、激励、评价等问题进行规定,虽然没有明确规定企业参与职业教育和培训的责任,但是该条例中对农村专业技术人员的职业培训和技能提升提出了一些要求。上述法律从不同层面、不同角度强调了用人单位应该承担的职业教育和培训的责任。涉农企业也概莫能外,参与农村职业教育也是其

---

① 张瑞琪.论企业对于发展高等教育的社会责任[J].安徽科技学院学报,2009(50):78.

作为社会成员应尽的法律义务。

二、强化涉农企业参与新型职业农民培育的主体意识

首先，赋予涉农行业和企业在新型职业农民培育中的主体地位，凸显其重要作用。为此，必须改变长期以来，事实上职业院校在办学过程中单一的主导地位的状况，确立并不断强化涉农企业在新型职业农民培育中的职责、功能与地位，明确涉农企业在其中的重要参与者角色。为了实现新型职业农民培育事业的高质量发展，需要积极推动涉农企业以主角的身份，与各类农职院校和农村成人教育学校（社区教育中心）开展深度合作。具体来说，涉农企业应该从制定新型职业农民培育计划、方案和方法，提供实训场所、设备和支持，为毕业生提供就业机会等方面深度参与办学全过程，并与院校建立长期稳定的合作关系，实现校企合作和产教融合。

其次，赋予各类涉农产业协会在新型职业农民培育中以更大的话语权，增强其责任意识。2014年国务院《关于加快发展现代职业教育的决定》提出，要加强行业在职业教育中的指导作用，"把适宜行业组织承担的职责交给行业组织，给予政策支持并强化服务监管"。职业院校对于家庭农场、农业合作社等新的生产经营主体不够熟悉，也没有太多的时间和精力去深入了解各种农业企业和农场的人才需求和质量要求。相反，相关农业产业组织最了解涉农企业的需求，也最能把握涉农企业的发展动向以及未来对人才的需求动向。有关涉农行业协会在新型职业农民培育中还能发挥如下作用：一是与职业院校共同调研、预测涉农企业短期、中期、远期的人才需求信息，为学校专业设置及招生规模的确立提供参考依据，为职业学校提供人才需求类型及其素质结构的信息；二是代表本行业参与新型职业农民教育与培训部门人才培养方案以及课程标准的制订，参与教材尤其是行业教材的编写与修订；三是参与职业学校考试标准的制订及考试考核的监督实施。

因此，职业院校应该加强与相关农业产业组织的关系，进而密切与行业内涉农企业的关系，从而降低其与行业企业在校企合作中的总交易成本。相应地，行业协会也能在职业教育中更有效地代表企业利益，在农村职业教育中发挥更大的作用。

三、建立涉农企业参与新型职业农民培育的社会支持体系

为提高新型职业农民培训的质量，政府需要构建一个由政府主导，包括大型涉农企业、高等院校、其他公益组织等构成的社会支持体系，为培训提供全方位的整体规划与综合支持。① 社会支持体系是指一定社会网络运用一定的物质和精神手段，对社会弱者进行无偿帮助的一种选择性社会行为。构建有效的社会支持体系能为涉农企业参与新型职业农民的培育打造良好的社会环境，从而对农村职业教育和新型农民培育产生更直接、更有力的影响。据澳大利亚国家职业教育研究中心报告指出："行业能够影响职业教育政策和发展方向的关键点在于组织体系。"为了及时掌握行业需求并进行政策调整，确保行业与职业教育之间的信息畅通，澳大利亚设立了国家行业技能委员会和国家质量委员会；此外该国还通过11个不同行业的技能委员会，从不同的行业背景出发，研究企事业单位对职业岗位技能的需要，为职业教育的改革发展提供咨询意见。我国可以借鉴国外的经验，建立多层次多类型的职业教育与涉农行业与企业的组织机构，为职业农民的培养提供参考依据，为涉农职业院校短期以及中长期人才培养规划的制定提供更加精准的信息；同时通过与涉农行业、企业的紧密合作，更有效地进行职业教育人才培养质量的监督与评估，其中，企业以主体身份介入职业教育，依据政府委托成立第三方独立社会中介组织，并承担部分原隶属于政府的职业教育行政职能，来实现职业教育的监督。② 此外，还可以通过制定相应政策和法规、提供优惠的税收和财政支持等方式，对涉农企业参与新型农民培育提供法律和资金上的支持。

四、创新涉农企业参与新型职业农民培育的校企合作模式

既然职业院校与涉农企业等都是职业教育和培训的重要主体，那么，唯有两者协同深度合作，才能扎扎实实地推进新型职业农民培育工作，提升职业教育和培训的质量。这种深度合作要深入到微观层面，双方要共同进行人才需求的研究，协同开发校本课程教材，密切配合进行实践教学等，这是校企双方共同的利益追求和价值取向。

---

① 马建富，黄晓赟. 新型职业农民职业教育培训社会支持体系的建构［J］. 职教论坛，2017，668（16）：19.
② 赵学瑶，卢双盈. 对建构我国职业教育社会支持体系的理性思考［J］. 职教论坛，2015，（10）：22.

从发展来看，在新型职业农民培育中应该确立双主体的发展理念，即职业学校与涉农企业、农场等都是职业教育办学的主体，只有两者都以主体身份共同合作，全面参与，才能真正培养名副其实的新型职业农民，职业院校也才能真正成为对企业对社会具有吸引力的现代职业教育。实践表明，新型职业农民培育需要涉农企业的协同配合和深度参与，只有这种协调配合贯穿于专业设置、课程改革和人才培养等教育教学过程的始终，才能缩短人才产品由"学校人"向"企业人""社会人"的适应期，使职业院校培养的农民具有更好的适应性，这是校企双方共同追求的利益价值取向。因此，从职业院校来看，必须树立企业也是职业教育办学主体的理念，而企业则应该建立发展职业教育，培育新型职业农民是企业的责任，是企业发展及核心竞争力的重要组成部分的新观念。

目前我国比较典型的校企合作模式有以下几种：一是实习实训基地合作模式。企业提供实训和实习基地，并派出本企业技术骨干担任学生的实习导师，指导学生进行企业实际操作技能的培训和实习，并在此过程中向学生介绍企业文化和技术。二是产学研合作模式。企业在产业升级过程中，与高等院校、科研机构合作，开展科研项目和技术研发，共同推进技术升级与产业发展，同时促进人才培养和科技成果转移。三是新产品开发合作模式。学校与企业合作，联合开发新产品，学校提供相关的研发技术和人才培养支持，企业实施生产与销售，从而实现技术转移和经济效益双赢。四是人才培养合作模式。企业与高校合作开展职业教育项目，企业提供就业岗位和实习机会，高校提供教学和培训资源，共同培养符合市场需求的人才，对接人才需求和产业发展需求，并促进就业。总之，校企合作模式丰富多样，不同模式适用于不同领域的合作。

从涉农企业和农村职业学校共同培育新型职业农民的角度而言，第一种和第四种合作模式较为合适。涉农企业可以通过为农村职业学校学生提供实训和实习基地、派出企业导师、提供就业机会给予指导等方式，提升学生的实践技能和动手能力。目前我国一些地区已经形成了有利于涉农企业深度参与的校企合作模式，对职业教育以及职业农民的培养起到了积极的推动作用。如，2011年苏州农业职业技术学院与苏州市绿色食品行业协会合作共建新型职业农民培养平台——"苏绿学院"，2012年又由该学院和江苏省农委牵头、联合146家企事业单位合作牵头组建了"江苏现代农业园区（企业）合作联盟"，创新了政行校企合作培养新型职业农民途径，深化了合作联盟对新型职业农民的培养。学校还依托合作联盟，专业对接产业，按照"工学结合、校企合作、顶岗实习"人才培养模式的要求，与企业（行业）共同制订专业人才培养方案，实现专业教学要求与企业（行业）岗位技能要求对接，实施"双证书"制度，实现专业课程内容与职业标准对接；此外还引入企业新技术、新工艺，校企合作共同开发专业课程和教学资源，积极试行多学期、分段式等灵活多样的教学组织形式，将教学过程和生产过程紧密结合，校企共同完成教学任务；另外，该项目还积极发挥了行业协会的作用，为学生提供就业创业的指导和支持，对学生进行就业走访和介绍，帮助学生找到符合自身兴趣和专业能力的岗位，并与企业建立了紧密的联系。此外，该项目还在基础设施和硬件设备方面进行了大量的投资和改造，提供了先进的实验室和实训基地，为学生提供更好的学习环境和实践场所。该项目通过校企合作和技术创新，为苏州市绿色食品行业培养了大量的专业技术人才，促进了该行业的可持续发展和升级，其做法和经验值得借鉴。此外，企业还可联合高职院校共同举办农业创新创业大赛、农业职业技能大赛、农产品直播带货大赛等赛项，为企业选拔高层次的农业人才，并通过对获奖者颁发荣誉证书及奖金、提供就业岗位等形式提高学生参与的积极性。[①]

五、构建涉农企业参与新型职业农民培育的机制

影响涉农企业参与职业教育，培养新型职业农民的因素很多。然而，在所有这些因素中，企业的内生动力是影响甚至决定企业能否担当职业教育责任和参与新型职业农民培育的最重要因素。因此，必须建立一些利益机制，激发企业参与新型职业农民培育的内生动力。

（一）权责对等机制

涉农企业应积极参与职业教育培养职业农民的责任和义务不容置疑。然而，企业投入付出的同时也希望得到回报，这就是权责对等。在农村职业教育中，农企作为产品的接受者和使用者，对人才产品的质量拥有权威发言权和最终检验和评价权。为保证职业农民培养质量，农企应在整个生产过程中介入，并向职业教育机构提供建议和指导。然而，在现有管理体制下，职业

---

① 赵霞.高职院校助力高层次新型职业农民培育问题及路径［J］.乡村科技，2022，13（21）：30.

教育行政管理组织中缺乏以企业为主体的代表，使得企业难以参与职业教育和发挥应有的作用。为真正激发涉农企业积极参与职业教育，构建权责对等机制至关重要。涉农企业应在职业教育专业设置、人才培养方案和微观的教学过程中全程参与，提升企业参与职业教育的积极性和质量，提高培育新型职业农民的效率和质量。

具体而言：第一，双方要平等合作。建立平等合作关系，使企业与教育机构在培养人才这一方面处于同等地位，共同承担责任和义务。第二，共同制订培训方案。企业与教育机构通过协商共同制订培训方案，确保学生的职业培训既符合企业的实际需要，又满足学生职业生涯的发展需求。第三，共同承担培训费用。为确保企业对职业教育的参与和投入，可建立企业与教育机构共同承担培训费用的机制。第四，保障企业权益。为保证企业的合法权益，可建立企业选派专业人员参与培训和评估工作、拥有学生实习、就业的优先权等措施。第五，建立激励机制：可建立学生就业保障机制、优秀人才引进机制等激励机制，以促进企业投入职业教育，并吸引优秀人才加入行业。总之，我们需要全面考虑涉农企业参与职业教育的因素，建立权责对等的机制，在人才培养过程中赋予涉农企业更大的话语权[①]，促进校企合作关系更加稳定持久，让企业更加积极主动投入新型职业农民的培育中。

（二）利益补偿机制

作为追求利润最大化的"经济人"，涉农企业参与职业农民培养的程度取决于其对投入成本和收益的考虑。因此，必须让企业在职业教育发展过程中获得利益，成为职业教育的受益者。为此，应建立涉农企业参与新型职业农民培育的利益机制，包括利益驱动和利益补偿两个方面。其中，利益驱动机制主要是让涉农企业在职业教育发展中获取经济利益，如提供资金和物资支持、与职业教育机构合作共赢等方式。同时，职业教育也要注重培养与市场需求相匹配的人才，为企业的长期发展提供一定的保证。而利益补偿机制则是针对涉农企业参与职业教育给企业带来的一定损失，如停产、资源配置等方面，通过合理的补偿方式，让企业在承担风险的同时获得一定的经济回报。总之，涉农企业作为农业生产和经营主体，应该承担起培育新型职业农

---

① 吕莉敏，石伟平. 新型职业农民培育的高等职业教育责任与策略 [J]. 中国职业技术教育，2018，(26)：19.

民的责任。而建立涉农企业参与新型职业农民培育的利益驱动和利益补偿机制，可以充分激发企业参与的积极性，保障企业正常开展业务，促进职业农民培育事业的健康发展。

具体而言应从以下几方面着手：一是税收优惠。政府可以给予涉农企业相关产业的税收优惠政策，鼓励其在职业教育中扮演更加积极的角色。二是财政补贴。对于参与职业教育的涉农企业，政府可以提供一定的财政补贴，以缓解其参与教育的一定成本压力。三是人才优先安排。对那些参与职业教育的涉农企业，政府可以提供人才优先安排政策，让企业在职业教育中投入更多，从而获取更多从教育中获取的新型职业农民。四是专利权、知识产权保护。对于涉农企业，政府可以加大在专利权和知识产权保护方面的扶持力度，以鼓励其扩大投入职业教育中，并保护企业在职业教育中获取的知识产权和专利权。五是品牌推广。对于参与职业教育的涉农企业，政府可以帮助其给予品牌推广力度，从而提高其影响力，并让其在行业中更具优势。六是合规审核。对涉农企业参与职业教育涉及的合规审核问题，政府在作出合理规定的同时，为它们创造方便的政策环境，以提高企业的满意度和投入意愿。总之，通过建立涉农企业参与新型职业农民培育的利益驱动和补偿机制，可以有效地激发其内生动力和兴趣，增强教育和企业之间的合作和互信。而在政府的引导下，校企合作将顺利地推向持久稳定的前进方向。

（三）法规约束机制

涉农企业不仅是农村职业教育的受益者，同时也应该承担起培育新型职业农民的责任。然而，在当前阶段，仅仅依靠企业内在意识与自觉性是不够的。因此，除了建立利益补偿机制外，还需要建立涉农企业参与新型职业农民培育的法规约束机制，以确保企业在参与职业教育的过程中合规合法。

以下是一些具体建议：一是明确法律责任。政府应建立明确的法律责任制度，对违规企业给予惩罚。同时，企业应明确自己参与职业教育的合法责任，遵循相关产业的法律法规。二是规范评估标准。政府可以制定并完善评估标准，鼓励涉农企业以职业教育为切入点，推动产业升级，以推进农业现代化进程。三是实施培训监管。政府应建立统一的培训监管和验收机制，以确保企业参与的职业教育质量。同时，要求企业承担相应的教育责任，做好职业教育实习、就业安置等工作。四是强化信息公开。政府可以透明化企业参与职业教育的信息公开，让社会公众能够了解企业的参与程度和质量水平。五是建立紧急应对机制。针对出现的重大职业教育事件和问题，政府应建立相应的紧急应对机制，切实保障学生的合法权益。总之，建立法规约束机制是推进涉农企业参与新型职业农民培育的有效方式之一，能够促使企业在参与职业教育过程中更加积极，引导其行为更加合规合法。同时，政府的监管也可以更加严格，对于法律法规规定的情况进行强制和惩罚，从而确保职业教育的质量和可持续发展。

在相关的法律和约束制度中必须注意三方面问题：一是对涉农企业参与职业教育培育新型职业农民的法律条文必须尽可能细化，具有可操作性；二是在规定涉农企业法律责任的同时，还必须有明确的参与职业教育的激励机制。这些激励机制不能仅限于以往的免税、贷款等方面，还需要有完善的利益机制，包括有利于提升涉农企业社会形象等法律条款；三是要从法律上规定涉农企业在职业教育发展中与职业院校处于同等的双主体地位。这些法律或者政策的规定，对于强化涉农企业参与职业教育的责任意识，规范其职业教育行为具有积极意义。

（四）评估激励机制

为了激励涉农企业积极参与新型职业农民的培育，需要建立相应的评估激励机制，从而激发其内在动力。一是评定职业教育质量。需要建立学、客观、公正的评价指标，以评估和考核涉农企业参与新型职业农民培育的责任落实情况。在评估中，涉农企业和代表企业的行业要成为企业发展职业教育、培育新型职业农民责任评价的重要成员。而政府可以根据对涉农企业参与农村职业教育责任情况的评估结果，给予表现良好的涉农企业相应奖励和表彰，以推动其更主动地参与职业教育。二是鼓励内部投入。鼓励涉农企业在职业教育方面的内部投入，例如设立相应的奖学金、建立职业培训和晋升机制等，以激励企业对于职业教育的更多投入。三是引导产业升级。政府可以以产业升级为导向，给予涉农企业一定的产业补助和优惠政策，以鼓励企业更积极地参与职业教育当中，促进行业发展。四是提供咨询支持。政府可以为涉农企业提供相应的咨询和支持，例如教育产业规划、教育培训方案设计等方面，以提高企业在职业教育中的水平和质量。五是树立先进典型。政府可以为涉农企业授予相应的荣誉称号，如设立"校企合作示范奖"和"新型职业农民培育奖"等，通过给予相应奖金和颁发荣誉证书等方式，以鼓励企业更加积极地参与职业教育；同时对积极参与新型职业农民培育的企业，在树立企业品牌形象、评估综合实力、评定信用等级上给予倾斜。在税收方面，在创品牌初期可以给予暂免涉农企业的企业所得税，同时给予影响力较大的涉农企业一定的奖励[1]，增强他们参与农村职业教育的积极性。

总之，建立涉农企业参与新型职业农民培育的评估激励机制可以有效地激发企业内在动力和投入意愿。同时，政府也可以有效地引导企业发展，提升企业在职业教育中的质量和水平，促进农业现代化进程，实现可持续发展。

---

[1] 杨艳，杨文选.农产品区域公用品牌利益相关主体角色分析［J］.山东工商学院学报，2017，31（6）：112.

第五章 当代中国农村职业教育发展模式改革与创新

第一节 我国农村职业教育模式的类型

一、农村职业教育发展模式内涵与构成要素

（一）农村职业教育发展模式的内涵

模式，就是解决某一类问题的方法论。即把解决某类问题的方法总结归纳到理论高度，那就是模式。Alexander 的经典定义是：每个模式都描述了一个在我们的环境中不断出现的问题，然后描述了该问题解决方案的核心。通过这种方式，你可以无数次地使用那些已有的解决方案，无须再重复相同的工作。[①] 模式是一种参照性指导方略。在一个良好的指导下，有助于高效完成任务，有助于按照既定思路快速作出优秀设计方案，达到事半功倍的效果。而且会得到解决问题的最佳办法。发展模式则是指人为了实现发展目标而选择和实行的方式、方法与道路的统一体，它是由理念、主体、客体和工具等要素组成的完整系统，人对其选择是否正确直接关系到发展。不同领域有不同的发展模式，当某领域逐渐成熟的时候，自然会出现很多发展模式。

农村职业教育处于经济、社会大系统中，具有自己独特的发展模式。教育与经济的结合程度越深，农村职业教育的发展模式的特色就越明显。首先，农村职业教育发展模式是对在世界范围内出现的不同农村职业教育类型的界定。模式所标志的是整体结构特征的不同，是人们从整体的高度、以新的视角去认识和研究这种新的职业教育发展模式。其次，模式是在一个大空间中，对多因素或多个子系统构成的具有内在结构和运行机制的一个复合系

---

① 廖义奎.ARM 与 DSP 综合设计及应用［M］.北京：中国电力出版社，2009：234.

统的认识和把握。农村职业教育发展模式是被理论加工后的一种范式、一种可模仿、推广和借鉴的发展方案集合。由此，我们可以将农村职业教育发展模式定义为：是以农村经济社会发展需要为导向，以各种职业学校为基础，以培养人才为目标，以科技服务为手段，通过一定的途径与形式使教育面向"三农"（农村、农业、农民），具有两个效益（教育的经济效益、社会效益），实现一个良性循环（农业职教与区域经济发展的良性循环），从而促进区域内经济、社会和人的可持续发展的农村职业教育实践过程。

（二）农村职业教育发展模式的构成要素

农村教育发展模式通过一定的结构来体现。这个结构包含有序组合的若干要素。通过分析和提炼这些要素，不仅可以了解整个农村职业教育的发展现状，也有助于总结各地区推行农村职业教育的典型实践经验，进而将其提升为一种有代表性的发展模式，并在全国范围内进行推广和应用。要提取农村职业教育发展模式的要素，必须综合考虑其发展特点和功能要求，对许多影响因素进行筛选，选取其中具有主要影响的因素，将它们组合成发展模式的基本结构。在"发展模式"一般理论的基础上，农村职业教育发展模式可以被概况和抽象成三个基本构成要素，即发展环境、发展目标和发展途径，如图5-1所示。这些要素还可以进一步分解为若干次级要素。

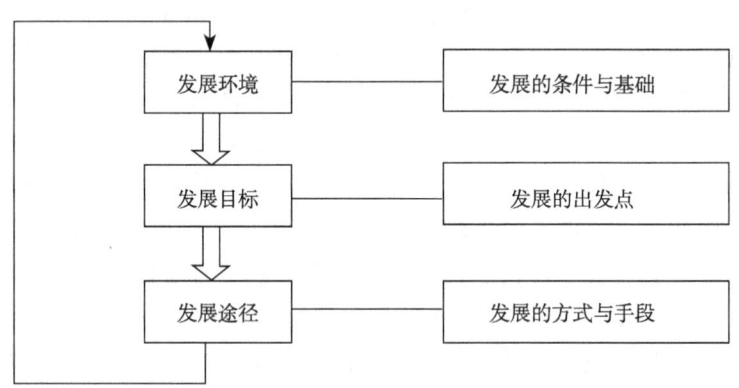

图 5-1　农村职业教育发展模式的构成要素

1. 发展环境

任何一种事物要想获得发展，就必须先要考虑其所处的环境能为它提供什么样的条件和要求，农村职业教育也不例外。农村职业教育发展的外部环境十分复杂，包括以下几个方面：一是经济环境如当地的产业结构、经济总量和发展速度等。二是社会环境如社会价值观念、劳动力需求和职业教育需求等。三是政策环境如政策和法律法规的制定和实施。四是科技环境如科技水平的发展以及专业技术人才的培养和应用。五是文化环境如当地文化特色、地方风俗习惯等。这些条件决定了农村职业教育未来的发展方向。因此，农村职业教育的发展要体现区域特色，就必须首先深入分析和研究该地区的经济和社会发展现状及未来发展趋势，考虑其有利条件和不利因素，以便在此基础上探索切合实际、科学可行的发展模式。衡量发展环境，通常以某一区域的经济发展水平、人口和自然资源状况，以及文化教育水平及其变化趋势等为指标。应依据区域社会经济发展特点，实施符合地区发展要求的农村职业教育发展模式。①

2. 发展目标

发展目标是构成农村职业教育发展模式的要素之一，它不仅能对不同区域农村职业教育发展起导向作用，更能够直接影响区域农业经济社会的发展。根据教育与经济增长理论，教育发展与经济社会发展的相关程度因处于不同的经济社会发展阶段而异。在某些经济发达的地区，只有某一层次或类型的教育才能更加充分和直接地推动其区域发展。一般而言，经济发达地区的人们综合文化素质相对较高，因此教育发展的重心应逐步向高级阶段转移；中等发达地区应该将教育发展的重点放在初中教育的普及和中间层次技术劳动者的培养上，并与主导产业人才需求相结合，逐步推动高等职业教育的发展；而在贫困地区，除了积极调整中等教育结构外，致富脱贫应成为农村职业教育发展的重点。因此，不同的环境条件下应有不同的农村职业教育发展目标。

3. 发展途径

发展途径也是发展模式的重要构成要素，其实质上是指发展目标实现的具体方法。发展途径由于受到发展环境与目标的双重影响而呈现多元化的特点。农村职业教育的发展途径主要体现在办学、教学与就业三种模式上。办学模式指在一定的体制与政策下，办学主体的行为方式；而教学模式实际上是办学模式的组成部分。由于教学模式对教学质量和效益具有重要的影响地

---

① 邓草心，宁爱华，谭伟冰. 乡村振兴战略下农村职业教育治理的价值刍议与路径选择[J]. 教育观察，2023，12（10）：10.

位，因此将其单独提出来，以便从发展环境和目标的角度考察教学模式的运行情况。毕业生就业是培养过程中一个至关重要的环节，尤其是在就业形势日益严峻的情况下，如何促进毕业生充分就业是农村职业教育工作中的一个重要内容。因此，构建科学的农村职业教育发展模式必须充分考虑毕业生就业问题，通过科学预测劳动力市场的需求，为毕业生提供就业指导和服务。

总之，农村职业教育发展模式的三个基本构成要素包括发展环境、发展目标和发展途径。它们之间构成相互联系、相互制约的三位体关系。任何一个要素的变动都会影响其他两个因素。例如，发展目标的确定和发展途径的选择都会受到其所处的发展环境的影响。同时，发展目标是否可行、能否实现，取决于对发展环境的科学分析和对发展途径的科学选择。同样，发展途径和方式是否得当，对于发展环境的改变程度和目标的实现程度也有重要影响。

二、农村职业教育发展模式的类型

受自然环境、历史原因等因素影响，我国东部地区、中部地区与西部地区之间的农村职业教育发展存在不平衡的现象[①]，农村职业教育发展模式因各区域发展情况的不同而有所差异。按地理位置，我国区域可划分为东部地区、中部地区和西部地区三大地带；按经济发展水平可划分为发达地区、欠发达地区和贫困地区；按人民生活水平可分为小康型、温饱型、贫困型三种类型。综合这三种划分方式，我们可以将东部地区归为经济发达、生活小康型，中部地区为经济欠发达、生活温饱型，西部地区为经济不发达、生活贫困型。我国农村职业教育发展模式的确定，不能搞一刀切，而是应该紧密结合不同经济发展水平的东部、中部和西部地区的地理特征，包括经济阶段和条件、人文环境以及资源条件等因素来进行。

（一）东部发达地区农村职业教育发展模式

我国东部地区主要包括北京、天津、辽宁、河北、山东、江苏、浙江、上海、广东、福建、海南等11个省份，背负大陆，面临海洋，地势平缓，有良好的农业生产条件。由于地理位置的优越性，东部地区成为中国改革开放、发展外向型经济的龙头地区。该地区产业结构逐步优化，特别是在农业

---

① 邬小学，王中华. 农村职业教育研究：检视与反思[J]. 职教论坛，2013，515（7）：41.

方面,越来越注重发展高效和外向型农业,产业链条不断延伸,产业层次也不断提升。该地区企业规模日益扩大,逐步形成了产业集群,吸纳劳动力的能力日益增强。此外,该地区的城镇化程度也较高,形成了完善的都市圈,创造了更广泛的就业机会。

从东部地区的职业教育供给来看,由于该地区拥有较强的财政实力,政府对职业教育的投资力度也更大。农村居民受教育程度较高,接受职业教育的能力也更强,农村职业教育优势更加明显,与城市职业教育享受同样的政策,并行发展。[①] 而从社会需求角度看,该地区的城市化和工业化程度较高,企业规模也较大,需要更多高素质的劳动力支持其持续发展。区域经济逐步形成明显的特色产业集群,例如浙江省海宁市许村的布艺和经编工业、绍兴的印染和化纤布、嵊州的领带、诸暨的袜子、宁波的男装、杭州的女装、温州的西服、织里镇的童装、平湖的服装出口加工等产业聚集区,进一步为高度专业的职业学校提供了发展机会。此外,由于东部地区的城乡一体化程度较高,农村居民更倾向于接受职业教育,对于乡村就业没有太多偏见。

根据东部地区的经济社会发展水平、文化教育资源条件和对农村职业教育的需求状况,可以确定该地区农村职业教育的发展模式定位于"都市服务型"发展模式。该模式适应城乡一体化建设的要求,以本地资源为依据,根据都市经济需要,开展多种形式、门类齐全的内涵式农村职业教育。

该模式具有以下特点:首先,以都市经济社会发展需要为依据,培养具有综合素质和职业技能,从事都市农业和城乡二、三产业的劳动者。其次,以正规全日制教育为主体,重点发展中等职业教育,积极发展高等职业教育,并与企业密切联合开展非正规职业培训。再次,根据现代都市农业的需要,不断开辟新的专业,并在现有的二、三产业专业口径上拓宽发展方向,以满足乡镇企业和第三产业的需求。最后,充分利用教育资源,不断提高办学质量和效益,促进农村职业教育走内涵式发展道路。

在实践中,基于"都市服务型"总体发展模式,东部地区的农村职业教育可以采用三种具体办学模式,包括集团化办学模式、联合办学模式和远程开放型办学模式,如图 5-2。

---

① 房风文. 近年来农村职业教育发展述评 [J]. 职教论坛, 2014, 551(7): 59.

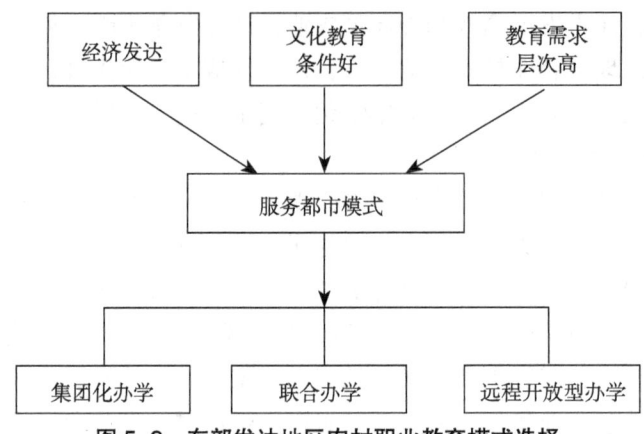

图 5-2　东部发达地区农村职业教育模式选择

1. 集团化办学模式

农业职教集团办学模式是指以规模大、实力强、教育质量高的骨干示范性农业职业学校为龙头，以专业为纽带，由多所中、高等农业职业学校以及农村成人教育机构在平等互利、友好协作的基础上，联合组成的集教育教学、社会服务、科研于一体的农业职教办学联合体。职业教育集团化办学是在校企合作思想引导下确立的一种新的办学模式，它以发展农村职业教育为重心，在政府的引导下，以行业、企业为主体，整合学校、企业、行业等所有有利于办学的资源，确保农村职业教育健康发展。①

该模式的优点在于：资金集中投放、确保优先实施重点工程，保证集团内外实习基地的规范化与一体化；统筹安排有限的教育资源、师资力量，以发挥最大效能；强化教育教学管理与研究，提高教育教学的整体水平；有序分流职教生源，避免争夺；优化与共享资源，提高整体办学水平，巩固龙头学校的地位；内部分工协作，管理有序，提高办学质量和社会声誉，更有效地为当地社会经济发展服务。

该模式的运行条件为：首先，当地政府和教育部门要制订实用的集团运行实施方案，并出台保护性政策，强化政府对职教集团化办学的宏观调控；其次，社会各部门、行业和企业要共同支持职教集团化办学；再次，集团内部要实现教育、研究、校内外实习基地建设的一体化，以提高教学质量，同

---

① 徐晔.城乡一体化背景下农村职业教育发展问题及对策研究[D].济南：山东师范大学，2015：35.

时,要改革人事管理制度,实现教育内外部人才市场的接轨和贯通;最后是集团内部要建立平等互利的成员关系,调动所有成员的积极性。

2. 联合办学模式

联合办学是指以职业教育集团与企业实现共赢为目标,构建双向合作的办学模式。这一模式可以用"政府统筹,龙头带动,校校结合,校企合作,互利共赢"来概括。具体实施中,要选择优质资源和高品质中、高等职业学校作为带动者,将中等农业职业学校作为办学骨干。通过名牌学校品牌专业吸引其他职业院校,共同组建职业教育集团。职业教育集团紧密联系相关涉农企业、科研机构,通过内部优化和外部拉动,提高农村职业教育办学质量整体水平。在这种模式中,受教育者接受的教育是多方面的,因此,其知识面也更加宽广,实践能力和动手能力也将会得到很大提高,更能满足社会和企业对技能型人才的需求[①]。

该办学模式的优点在于:一是将农村职业教育的发展重点向中高位移动;二是深化校企合作,提高学生实践和就业能力,同时为企业创造经济效益;三是通过共享优质资源,提高集团内部办学质量和教学水平;四是通过农村与城市职业教育绑定发展,推动统筹城乡发展,产生更大的经济利益和社会效应。

3. 远程开放型办学模式

随着东部发达地区农村经济的飞速发展,广播电视电脑的全面普及,网络信息化已被普遍接受并使用,这为实行远程开放型农村职业教育提供了坚实的物质基础。远程开放型办学模式是指教育行政部门依托当地示范性中、高等职业学校的校园网,利用其丰富的多媒体课件资源与信息技术,联合各级农业广播电视学校,采用开放式办学形式和弹性学制,实施职前职后终身教育培训模式。

该模式的具体运作过程为:农业广播电视教育学校统一协调当地主要媒介资源如广播、电视、网络等,组织地方广播电台、农业教育电视台播出大量的农业实用技术讲座课程。在基层县校配备地面卫星电视接收站和地面卫星计算机网络交互接收站,同时创建农村职业教育互联网站,通过运用现代信息技术,完善农产品产销市场预测系统、信息收发系统,分析农产品市场行情,指导学员及时调整农业经济结构,增强农产品市场应变能力,还配备

---

① 魏萍萍,孙芳芳. 我国职业教育联合办学模式研究综述[J]. 职教通讯,2011(15):15.

专业文字教材、音像教学录像带、实用技术光盘等进行辅助教学。

该办学模式优点在于：遵循以人为本的教育理念，学员自由选择学习内容，自由安排学习时间，教学方式较为灵活；利用多媒体传输方式向学员提供信息资源，优化和共享了各种教育教学资源，降低了教学成本和教育成本；打破了传统教育方式，入学门槛低，扩大了教育对象范围。通过开展开放式教育，教育资源得到最大化利用，增强了办学效益，构建了终身教育体系。

（二）中部欠发达地区农村职业教育发展模式

中部地区包括山西、吉林、黑龙江、安徽、江西、河南、湖北、湖南等8个省、自治区。该区地处内陆，北部是高原，南部则是丘陵和平原，是粮食生产的主要基地。虽然中部地区的重工业基础相对较好，地理上承东启西，但农业人口比例较高，经济发展水平相对较低，在全国GDP中的比重逐年下降，经济总量和增速略显滞后，居民收入水平也较低。传统产业仍占大高比例，经济发展缺乏活力，劳动力的就业空间不大。城镇化水平较低，结构不合理，农村剩余劳动力的转移空间较为有限。

中部地区的农村职业教育具有以下特点：首先，它在东部发达地区和西部落后地区之间发挥了纽带作用。发达地区能够利用自身优势带动这一欠发达地区，再由这一地区带动落后地区，实现三个地区的相互衔接，促进劳动力在各区域之间的自由流动，降低流动成本。其次，由于中部地区人口众多，但土地资源有限，大量农村剩余劳动力需要转移，这些劳动力主要流向发达地区，为发达地区提供了充足的劳动力资源，对经济发展起到了重要推动作用。再次，随着"中部崛起"战略的实施，提高劳动力素质成为其中的重要目标和努力方向，农村职业教育成为这一战略得以顺利展开的重要保障。但由于该区域政府财力有限，对农村职业教育的投入远未达到应有的水平。从学校数量上看，我国中部地区农村职业教育学校数量最多，占比达到36%，但是在招生人数和毕业生人数上，中部地区分别只占31%和32%。[①]

从中部地区农村职业教育发展现状来看，其具有以下特点：首先，东部地区农村职业教育在东部发达地区与西部落后地区之间起到了一个纽带的作用，使得发达地区能够利用优势带动欠发达地区，而再由欠发达地区带动落

---

① 侯明政.我国农村职业教育与农村剩余劳动力转移关系研究[D].曲阜：曲阜师范大学，2019：18.

后地区,最终形成三个地区之间相互融通,促进劳动力在各区域之间自由流动,减少流动成本。其次,中部地区由于存在地少人多的突出矛盾,使得大量农村剩余劳动力需要转移,而这些劳动力大部分流向了发达地区,为发达地区经济发展提供了充足的劳动力资源,从而为发达地区经济增长作出了重要贡献。再次,中部地区农村职业教育是"中部崛起"战略的实施,提高劳动力素质需要的重要保障。而目前中部地区发展农村职业教育的主要障碍在于,由于政府财力有限而导致的农村职业教育投入严重不足。

根据中部地区在经济、社会、文化和教育资源等方面的发展水平,以及对农村职业教育的需求状况,该地区的农村职业教育发展应采用"资源开发型"模式。该模式以各级地方政府为主导,以中等职业学校为龙头、乡镇农校为主体,通过建立一定的约束机制,与区域内的若干乡镇、村庄、农户和职业学校形成联系网络,通过"学校+公司+农户"的办学形式,打通职业教育和成人教育之间的通道,加强经济与教育之间的联系,最终将该地区的资源优势转化为经济优势,实现本地资源和人力资源的开发。这种农村职业教育发展模式具有三个特点:一是注重开发本地的优势自然资源,促进本地农业产业和乡镇企业的发展;二是致力于推广和普及现代农业科技;三是根据当地丰富的自然和人力资源的实际情况,进行合理、高效的开发和利用。

结合中部地区的"资源开发型"总体发展模式,农村职业教育在具体实践中可以采用三种不同的办学模式,即中心辐射型、城乡联合型和"因层制宜"型,具体如图5-3所示。

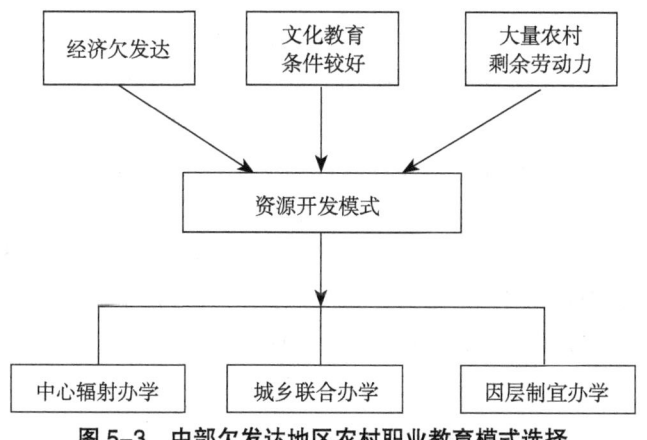

图5-3 中部欠发达地区农村职业教育模式选择

1. 中心辐射型办学模式

中心辐射型办学模式是指以规模较大、条件较好的县级职业教育中心为核心，联合当地的农业行业和农业企业教育培训基地，向下发展到乡镇职业教育和农村成人教育基地，建立职前和职后教育一体化网络。[①] 主要的教学班级计划由职业教育中心主导，根据需求和可能性，经教育行政部门审核后开展下伸班，乡镇职业教育和成人教育基地的师资和设备由县级教育行政部门统一解决，最终形成以乡镇职业（成人）教育学校为基础、县级职业教育中心为核心、职前和职后的沟通以及上下衔接的中心辐射型办学模式。"中心"和各"辐射点"的紧密联系是在县政府的宏观调控下，通过"三统、三分、三共享"的方式实现的。具体来说，"三统"是指由县级教育行政部门对整个职业教育体系进行统筹规划、资源配置、教学质量监控；"三分"是指将教学内容、财务管理、人力资源等方面的管理和操作分别由中心和各辐射点互相协作并各自负责；"三共享"是指职业教育中心与各辐射点之间共享教育资源、师资、设备等方面的优势，同时也共享资金和教育经验上的优势，从而实现优势互补、资金共用、资源共享的目标。通过这种"三统、三分、三共享"的运作，各级教育机构可以协作实现资源整合和优化配置，提高教育质量和产出效益。

办学模式的主要优点在于：一是有利于政府将农村职业教育纳入本地社会经济整体发展规划之中，提升农村职业教育的战略地位，使其能够有机融入当地的经济发展和社会发展的大局。二是有利于政府对农村职业教育的统筹规划与宏观指导，调动各部门、行业、企业等力量的办学积极性，从而形成多元化的办学资源和支持体系，使农村职业教育得到全方位的支持和发展。三是有利于充分发挥职教中心的功能，形成农业人才培养和农业科技推广的网络体系。同时，可以通过与种植、养殖、加工等企业和社会组织紧密合作，在农业人才培养和技能提高的同时，推动农业科技的研发和实践，提高当地农业产业化水平。四是有利于教育资源的合理配置，通过实现教育资源的共享和优势互补，最大限度利用当地教育资源，提高办学整体效益。五是有利于开展农业职教科学研究，进一步提高教育教学质量。六是通过在县级职业教育中心设置班级和下沉到乡镇职业教育和农村成人教育基地，满足

---

① 马建富，郭耿玉，陈震，张斌.江苏农村职业教育办学模式的研究[J].中国农业教育，2000（6）：21.

农村学生的就近就业需求，减轻了他们接受职业教育的门槛和压力。七是有利于职业教育的与生产、与市场、与实际经济的结合。这种模式将职业教育融入农村产业的发展过程之中，促进了产业升级和农民增收发展。

2. 城乡统筹办学模式

城乡统筹办学模式，是指以市场调节为主导，以互惠互利为基本原则，在兼顾自我发展与服务城市的基础上，统筹农村和城市职业学校优势资源，通过城乡联合办学，达到自我发展与服务城市双重目标。在这一模式中，城市和农村是两个关键主体，需要开展互动和合作。作为城乡统筹的重要内容，城市和农村职业教育之间的各类资源，也必须实现互动和相互结合。

由于城乡二元结构的长期存在，城市在经济发展、资源占有方面都优于农村地区，所以，农村职业教育在发展实践中，必须注重利用城市各种优质资源，充分发挥城市的辐射带动作用。第一，利用优质的城市职业教育资源，通过建立相关机制，向农村职业教育传递优质资源，来反哺农村职业教育。第二，借助城市职业学校优质资源，逐步在市、县、乡、村、户之间形成一个覆盖面广泛的辐射网络，并以为基础建立起信息传播、科技培训、生产示范、项目推广的交叉式立体网络体系。第三，成为城市职业教育与高等职业教育研究机构之间的联系纽带，建立与两者的密切联系，创建三者结合的平台，为职业教育与高等职业教育改革提供理论支持。此外，还可以在一些乡村地区建立起完善的远程教育网络体系，利用广播电视、互联网、信息技术开展大规模的网络农民科技教育与培训。

该模式具有以下优势：一是实现教育资源整合和共享。可以整合城市和农村职业教育资源，促进城乡教育信息资源共享，实现教育信息共建共享和资源优势互补，提高职业教育的质量和水平。二是拓宽学生接触面。使学生不仅能够接触到城市职业教育的优质资源，也可以了解到农村职业教育的特点，从而广泛拓展学生的视野和就业机会。三是服务地方经济发展。可以促进地方经济的发展，提高农村地区的综合素质，增加人才储备，推动城乡经济的互动和发展。四是实现师资队伍优化。通过开展培训、交流等活动，提升农村教师的教学水平和职业素养。总之，城乡统筹办学模式立足城乡世纪，通过有效整合城乡优质资源，有助于实现城乡职业教育资源的共享和优化，培养更多高素质人才，促进区域经济和社会发展。

3. 因层制宜模式

因层制宜模式以政府为主导，县级职业学校为枢纽，统筹乡、镇和村各个层级的农村职业教育机构和农村科教中心,将先进、实用的科学技术通过"枢纽"扩散到农村企业,直接为农民和乡镇企业服务。同时,将农业职业学校人才培养培训过程变成科学技术推广过程,促进学员知识和技能养成。

该模式具体运行过程为:根据农村地区的实际情况以及各层级的办学条件和基础,建立针对性强的农村职业教育机构,并与农科教中心合作,共同推进"产、学、研"一体化。在县级采用"职业学校+农科教"模式,在乡级采用"农业技术推广机构+农科教中心"模式,在村级采用"农业技术培训班+农科教中心"模式。三个层级围绕项目培训需求,展开优势合作,形成联系紧密的农村职业教育网络体系。

"因层制宜"模式使得农业职业学校实现了开放式办学,面向农村和农民开展职业教育。在培养人才和推广科技方面,与农村经济建设和社会发展的目标相一致,为当地经济的发展服务。其优势具体体现在以下几点:一是适应性强。不同的农村地区有不同的发展需求和条件,该模式能够根据当地条件建立针对性强的职业教育机构和课程,更加符合当地需求。二是实现资源共享。农村职业教育机构与农科教中心的联合,实现了资源的共享,增加了教学资源的可及性和使用率,同时也能够降低学校的运营成本。三是提高了教育质量。该模式能够根据当地产业需求和就业市场需求,开设符合实际需求的课程,提高教学的实际性和实用性,增强教育质量。四是提升学员就业能力。该模式结合当地的产业发展需求和就业市场需求,开展实用性强的职业教育,能够提高学生的就业能力,从而增加其就业机会。总之,"因层制宜"模式使农业职业学校能够因地制宜,在不同层级开展不同方式的开放式办学,在帮助当地培养人才的同时实现了推广科技,有效服务于当地经济发展。

(三)西部不发达地区农村职业教育发展模式

我国西部地区包括陕西、甘肃、青海、宁夏、新疆、四川、重庆、云南、贵州、西藏等10个省、市和自治区。该区域幅员辽阔,地势较高,地形复杂,具有丰富的能源矿产资源、农牧业资源和旅游资源,有3亿多人口、2亿多劳动力。随着东部地区劳动力成本的上升,西部地区的劳动力成本优势日渐明显,具有发展资源密集型产业和劳动密集型产业的良好条件[1]。近年来

---

[1] 苏华,杨三冠.国内外产业转移对西部地区经济发展的影响[J].价格月刊,2008,378(11):5.

随着西部大开发战略的不断推进，西部地区的经济总量快速发展，产业结构也逐步优化，整体竞争力得到较大提升。这就为西部民族地区农村职业教育的发展提供了有利的环境。但对东部和中部地区而言，西部地区农村地区经济发展普遍比较落后，产业结构不合理，城市化水平较低。此外，劳动力文化素质也普遍较低，因而就业门槛不高。这些不利因素阻碍了西部农村地区经济发展和农村职业教育的进一步发展。

目前西部地区农村职业教育主要具有如下特征：第一，由于教育是准公共产品，加上国家每年都会给予西部贫困地区一定数额的扶贫资金与支持项目，西部地区农村职业教育发展具有明显的扶贫性特征。第二，西部地区大部分县乡财政困难，对农村职业教育财政投入严重不足。这会阻碍农村职业教育的进一步发展，农村劳动力素质无法得到有效提升。而劳动力的低素质又会导致农民收入增加缓慢，没有足够经济实力投资教育。农村职业教育经济回报率低，也是导致企业参与积极性不高的重要原因。第三，地域因素的影响。西部地区信息、交通等相对闭塞，一方面影响了教育质量和毕业生充分就业；另一方面使农民对农村职业教育普遍缺乏高期望，学校很难吸引到足够生源，部分农村职业教育学校出现难以为继的局面。如此这般恶性循环，使得整个西部农村职业教育陷入困境。

在西部地区经济欠发达的现实背景下，农村职业教育应当积极探寻"反贫困型"发展模式，以提升当地群众的生活水平和经济发展水平。具体而言，这种模式应包括四个关键特征：一是农村职业教育融合到区域乡村反贫困发展战略中，并成为反贫困的重要力量。二是在政府部门的支持与引导下，充分利用普教、职教、成教等各种教育资源，充分调动科协组织、扶贫济困团体等社会力量，参与到农村职业教育办学中来，以实现实用技术的推广以及区域人力资源素质和技能的提高的开发目标。三是开展正规教育、短期培训、创业教育等多种形式的教育，以满足不同年龄、教育背景、社会需求的群体需求。同时注重农科教相结合，采用灵活的学制，注重实践教学，建立相关实验室和基地，提供针对性培训和技能训练，培养高标准、高水平、高能力的农业专业人才，以满足当地农业和社会经济的发展需求。四是结合地方经济建设的需要设置专业，重点关注农业类专业，如农业类专业是指那些与农业相关的学科及专业方向，其内容主要包括农作物的种植、养殖业、水产养殖、渔业、农产品加工、畜牧兽医、农业机械化及自动化等。

结合西部地区"反贫困型"总体发展模式，农村职业教育在具体实践中有三种可供选择的具体办学模式，即区域网络化办学模式、三边互动式办学模式和东西合作办学模式，如图 5-4 所示。

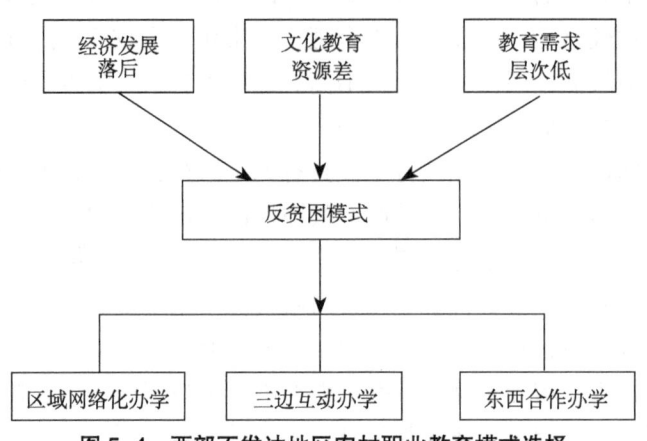

图 5-4　西部不发达地区农村职业教育模式选择

1. 区域网络化办学模式

区域网络化办学模式，就是指西部农业职校充分利用自身在科技、现代信息技术等方面的优势，构建农村实用技术培训、开发、推广、经营服务网络。以农村职业教育学校为基地，构建多层次人才培训网络；以乡镇企业、科技示范园、生产经营大户为依托，组建专业协会和产业化实体，构建专业产业化网络；举办乡镇农民技术培训班，构建农业科技示范辐射网络，形成"边学习、边实践、边致富"的办学模式。①

该模式的具体运作方式为：首先建立以县农业中专为龙头、各乡镇教学点为骨干，以村成人文化技术学校为基础的县、乡、村三级教育培训网络。其次，利用当地人才优势，按照"围绕资源搞开发，围绕市场上项目，围绕项目抓培训"的思路，在农村广泛开展多种形式、多种层次的培训，提高农业劳动者的素质，加快农业科技成果的转化，同时实现农业职校自身的创新和发展；最后，建立各级农业信息中心，以及信息员互联网络，更好地为农业劳动者的职业教育培训服务。

该模式的优势主要体现在以下几方面：一是实用性强。该模式致力于通过培训、开发、推广、经营服务等手段，提高农村劳动力的技能和知识水

---

① 景琴玲.我国农业职业教育发展模式研究［D］.杨凌：西北农林科技大学，2012：100.

平，适应当地经济社会发展需要，提高农业生产效率和效益。二是效果明显。通过直接把培训与实践相结合，培养学生的实用能力和创新能力，有效地提高学生职业素养和生产技能。三是教育资源共享。该模式可以优化区域资源配置，实现教育资源的共享，解决了一些偏远地区教学资源匮乏的问题。四是市场需求导向。该模式通过与本地农业产业的紧密结合，使农村职业教育更加符合当地实际需求，也有利于培育当地产业发展的相关人才。五是社会效益高。该模式的推广和实施，可以促进当地农业现代化和乡村振兴，有利于推动当地经济社会发展，提高当地居民的生活水平，有利于实现农业职业学校与农村经济社会发展的"双赢"局面。

2. 三边互动办学模式

三边互动办学模式就是指"职校＋农户＋第三边"办学模式。农村职业学校是该模式的主要运作单位，负责为农民提供相关的职业技能培训。"农户"指参与培训的农民，是该模式的培训对象和服务对象。"第三边"是指协助"职校"与"农户"对接的第三方机构，该机构通常由相关企事业单位、政府机构和社会团体组成，如"乡镇企业""农业生产基地""农科协会"等，他们负责提供资金、技术、培训、咨询等方面的支持。该模式的实质是按照市场运行机制，由政府指导，职业学校具体运作，第三方参与，培养农民农业相关职业技能，从而增加农民收益，促进农村发展。

该类模式有三种具体表现形式：第一种是由学校主导，乡镇企业与农户签约合作，使农民在企业实践生产中学习知识和技能的"职校＋农户＋乡镇企业"模式；第二种是利用农业职业学校的师资力量和技术优势，通过在产业基地进行示范性教学，提升农民实践能力的"职校＋农户＋农业生产基地"模式；第三种是农业职业学校与专业协会合作为农户提供信息、技术咨询服务，同时对农民实施农业技术培训的"职校＋农户＋专业协会"模式。

三边互动办学模式的优点在于：一是专业模块设置灵活，课程适应性强。该模式在课程设置时围绕当地农业生产需求和农民实际需求，按照不同群体和不同阶段的需求设置专业模块，充分体现了课程的适应性和灵活性。二是培训周期灵活，长短结合。培训周期可以根据实际情况设定，不拘泥于传统的学历教育，强调实践性、实用性和收益性。同时，也可以根据农民的实际需求，有选择地提供短期针对性培训，将学历教育和短期培训相结合，使得培训更加灵活多样。三是实用性和收益性高。该模式注重实践动手能力的培养，学生通过理论学习和实践操作相结合的方式，快速掌握实用技能，增强就业竞争力。同时，该模式的培训还注重帮助农民解决生产中遇到的实际问题，具有明显的收益效果和实际效果。

3. 东西合作办学模式

由于历史原因，我国形成了东西部二元社会经济结构。在东部发达地区，经济繁荣、教育资源充足、就业机会众多；相比之下，西部地区经济条件相对较弱，各种资源和机会较少。这种差异也为东西合作办学模式的形成发展奠定了客观和现实基础。所谓东西合作办学模式，就是指西部农业职业学校与东部职业学校通过"1.5+1.5""1+2"等形式联合办学，以西部农业职业学校为主体招生，学生先在西部职业学校进行1至2年的文化基础知识学习后，转入东部职业学校继续学习专业和实践课程，并在东部地区安排就业的办学模式。

这种办学模式的优点在于：一是东西部共享优质教育资源。东部地区的高校具有丰富的教育资源和先进的教育教学模式，能够引领和支持西部地区的高校提高教育教学水平。二是传递办学经验，提高西部地区高校的教育教学水平。东部地区高校在办学经验、教学方法、课程设置等方面都有着独特的优势和经验，能够向西部地区高校传递这些经验，助其提高教育教学水平。三是加强地区间教育交流。通过双方学校之间的合作，加强了东部地区和西部地区之间的教育教学交流，增进地区之间的交流合作和发展。四是为西部学生提供更好的就业机会。在东部地区就学和就业，能够提高西部学生就业竞争力，更好地适应时代的发展，促进就业平衡。五是促进国家区域协同发展。通过东西部合作办学模式，可以促进国家不同地区的协同发展，实现经济社会平衡发展，也有助于解决"资源荒"的问题。总之，该模式有利于促进西部农村职业教育规模的扩大和质量的提高，又满足了东部地区对高素质劳动者的需求，从而逐步促进东西、城乡共同发展"共赢"新局面的形成。

当然，在合作过程中需要注意的一个问题是，如何促使东部拿出最好最优质的教育资源与西部合作，而不仅仅是将剩余的资源，或者是将差的教育资源推销给西部。为此，需要建立信息公开透明的东西部职业教育合作市场秩序，以形成良好的合作环境。同时，在实质性合作过程中，东西部除了在教学形式上开展合作，更要注重管理制度和管理手段上的合作，以提升西部农业职业学校的办学能力和可持续发展能力，实现西部职业教育与西部产业的良性互动。考虑到西部地区的劣势地位，政府需要建立保障机制来维护西部学校和学员的利益，在合作过程中充分考虑西部地区的实际情况和需求。

第二节　我国农村职业教育发展模式的改革

我国农村职业教育在不同地区和不同时期探索出了不同办学模式，并在实践中不断改进和完善，推动着我国农村职业教育的稳步前进。当前我国农村职业教育呈现出由城乡分割向城乡统筹方向发展、由政府主导到多方共同参与的格局、由注重数量到致力于建立长效机制的发展趋势，这既是我国农村职业教育发展的亮点，也是我国农村职业教育未来可持续发展的关键所在。然而，我们也需要正视当前农村职业教育模式中面临的一些问题：如教育资源配置不平衡、适用面和推广性不强、完善程度不够等。为此，必须进行农村职业教育改革。在改革中我们要遵循适应性、区域性、多元性、发展性原则，综合考虑经济发展、资源条件、受教育者自身发展需求等三个因素来选择职业教育发展模式。

一、我国农村职业教育模式的发展趋势

（一）由城乡分割向城乡统筹方向发展

由于城乡二元经济结构以及农村经济发展水平的限制，我国农村的教育事业尤其是农村职业教育一直远远落后于城市。进入新世纪，党的十六届三中全会上从坚持以人为本的科学发展观出发，提出"五个统筹"，并把统筹城乡发展放在了首位。城乡统筹发展是大势所趋、人心所向，也为职业教育提供了新的发展契机，昭示农村职业教育发展的必然趋势和发展方向。农村职业教育要以此为契机，进行大胆改革和尝试，积极和城市职业教育学校、高等院校和科研院所合作，整合城乡职业教育资源、人才、资金，从办学体制、教学方式、管理模式等方面进行大胆创新，从城乡分割走向城乡统筹。城市的职业教育要打开大门，农村职业教育也要走出农村，城乡职业教育互促共进，提升劳动力技能和综合素质，有效促进农村劳动力的转移，助力新型城镇化和乡村振兴战略的顺利实施。

（二）由政府主导到多方共同参与

农村职业教育具有推动农业现代化、促进乡村振兴和劳动力转移等重要作用，但它是准公共产品，投入多，产出周期长。因此，为了确保农村职业教育的政策支持和经费保障，统筹协调，避免资源浪费和重复建设，需要由政府主导。传统农村职业教育更像一种由政府主导所供给的"文化福利"的具象物。[①] 但这也容易造成重复办学、多头管理、条块分割、办学条件差、办学模式僵化等问题，因此需要引入多方力量来共同参与农村职业教育事业。目前，农村职业教育要从过去的政府主导向多方共同参与格局发展，通过共建共享、共治共建的方式实现农村职业教育的可持续发展。这就要求：一是政府与社会资本合作推进。政府要与社会资本合作推进农村职业教育发展，通过引进社会资本、特许经营等方式，引入市场竞争机制，提高农村职业教育资源配置效率，促进其规范化、产业化、市场化和社会化发展。二是学校与企业合作深入。农村职业学校要与当地企业合作，共同开展校企合作项目，实现"产教融合"，让学生在实践中学习，企业在职业学校中招收技术人才，更好地适应市场需求和社会经济发展。三是社会组织参与广泛。社会组织要积极参与农村职业教育发展，以特色产业、区域文化为依托，真正发掘当地资源优势，推动农村人才培养和经济发展的融合。四是教育行业广泛参与。教育行业要广泛参与农村职业教育发展，教育资源共享，促进教育事业合作共赢。

（三）由注重数量到致力于建立长效机制

在农村职业教育发展的前期，主要致力于开设职业教育学校如农村职业中专、职业高中、建立职业技能培训机构、发展民办职业教育等。随着国家政策的大力支持，农村职业教育的数量呈不断增长的趋势，但也面临办学理念模糊、资金缺乏、学生认同感薄弱、师资不足、教学方式单一、教学质量不高等问题。[②] 同时，由于线上教育普及、民办教育的发展等因素，农村职业教育也呈现出多元化的发展格局，为了提升农村职业教育质量，必须致力

---

① 刘涵滨，谢元海，范晶花.农民主体性视域下农村职业教育反贫困的路径研究［J］.职业技术教育，2022，43（28）：63.

② 黄心想，杨涵.农村职业教育在地化发展困境与实现路径［J］.武汉职业技术学院学报，2023，22（1）：17-18.

于长效机制的建立。在发展模式设计上要突出四点：一是突出实用性和操作性，二是突出职业性和技能性，三是突出针对性和系统性，四是突出制度性和规范性。为了确保农村职业教育培训的长期效果，各地在不断创新发展模式的同时，着力在动力机制、评价机制和保障机制等方面进行探索，以构建农村职业教育发展的长效机制。

二、我国农村职业教育模式改革中存在的问题

（一）区域发展的非均衡性导致发展模式的适用面和推广性不强

一种农村职业教育发展模式的构建与推广，需要区域经济及优势产业的强力支撑。由于我国幅员辽阔，不同区域经济发展状况存在明显差异。有些地区经济发达，有着特定行业的优势，这些优势产业给农村职业教育的发展提供了基础条件；有些地区经济欠发达，需要寻求符合本区域特点的农村职业教育发展模式，切实推动当地经济社会发展。

同时，由于文化、教育资源等条件的非均衡配置，使得各地区受教育者在文化素质以及教育需求等方面千差万别，也使得农村职业教育发展的侧重点会有所不同。由此导致的问题是，在某一个地区取得成功的发展模式，在另一个地区却并不适用，说明农村职业教育发展模式相互之间存在兼容性障碍。因此，在选择发展模式时，需要兼顾乡村发展，区域发展，经济和社会发展、人与自然和谐发展、国内发展和对外开放。不同的区域应在立足于自身实际情况的前提下，选择适合自己的特色发展模式。

从实际出发，有效发挥农村职业教育在经济和社会发展中的作用，需要充分考虑发展模式本身的特点，以及发展模式内部的协调衔接。通过深入开展实地调研，系统梳理各地存在的问题和不足，初步分析适用于不同地区的不同发展模式，以便建立适用于各地区不同需求的职业教育发展模式。根据需求，发展模式的设计要充分考虑到多个方面，比如教育资源、经济特色、人口增长模式和政策支持，以确保其能够在本地区实现应用。发展模式设计过程中，建立理论研究基础和实践研究基础，利用多种调研和评估方法，深入探讨各种需求和资源之间的联系。

除了以上提到的因素，还需要注意以下因素：首先，职业教育开发的产业模式必须与经济基础相适应。这涉及用人单位对相关人才和职业能力的需求，通过对不同行业的特征进行深入分析，确保职业教育教学模式的匹配

性。其次，农村职业教育应加强与实际需求的联系。农村职业教育目的在于满足当地经济社会发展的需求。在这一前提下，发展模式应以当地经济需要为重点，以确保开发的课程内容、培训计划和技能培训的有效性和相关性。最后，政策支持与资金保障是农村职业教育发展的基础和保障。政策制定者应在政策制定层面对职业教育发作出相应的政策和制度支持，制定乡村教育基本建设纲要，加强对乡村教育资金的保障和管理。同时政府应该加大对农村职业教育的投入，以支持农村职业教育的全面发展。

总之，针对不同地区农村经济发展状况及不同需求，需要建立适用于各地区的特色农村职业教育发展模式，加强政策和资金保障，以推动农村职业教育的健康快速发展。

（二）部分发展模式不够完善，需要构建相应的支撑体系

目前，部分农村职业教育发展模式还不够完善，存在以下问题：一是教育资源分配不均。城市与农村之间，以及各个农村地区之间在教育资源分配上存在巨大差异。大部分优质教育资源都集中在城市，而农村地区缺乏足够的优质职业教育资源。二是农村职业教育多元主体参与机制不健全，包括对政府主导的依赖性过强，社会力量如企业、社团和个人参与度不够，尤其是没有充分激发企业的主体地位；三是教师队伍整体水平不高。农村职业教育的教师队伍建设存在严重的不足，无法满足职业教育的需要。很多农村的职业教育师资力量相对较弱，缺乏足够的专业知识和教学经验。四是课程设置不合理。当前，农村职业教育的课程设置比较单一，缺乏针对性强的职业技能培训和专业培养，教育内容容易滞后，导致毕业生在应用方面存在困难。许多学校在教育教学方面只重形式轻内容，教学内容简单，脱离生产实际，其办学的目标是经济效益，而不是人才质量，致使教学质量不高，教育培训效果不好。五是产教融合不够紧密。受多种因素影响，目前我国农村职业教育产教融合发展的动力不足，校企合作处于浅层次、自发式、松散型、低水平状态。[1] 产业与教育的分离导致就业形势紧张，职业教育的发展遇到了阻碍。六是对毕业生未来就业的指导不足。毕业生通常缺乏针对性的职业规划和将来就业的指导，无法准确地把握职业市场动向，也就难以做出有利的职

---

[1] 张衡锋，桂文龙，刘俊栋.高职院校高水平专业群建设的困境与路径［J］.教育与职业，2021，985（9）：46.

业规划和选择。以上农村职业教育模式中存在的不足之处，极大限制了农村职业教育的发展。针对这些问题，政府应该加大政策支持和投入力度，提高教育质量和教育资源的配置，改革职业教育课程和师资队伍建设，推动农村教育与产业的深度融合，并为毕业生提供更多的职业信息和指导，以构建完整的农村职业教育支撑体系。

三、我国农村职业教育发展模式改革的基本原则

我国农村职业教育发展模式的选择要遵循以下原则。

（一）适应性原则

为确保农村职业教育充分有效发挥其功能，必须处理好与外部环境的关系，以适应经济社会发展的客观规律。农村职业教育发展的主要目标是为农村经济社会发展培养高素质的人才，因此，必须根据农业、农村经济和社会发展的需要来确定农村职业教育的发展类型、人才培养规格与层次。如果农村职业教育发展模式与农业、农村经济社会发展之间不相适应，不仅会影响农村经济的发展，也会导致农村职业教育规模的逐步萎缩。因此，在选择和构建农村职业教育发展模式时，必须全面考虑农业和农村产业结构、经济类型、发展水平、生产方式、生产要素等因素，并结合自身条件和发展状况，使农村职业教育与农业、农村经济社会发展之间形成良性互动关系，从而实现互惠共赢的局面。

（二）区域性原则

农村职业教育的突出特色在于服务于农业、农村和农民。因此，针对农村的地理位置、历史条件、文化传统、产业结构、就业结构、主导产业等特点，应制定相应的教育方针和对策。换句话说，农村职业教育的发展模式不应该是统一标准的单一模式，而应该具备鲜明的区域特色。不同国家和地区具有不同的历史、社会发展阶段和民族特性，其农村职业教育会呈现不同的地域特色。例如，美国农村职业教育以"社区学院"和"赠地学院"闻名，包括将高等农业教育、中等农业职业技术教育和农民职业培训3个层次。[1]

---

[1] 陈芳.高职院校服务武陵山片区巩固脱贫攻坚成果的基本理论与对策[J].新农业，2021（5）：88.

还有德国的"双元制"职业教育模式、加拿大的"绿色证书"培训模式等。我国地域广阔，不同地区在自然条件、经济发展水平以及传统文化观念等方面都存在差异。从宏观角度来看，东、中、西三大经济板块的经济发展状况差异明显；从微观角度来看，一个省、一个市或一个县的自然资源、产业结构、劳动者素质水平、文化传统、教育基础等都有差别，不同区域之间和区域内部的这些差异都会对农村职业教育的发展提出不同的要求。因此，在选择农村职业教育发展模式时，必须考虑到这些差异性。

（三）多元性原则

多元性原则包含两个方面：一是主体多元。就是指在构建农村职业教育发展模式时，要充分调动办学者、投资者、受教育者等各种力量的积极性，形成促进农村职业教育发展的强大合力。发展农村职业教育是一个复杂的系统工程，因此任何一种发展模式都应既能调动农村职业教育举办者的积极性，又能激发各类受教育群体接受农村职业教育的热情；既要能调动各种社会力量，尤其是企业参与办学的积极性，又能调动农村职业教育相关部门或机构参与服务的积极性。二是多元协同。农村职业教育应该与职业培训、中等职业教育、高等教育、劳动力就业等发展协同，实现资源共享和有机协同，提高资源的利用效率。农村职业教育还应该加强产融融合，深入挖掘劳动力市场需求，开展职业教育产业技能提升和劳动力转移培训，推动地方经济发展。

（四）发展性原则

发展性原则主要包含三层含义：第一层含义是要将不同地区农村职业教育发展实际中探索出的各种办学方式与方法进行提炼、提升与完善，形成一定的模式和理论体系，使其具有一定的迁移推广性；第二层含义是要根据农业人力资源开发的需要，探索创造新的、更具灵活性和可操作性的发展模式。在此过程中应特别应注重实践操作经验，强调理论与实践的结合。第三层含义是农村职业教育应确保资源的长期投入和持续利用，建立长效机制和保障体系，加强职业教育管理和监测机制，促进职业教育发展的持续性和长远性。另外，职业教育也应注重留住人才，加强职业教育和产业的紧密结合，为人才的职业发展打好坚实基础。

四、影响我国农村职业教育发展模式改革的关键因素

我国的农村职业教育在实践中探索出多种发展模式，但是到底哪种模式才能够实现农村职业教育的可持续发展呢？这就涉及模式选择问题。一般来说，农村职业教育的模式选择涉及横向和纵向两个层面。横向层面主要考虑区域经济、资源和文化差异和受教育者自身发展需求等对农村职业教育的影响，而纵向层面则主要指不同经济发展阶段对于农村职业教育发展提出的不同要求。如图 5-5 显示了农村职业教育发展模式选择的关键因素。

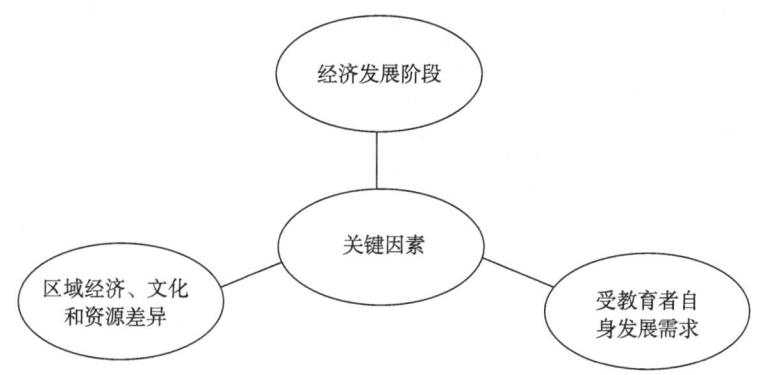

图 5-5 我国农村职业教育发展模式选择的关键因素

（一）经济发展与模式选择

农村职业教育发展是有阶段性的，各种模式都有其特殊的需求与条件相关，我们不能超越这些条件。可以说，农村职业教育发展模式的产生和发展，与农业与农村经济的不同需求密切相关。

首先，农村职业教育是支撑农村经济发展的重要途径之一，也是提高农村劳动力素质的重要手段。随着农村经济的快速发展和产业结构的调整，对劳动力素质的要求也越来越高，在这样的背景下，农村职业教育愈加重要，能够为当地劳动力提供更为专业化、综合性的教育培训。

其次，不同地区和不同行业的经济发展需要不同的农村职业教育模式。由于我国农村地域的广阔性和差异性，农村经济发展的特点和重点也因地区而异，并且不同的行业对于人才的需求也千差万别，因此选择适合当地经济发展的职业教育模式显得至关重要。例如，在相对欠发达的农村地区，缺乏

高技能人才的支持是当地经济增长受到制约的重要原因。针对这种情况，应当坚持以技术培训为主、文化教育为辅，把实用技术的培训作为重点，提高农民的科技文化水平和实际操作能力①，从而推动当地的经济发展。而对于相对发达的地区，较高的经济发展水平和广泛的行业需求，使得对于劳动力的要求也更加广泛，因此，在这样的背景下，应当选择更加综合性的职业教育模式，包括提高劳动者的文化素养和思想道德等方面的培训，从而更好地支撑当地经济发展的多样化需求。区域经济发展的不平衡性和差异性是客观存在的现象，并且在相当长一段时间内将继续存在。正确认识和掌握这一点对于农村职业教育的发展非常重要。因此，应该根据我国当前的经济和社会发展实际情况，以及不同区域的农业、农村、农民对农村职业教育的不同需求，研究并制定适合各省、县、乡的教育发展策略和具体规划，促进农村职业教育与农业和农村经济社会协调发展。

第三，农村职业教育模式依据变化的农村经济发展状况随时进行动态调整。随着经济形势的不断变化和经济模式的不断调整，职业教育也需要不断地发展和完善，以适应当地经济发展的需求。例如，在"互联网+"的背景下，农村电商产业得到快速发展，农村职业教育可针对务农劳动者、务工返乡人员、覆盖农业全产业链的生产经营者，构建农民电子商务教育培训体系，完善县域电商服务体系，有针对性地开展电商基础、网络营销、店铺运营、财税信贷、物流运输、农产品生产检测等专题培训，提升农民信息化技能，培养成"新农人""高素质农民"群体②，帮助当地劳动者掌握新的职业技能，适应产业转型升级的需求。

因此，农村经济发展和农村职业教育模式选择之间是一种相互影响、相互促进的关系。只有在充分考虑当地经济发展需求的前提下，选择适合当地特点和需求的职业教育模式，并不断更新和改进教育内容和方式，才能更好地为当地农村经济发展提供持续的人才和技术支持。

（二）资源条件与模式选择

农村职业教育要想获得发展就不能脱离其所处的环境，离不开环境为其提供的条件和提出的要求。农村资源条件的好坏和优劣，决定了当地职业教

---

① 孟艳春，王晨燕.农民工与中国次属劳动力市场［J］.经济师，2004（3）：41.
② 李曦方，李学锋，李新泉等.乡村振兴背景下农村电商本土人才培育路径研究：以聊城市为例［J］.安徽农业科学，2023，51（8）：275.

育模式的选择,而职业教育的发展反过来又能进一步发挥农村资源的潜力,从而促进农村经济的发展。

一方面,农村资源条件是决定职业教育模式选择的重要因素之一。农村资源可以分为自然环境资源、人力资源和社会资源等多个方面。自然环境资源是指一个地区的水文、地形、气候、土壤等自然条件。不同地区的自然环境资源状况不同,因此,对于农村职业教育模式的选择也需要有所区别。例如,在缺水地区,可以选择以节水为主的职业教育模式,培养农民节约用水的意识和技巧,提高农业用水的效率和质量;而对于气候条件复杂的地区,则需要提高农民的应变能力,培训相关专业知识,建立农业气象监测体系等。人力资源包括人的天赋和才干等,是一个地区经济增长和人才新陈代谢的推动力。因此,对于不同人力资源的农村地区,在职业教育模式的选择上可能会有不同的倾向。比如说,有的地区人才素质较高,可以选择注重创新和领导能力的职业教育模式,提高农村人才的创新和领导能力,并推动产业升级,加速经济发展。而一些劳动力素质偏低的地区,则需要以提高实用技能为主,提高当地劳动力的素质,以应对和推动当地经济复杂多变的发展需求。社会资源包括社会组织、资本和信息等。对于不同社会资源丰富程度的农村地区,职业教育模式选择也会有不同。例如,在社会组织丰富、协作能力强的地区,可以选择注重对农村合作组织的培训,从而提高农村组织的组织管理能力,为农民提供更为高效且稳定的服务体系;而在资本丰富、市场信息多元的地区,则可以选择注重市场规则和商业模式的培训,提高当地劳动力在通过市场交换中的话语权,从而吸引更多资源和资本的流入。值得注意的是,不同的职业教育模式也有不同的适用范围和培养需求。例如,一些农村地区具有特殊的种植和畜牧业等传统产业,需要注重传统技能的传承和改进,同时顾及新的发展路径和可持续性;而一些工业化和现代化程度较高的地区,则需要更为专业和科技化的职业教育模式,以推动本地产业结构的升级和转型。因此,职业教育模式的选择需要满足当地经济发展的实际需求,充分考虑不同产业、不同群体之间的差异,从而更为精准地达成培养目标,促进农村发展不断升级。

另一方面,农村职业教育模式的发展本身也能进一步挖掘农村资源潜力,从而促进农村经济的发展。首先,农村职业教育不仅可以提高农民的职业技能,而且可以与当地传统文化和资源相结合,在职业学校成立乡土文化研究所,不断挖掘优秀文化资源,与文旅企业合作办学,形成特色文化产业[1]，增加当地企业的附加值，也可以提升当地品牌的影响力，为当地企业的发展和壮大奠定基础。其次，农村职业教育还能够提高劳动力的素质和市场竞争力，让当地农村产业在激烈的市场中获得更多的机会和展示自身实力的机会，稳定当地经济。第三，农村职业教育的发展还能够促进当地人力资源的流动和转移，这有利于促进不同地区之间的协调和合作。例如，在一些贫困地区，农村职业教育可以培养劳动力的技能，减少农民外出打工的负担，从而改善当地劳动力状况。而在发达地区，农村职业教育则可以帮助当地人才实现转型，更好地服务于当地社会和经济的发展。

总之，农村职业教育模式的选择需要考虑多方面的资源情况和发展需求。对于缺乏自然资源的地区，可以通过发展农村旅游、农产品加工等方式，提高土地的产出效益；而缺乏人力资源的地区，可能需要引进更为专业的职业教育机构，为当地培养更多的高素质劳动者和管理者；此外，缺乏社会资源的地区，则需要更多的政府投入和社会资本引入，以推动农村职业教育的大力发展。而农村职业教育的发展也可以进一步挖掘农村资源，利用当地资源和人才优势，挖掘潜力实现农村的长期发展，而且可以增强农村经济和社会的竞争力，实现可持续发展。

（三）受教育者自身发展需求与模式选择

受教育者的自身发展需求是影响农村职业教育模式选择的重要因素之一。农村职业教育的目标是培养复合型、创新型、德才兼备的劳动者和管理者，因此职业教育的目标与受教育者的发展需求密切相关。

首先，职业教育必须寻求匹配受教育者的发展需求，以满足个体的职业发展需要。在发展职业教育模式时，应该考虑学生本身的特点和需要，选用相应的教育方式和方法，培养学生的职业技能、职业素养和个性特点，提高学生的职业能力和综合素质，从而实现学生个体职业发展和社会需求的有机统一。例如，针对来自传统农业背景的学生，则应当在教育内容上更加注重农业经营技能的掌握，在教学方法上更加强调实践熟练能力的培养，以提高学生的职业竞争力。

其次，职业教育还应关注受教育者的就业需求。作为农村职业教育的重

---

[1] 赵本纲.乡村振兴背景下湖南农村职业教育发展对策研究[J].职业教育研究，2023，231（3）：20.

要目标之一是重视对劳动力就业的帮助和支持。实际上，对于许多农村学生来说，在校期间就业能力的培养是职业教育的重要部分。职业教育应该与企业面对面沟通，了解企业对劳动力所需的实际情况，以开发相应的人才培养计划和相应的就业资源，增强学生职业发展路线的可行性和可靠性。

最后，职业教育应该重视受教育者的特色需求，积极发掘和开发当地的特色资源和职业需求，聚焦于提高当地的产业竞争力。例如，通过设立农村小微企业孵化器和新型农业产业链培训中心等，挖掘当地小微企业的发展潜力，增强当地创新能力，从而更好地对接学生实际职业发展路线。

总之，农村职业教育模式选择不仅需要考虑资源条件和发展需求的因素，同样也需要关注受教育者的基本特性和需求，以达到让学生发挥其特长和实现个体发展和社会需求的统一，有效地实现农村人才的培养和农村经济的可持续发展的目标。

第三节　我国农村职业教育发展模式的创新

农村职业教育是农村经济发展的重要组成部分，不同的农村职业教育发展模式的运行需以不同的条件为基础。所有农村职业教育模式的顺利运行，都需要以下三个方面的必要条件来提供保障：优化外部环境、完善内部运行机制、增强农村职业学校自身能力。

一、优化农村职业教育外部发展环境

（一）营造良好的农村职业教育发展氛围

良好的农村职业教育发展氛围包括两个方面，即良好的农村职业教育学科建设氛围和支持农村职业教育发展的良好社会舆论氛围。

要营造良好的农村职业教育学科建设氛围。首先要加快农村职业教育学科建设，加强农村职业教育理论研究，不断丰富和完善农村职业教育理论体系；其次，建立和完善农村职业教育学科人才培养体系，加强农村职业教育学科理论研究人才培养，彰显农村职业教育学科功能，确立农村职业教育学科地位，增强职业教育话语权。第三，提高农村职业学校学科建设的质量。

农村职业学校应该注重教学质量的提高，在教师培训、教材编写等方面下功夫，提高教师的教学水平。同时，学校还应该加强课程设置、师资队伍建设等方面的改进，推动学科建设的全面提高。第四，注重学科建设的创新，增强教学的实践性和针对性，推动教学改革。通过采用灵活的办学形式、明确培养方向、合理设置专业、丰富教学内容①，引入新的教学方法、教育技术、实践教学等手段，让学生学到更实用的知识和技能。总之，营造良好的农村职业教育学科建设氛围，需要政府和学校、社会力量等各方面共同努力。只有在人才培养、教学质量提升、教学改革、产学研合作等方面全面推进，才能提高农村职业教育的整体水平和社会认可度，为乡村振兴和农村经济发展注入新的活力。

要营造良好的农村职业教育社会舆论氛围。第一，建立信息透明渠道。学校应建立和完善信息公开制度，及时向社会发布农村职业教育的最新动态、成果和质量数据，让学校的努力和成果得到社会认可和支持。第二，加强媒体宣传。通过电视、广播、网络等多种媒体宣传农村职业教育，指出在当前建设新型城镇化进程中，农村职业教育在解决农村剩余劳动力和促进产业结构升级中发挥的重要作用，转变人们对农村职业教育错误的认识，树立正确的教育观。②第三，加强家长教育。学校和政府应加强家长对农村职业教育的引导，让家长进一步了解职业教育的重要性和价值，让更多的家长支持和鼓励孩子参加农村职业教育。第四，提高农村职业教育师生的社会认可度。学校和政府应该提高农村职业教育师生的社会认可度，通过各种方式表彰优秀师生，让他们成为学习的榜样和社会信任的代表。第五，加强社会参与。学校和政府应加强农村职业教育和社会的互动，邀请企业代表、专家学者、社区组织等参与学科建设、教学改革等方面的工作，共同推进农村职业教育的发展。总之，营造良好的农村职业教育社会舆论氛围需要政府和学校、社会力量等各方面共同努力。只有在信息透明、媒体宣传、家长教育、社会参与等方面全面推进，才能提高农村职业教育的社会认可度，形成人人重视技能、技工的新风尚，让更多的人支持和参与到农村职业教育的建设中来，共同推动乡村振兴和农村经济的发展。

---

① 布俊峰.农村剩余劳动力转移视角下职业教育发展的路径［J］.农业经济，2020，395（3）：80.
② 付文超.新型城镇化进程中农村职业教育发展对策研究［J］.绥化学院学报，2016，36（9）：29.

（二）依据产业状况调整农村职业教育结构

一个国家劳动力市场的供给与水平，取决于该国产业结构与经济发展状况。当一国经济发展处于初级产业发展阶段，产业以劳动密集型为主、资本、技术型为辅，主要需要的是具备较高手工技能和操作技能的初中级工人劳动力。然而，随着经济逐渐向产业化、专业化中级阶段转变，对中高级职业技能型人才的需求也越来越迫切，要求劳动力具备较高学历和专业技能。从我国目前的产业结构发展状况来看，整体上依然处于以劳动密集型产业为主导，资本、技术型产业为辅助的初级产业发展阶段，目前正向产业化、专业化中级阶段过渡。这种产业结构状况，正迫切需要一大批中高级职业技能型人才。他们不仅需要具有较强的耐力、协调能力和精密动作能力，以及较高的安全素质和环境意识，还需要具有较高的技术水平、创新能力和管理能力。

为适应目前产业结构状况对人力资源的需求，必须对我国的农村职业教育结构作相应的调整和改革。一是充分发挥高等教育资源的作用，建设一批卓越的高等农林教育，并办好一批涉农专业。注重提高教育质量，培养更多的中高级职业技能型人才。这将有助于解决当前产业结构中人才短缺的问题。二是加大对涉农专业学生的资助力度，提高生源质量。通过政策上的支持和激励，可以更好地吸引更多的适合的人才投身涉农产业。三是加快对中等职业学校免费政策的实施，通过补贴政策鼓励农业企业兴办农村职业教育。要加大对学生的资助力度，降低学生接受职业教育的成本和费用[①]，让更多农村学生接受职业教育，从而提高农村的人才储备。同时，补贴政策也可以促进农业企业投资办学，增加职业教育的供给。通过这些措施，我们可以更好地适应当前产业结构的需求，提高劳动力市场的供给水平，为推动我国经济的持续发展作出积极贡献。这些改革措施不仅可以促进农村地区的发展，还可以推动全国的人才培养工作向更高水平迈进，进一步推动我国的经济发展。

（三）拓宽农村职业教育融资途径

党的十七届三中全会指出，农村金融体制改革的总体方向是放开农村金

---

① 申家龙.职业教育与社会经济发展的关系及其相互作用途径［J］.河南职业技术师范学院学报（职业教育版），2009（4）：6.

融市场,从而为新农村建设和现代农业产业化发展创造良好的金融环境。农村职业教育应该抓住金融体制改革的大好时机,不断拓宽融资渠道。

具体而言可从以下几方面进行:一是加大政府投入,为职业教育提供更多的资金支持。政府可以加大农村职业教育的资金投入,鼓励农村中小学、专业院校和科研机构间的协同与合作,为农村职业教育提供更多资源。二是争取企业支持。企业可以通过投资、捐赠、赞助等方式,为农村职业教育提供资金支持。政府可以鼓励企业在农村地区投资兴办职业教育,并给予相应的政策扶持和税收优惠。如对企业接受毕业生顶岗实习,企业捐赠职业教育的设备和资金,与高职院校共同研发新产品、新技术、新工艺等产生的费用要给予明确的税收减免政策,提升企业参与职业教育产学研合作的积极性[1]。三是吸引社会资金支持。可以通过设立专项基金、PPP模式等形式,吸引社会资金参与农村职业教育融资。同时,政府可以鼓励地方政府、公益机构、慈善组织等,在农村职业教育融资方面发挥更大的作用。四是创新金融。鼓励金融机构发掘农村职业教育融资的创新金融方式,如农村信用社为农村职业教育提供贷款和风险投资,为农村职业教育提供更多的融资支持。如农业发展银行作为我国唯一一家农业政策性银行,其信贷业务范围应从单一的粮棉油收购贷款,拓展到充分为农村城镇化、农业产业化、农村基础设施建设和新型农民培育提供金融服务。同时,农业发展银行还应该不断创新贷款方式、贷款担保模式和贷款服务形式,为农村职业教育创造良好的融资条件。与此同时,商业性银行也应该以农村金融体制改革为契机,积极探索为农村现代化提供金融服务新思路、新途径,改进信贷管理模式,增设农村金融新产品,创新服务农村金融方式,建立与农村金融发展相适应的管理机制,全方位打造为推进解决"三农"问题的金融服务理念。

总之,拓宽农村职业教育融资途径需要政府、企业、社会资金、金融机构等多方合作,通过多种方式提高资金支持的规模和效率,为农村职业教育的发展提供更好的保障。

(四)建立均等化的城乡教育公共服务体系

由于城乡二元经济结构的长期存在,我国城乡资源配置极不平衡。与城

---

[1] 陈方辉,徐燕.高职教育产学研合作的关键因素探析[J].学校党建与思想教育,2014,485(14):70.

市居民相比，农村居民享受各种公众服务如教育、社会保障的机会较少。这种政府公共政策忽视了城乡统筹协调发展，最终加剧了城乡社会发展的不平衡。为此，政府应该充分发挥其在农村职业教育发展中的主导地位，利用宏观经济政策，建立城乡职业教育公共服务均等化制度，完善农村职业教育财政转移支付制度，加大财政转移拨款力度，缩减城乡职业教育投资差距，大力推进公共服务均等化发展。①

城乡职业教育公共服务均等化，是指以政府为主体，农村为重点，根据城乡居民占有职业教育资源的实际情况，将有限的职业教育公共服务资源进行合理有效配置，实现农村居民在接受职业教育的数量、质量和机会等与城里居民大体相当。要实现均等化的职业教育服务，不是一件简单的事情，它涉及部门多、利益关系复杂，是一项系统工程。具体而言，可从以下几方面入手：第一，要倡导制定城乡职业教育公共服务规划，以确定城乡公共服务设施建设和地域内资源配置及分布。包括职业教育机构规划、设施规划、课程规划、师资规划、教师队伍建设等方面，在政策和法律法规保障下，加强规划的实施。第二，要适度增加财政投入，扩大城乡职业教育公共服务的覆盖范围，加强城乡医疗协调合作，促进城乡职业教育的公共服务均等化。此外，可以通过政策鼓励大型企业、扶贫机构等，向贫困或农村地区捐赠职业教育设施、资金等，为贫困地区提供帮助。第三，要通过人才引进、资金投入、设施升级、培训等方面，提高职业教育师资队伍和教育设施的水平。同时，政府可以配合发起实施职业教育课堂改革，力争提高公共服务的质量，促进教育的现代化和智能化。第四，要建立城乡职业教育公共服务评估体系，对各地职业教育公共服务的质量、投入、效益等方面进行全面评估，促进城乡职业教育公共服务均等化的发展。综上，城乡职业教育公共服务均等化需要政府支持，需要适当的财政投入，需要建立公共服务规划和评估体系，需要扩大公共服务的覆盖范围和提高服务质量，加强与农村职业教育机构的合作。此外，还要推动包括户籍制度、就业制度等多项管理制度在内的配套改革这样，城乡职业教育公共服务均等化制度就能逐渐建立，为城乡公民提供更好的职业教育公共服务。

---

① 吕传东.用科学发展观指导农村职业教育改革与发展[J].河南教育（职成教版），2013（1）：22.

（五）健全农村职业教育法律体系

农村职业教育的全面、协调、持续健康发展，始终离不开完备的法律法规体系保障。就我国农村职业教育实际情况而言，要想保证其能够全面、协调、持续健康发展，政府必须制定颁布相应的法律法规。具体有以下四方面。

一是完善现行的《职业教育法》，进一步明确细化对农村职业教育发展的有关规定。如：要明确规定职业教育经费主要应有中央和地方政府来支付，并细化农村职业教育经费在总经费中所占的比重。

二是立足农村职业教育实际，制定例如"农村职业教育法""农村职业教育促进实施条例"等专项法律，进一步细化农村职业教育的有关规定，增强针对性，便于在实际工作中应用，更好地推进农村职业教育。

三是地方政府依据当地经济发展和产业发展情况制定适合的地方性法规，便于更好地提高和实现法规的执行力与效力。地方性法规往往赋予地方色彩，具有"地方性"，针对性、适宜性和可操作性更强，对促进农村职业教育的发展具有明显优势。

四是明确行政执法主体和违法后果。对于不履行职业教育义务或者违反职业教育法规定的，法律需要明确规定其应该承担的法律责任及后果。使有关主体及部门认识到违法的严重性，从而增强各利益主体履行法律法规规定的自觉性。

二、完善农村职业教育内部运行机制

（一）形成多元化农村职业教育办学格局

由于当前公共教育经费紧张和有效资源供给不足，农村职业教育必须发挥市场经济体制的作用，积极拓宽社会参与面，鼓励和调动行业、企业、社团以及个人等社会各方面力量加入其中，共同参与农村职业教育事业的办学、创新与发展。

首先，政府要通过政策鼓励和引导企业、社团等社会组织参与农村职业教育的支持与发展，促进教育资源的有序配置和优化。国家统筹教育资源，政府以年度拨款的方式稳定农村职业教育涉农专业的稳定发展，在充分考虑不平衡发展条件的前提下进行资源合理分配，带动农村职业教育的发展。具体措施可以包括加大经费扶持力度，提供税收优惠和自治区域优惠政策等。同时，要开展农村职业教育模式创新试点，通过引入市场机制与社会参与，积极推动农村职业教育的可持续发展。

其次，农村职业教育机构要通过开展合作、产教融合等多种方式与企业、社团等社会组织进行良性互动，拓展教育资源的来源。此外，农村职业教育机构可以建立良好的校企联盟，共同制定职业教育课程和培训计划，实现校企深度合作，同时为企业培养符合实际需求的优秀人才。

最后，社会组织和个人要通过参与农村职业教育机构的支持，为现代化经济、社会建设贡献自己的力量。可以通过设立奖学金、捐赠教育设施、投资职业教育等方式支持农村职业教育的发展，同时也能获得良好的社会声誉和信任。

总之，农村职业教育的发展既需要政府部门的全力推动，也需要社会各个方面的积极参与和支持。只有全社会共同努力，才能够实现有限资源的合理有效配置，形成政府、社会和个人共同参与的多元化农村职业教育办学格局，推动农村职业教育事业的稳步健康发展。

（二）构建农村职业教育目标导向机制

在许多激励理论中，如 Vroom 的期望理论、Locke 和 Latham 的目标设定理论等，都涉及目标价值和期望价值的变量。在这些理论中，通常认为激励（Motivation）是基于一个人对于实现某个目标的期望和对于该目标的价值判断。这些理论的基本思想是：人们会被激励去行动，当他们相信自己的行动会导致目标的实现，同时认为实现该目标是有价值的时候。也就是说，人们在选择目标时，往往受到目标效价的影响。[①]因此，目标是引起行为的最直接推动力，具有极大的激励作用。

就农村职业教育而言，构建目标导向机制就是要提高人们对教育培训目标价值的认同度。具体而言，可以采取以下几个方面措施：一是充分宣传教育培训的重要性和意义。通过宣传、教育等方式，让学习者、教育从业者等群体了解和认同教育目标，认识到达成教育目标对个人和社会的重要性和影响。二是建立良好的教育培训环境和氛围。在教育培训场所，营造积极、认真的学习氛围，让学习者更容易接受教育目标的价值。三是培养学习者的自我意识和自我驱动力。通过激励和引导，让学习者充分认识到达成目标对个

---

① 宋孝忠.终身学习激励制度的构建[J].成人教育，2010，30(10)：32.

人的重要性，鼓励学习者自发地为之付出努力，提高目标的认同度。四是加强学习者对教育培训效果的反馈和评估。让学习者了解自己的教育培训进展情况，提高了解培训目标的认知度，增强对教育培训目标的认同度。五是建立职业教育证书制度，充分肯定通过教育培训所得到的职业技能和知识，让学习者深刻认识到培训目标的实际价值和意义。六是树立先进典型，不断总结和推广先进经验，通过对农村职业教育良好成效的宣传刺激农村职业教育的内生需求。

总之，提高人们对教育培训目标价值的认同度需要结合宣传宣贯、提升培训水平、营造氛围、强化自我意识、建立评价等措施来全方位地展开，既可从教育机构外部环境入手，也可从内部教学环节入手，以达到提高认同度的目的，增强个体的学习热情和动力，不断推进教育培训质量的提升。

（三）创新农村职业教育组织管理机制

现代公共经济理论认为，市场是资源配置主体，但面对市场失灵的问题，政府的介入也十分必要。当前，我国农村职业教育普遍存在有效需求不足、供给不旺的现象，市场对教育资源的配置失灵，政府的介入显得十分必要。应该充分发挥政府的主导作用，改革农村职业教育管理体制，改变目前多头管理与资源分散的现象，协调各主管部门及办学机构之间的利益关系，统筹农村职业教育资源，增强整体效益。

首先，在中央一级可以设立主管职业教育工作的行政管理机构，如"职业教育统筹发展管理委员会"。该机构应隶属于国务院，主要负责整个职业教育的宏观管理，并制定国家职业教育发展战略规划；负责统筹职业教育资源，协调不同部门、不同职业教育机构以及与社会之间的关系。

其次，改革现行县级职教中心管理体制，形成城乡职业教育统筹发展机制。县级职教中心的管理要坚持政府统筹，教委主管，部门联办。"职教中心应针对农村职业教育与培训中出现的问题，及时有效地采取应对措施，协调各级农村职业教育政府部门与农村职业教育培训机构之间的关系，统筹配置农村职业教育资源，并为农村职业教育的发展提供决策参考和咨询服务"[①]，建立统一的城乡职业教育体制，同时为职业教育的顺利开展制定具体方略。

---

① 李娜.精准扶贫战略下江西农村职业教育发展研究［D］.南昌：江西科技师范大学，2018：30.

最后,"借鉴国外设立专门职业教育研究中心的方法,如德国联邦职业教育研究中心(BIBB),可依托中华职业教育社组建国家职业教育研究中心"①,主要负责研究职业教育以及农村职业教育改革与发展过程中出现的问题,为各级农村职业教育政府部门、农村职业教育培训机构提供决策参考和咨询服务。

(四)建立多元化经费投入机制

按照"谁投资谁受益"的成本分担理论,在投资活动中,投资者是承担风险和成本的主体,因此收益权也应该归投资者所有。按照这一理论,农村职业教育应该实施学生缴费学生受益、企业出资企业受益、政府投入社会受益的体制。但是,由于农村职业教育属于准公共产品,加之政府是最大的受益者,因此应该建立政府主导,企业、社会等多方共同分担的投资体制。

一是政府主导。应强化政府的投入责任与其他责任,如将区域农村职业教育发展规划、完善管理体制、强化师资队伍建设以及重视质量评估与督导结合起来,强化政府的整体主体责任。②政府可以制定相关的职业教育规划和政策,设立专门的基金,鼓励企业和社会力量参与投资,同时出台相关的优惠政策,鼓励更多的资金投入农村职业教育中。各级政府要明晰各自在经费投入上的责任。中央财政应进一步加大农村职业教育的转移支付力度,同时将财政投入重点偏向中西部地区,以及县域经济困难地区。省级政府应结合区域现实情况,致力于农村职业教育专项经费的投入,同时给予中央财政的重点支持政策给予一定比例配套经费。县级政府为确保中央、省级财政转移支付如数到位,应建立村职业教育经费专户。同时政府要运用税收、补助等经济杠杆,为社会资本,尤其是企业进入农村职业教育提供良好的环境。

二是企业与农村职业教育的合作。企业可以根据自身需求和农村地区的特色和优势,与当地政府合作,建立职业教育培训中心,为当地劳动力提供培训和技能提升的机会,同时为企业提供符合其需求的人才素质的保障。企业可以提供投资资金、师资力量、实践基地等资源,与农村职业教育机构共同合作,共同投资,共同发展。

三是建立社会捐赠和资助机制。社会组织和个人可以通过捐献或资助的

---

① 景琴玲. 我国农业职业教育发展模式研究[D]. 杨凌:西北农林科技大学,2012:106.
② 唐智彬. 信息化背景下农村职业教育办学模式的改革[J]. 教育发展研究,2014,34(1):55.

方式参与农村职业教育的投资，为学生提供奖学金或优惠价格的培训机会，帮助困难学生提升技能水平。政府可以通过税收政策、财政补助等方式，为捐赠和资助创造条件，保证活动的稳定性和可持续性，凝聚社会力量共同参与职业教育事业的投资。

四是建立投资回报机制，保证投资收益。政府可以为参与农村职业教育投资的企业和社会组织提供一定比例的投资回报机制，鼓励更多的社会力量参与农村职业教育领域，同时也可以更好地保障企业和社会组织的资金投入的安全性。这样既能保障投资人的利益，也能加强投资的吸引力和稳定性，更好地促进农村职业教育的改革和发展。

总之，实现政府主导，企业、社会等多方共同分担的投资体制，需要政府、企业、社会各方面的共同努力和合作，这样才能真正推动农村职业教育事业的持续发展。

（五）构建农村职业教育激励和约束机制

农村职业教育激励和约束机制的建立是基于激励理论和契约理论的实践应用。农村职业教育校企深度合作，需要政府发挥积极引导作用，完善校企合作激励约束机制。激励理论认为，激励是帮助员工更好地发挥工作能力和工作效率的动力因素，是人们为了更好地实现自己目标的一种行为和心理状态。约束机制则是基于契约理论的应用，在保障教育机构和教育者利益的同时，约束和规范他们的行为，促进他们更好地完成任务。激励与约束机制虽有着不同的功能，两者又是相辅相成的，缺一不可。

首先，为调动企业、社会组织以及个人参与农村职业教育的积极性，要建立有效的激励机制。在农村职业教育中，激励机制包括多种形式，例如经济奖励、职称晋升、组织荣誉、学术声誉等，这些措施可以调动教育者更积极地工作，从而提高教学质量和教育服务水平。激励机制的实施，不仅涉及受教育者和实施机构，也包括政府、企业和市场；不仅在前期导向阶段进行激励，更要在教育后期跟进中再实施一些激励强化措施。具体来说，一是通过各种类型的资格认证制度，例如实行核心农户和农业工人的绿色资格证书制度[①]，充分肯定农村职业教育成果。二是完善受教育者参与教育培训的奖

---

① 齐美怡.日本、韩国现代农业职业教育体系及其对我国的启示[D].河北科技师范学院，2014：49.

励制度，尤其要突出农村职业教育培训在转移劳动力，受培训者在招聘、用工、晋升等工作中的积极效应，营造出劳动力为了提升自身参与竞争能力而积极参与教育培训的体制环境。三是树立典型，发挥示范作用。对于在农村职业教育培训工作中的典范给予一定的精神和物质奖励，进而形成激励各方积极支持农村职业教育的长效机制。

其次，在建立激励机制的同时，要加强约束机制的完善。约束机制主要是通过政府颁布的系列法律法规，改变受教育者和教育培训机构的行动策略。约束机制主要包括监管制度、评估考核、追责问责等，旨在规范教育行为，在某种程度上确保学生和社会的权益，同时也提高教育者的责任心和服务意识，进而引导其主动参与农村职业教育培训中。具体来说，一是制定规章制度。制定教育行业规范标准，明确教育行业重点工作标准，明确教师职责、权利和义务，并明确教师的违纪违规行为和处罚措施。二是完善评估考核体系。建立健全教育目标管理和考核评估体系，对教育活动、教育机构、教育者开展考核评估，对考核不合格的进行通报和问责。三是建立责任追究制度。对不符合职业道德标准和教育法律法规的行为进行追责问责，并建立举报机制，对不正当行为及时举报和查处，避免不道德行为的扩散和滋生。四是加大监管力度。建立教育监管部门，加大对教育机构和教育者的监管力度，打击教育行业中出现的各类违规违纪行为。五是推行信息公开。通过公示教师的教学成果和教师的评估结果，推行教育活动的制度化和公开化，督促教师提高教学质量。

总之，建立农村职业教育激励和约束机制，是增强教育机构和教育者的积极性，规范教育行为，实现教育目标和社会效益的必要手段。

三、增强农业职业学校自主发展能力

唯物辩证法指出，内因是事物变化发展的根本原因，外因通过内因起作用。因此，除了建设一系列有利的内外部环境之外，农业职业学校加强自身建设、提高办学水平才是农村职业教育得以持续健康发展的根本途径。

（一）明确办学定位

在新形势下，农业职业学校在办学中应该树立全面教育和终身教育理念，以农业从业人员自身持续发展需要为出发点，以农村以及整个社会进步、公平和经济发展为目标，构建以生产技能培训为主，涉及全面的个人素

质和社会生活能力的教育及培养体系。这种教育的核心目的在于不断提高农业从业人员的择业能力、就业能力和创业能力，促进农业劳动力资源合理有序流动，优化农业产业结构，提高农业劳动生产率，进而推进农村社会和整个国民经济的全面协调发展。

（二）提高办学质量

农业职业院校要树立现代职业教育质量观，认识到教育质量对学校发展的重要意义，提高教育教学质量是推进学校发展的首要任务。要实现这一目标，必须在以下方面下功夫：一是不仅要传授职业技能，更要注重学生综合素质和实践能力的培养。农村职业院校要强化职业能力教育，注重培养学生的动手能力、创新能力、实践能力、综合素质，使学生在学习期间真正获得职业技能的同时，拥有广泛的专业知识和综合素质。二是构建本校特有的教学模式、管理模式、校园文化和校风校貌。学校应该根据自身情况和特点，构建适合学校的教学模式和管理模式，通过建立本校色彩鲜明、有特色、有影响力的校园文化和校风校貌，提高教育教学品牌影响力和市场竞争力。三是积极借鉴国外保障农村职业教育质量的先进经验，实施全面质量管理。学校应该进一步开发新课程、新方法，同时加强教师队伍建设，不断更新教学理念和教育技术，实施全面质量管理，提高学校服务质量意识。四是制定新的质量评估办法或制度，灵活多样地组织开展教育教学。针对农村职业教育特点和发展需求，制定新的教育质量评估办法或制度，实施灵活多样的评估方式，确保评估结果真实可靠。五是构建完善的财务管理制度，建立教育成本控制系统。通过加强财务管理和建立教育成本控制系统，提高有限教育资源的利用率，为保证和提高教育教学质量提供充分的物质保障。

（三）调整专业设置

"农村职业教育课程专业设置应以乡村产业结构的发展变化和受教育者的身心发展水平为依据，遵循需要性及统筹性原则，因地制宜，对口乡村特色产业，以求效益最大化"。[①] 农村职业院校作为本地区农业与农村经济社会需求的服务提供者，其专业设置从根本上决定了学校的定位和发展方向。因此，"农村职业教育要因地制宜，把握特色，除传统的专业设置外，还要设置

---

① 周雨婷，姚石.乡村振兴背景下农村职业教育的困顿与转型[J].继续教育研究，2023，281（1）：87.

相关专业，支持农村通过生态园、采摘园、观光景区等形式，推进农业与旅游业、服务业等第三产业的融合"。① 在专业设置方面，需要根据本校实际情况和需求，明确学科发展方向，并与社会需求和市场需求相结合。一方面，要依托学校传统学科的优势和资源，加强人才培养，办出学校的名牌和特色专业，促进人才对农业与农村的深耕和专业化发展。另一方面，要注重率先适应市场变化，及时拓宽或新增符合需求的专业，加强产学研一体化的合作，强化校企合作，为地方经济发展提供有力的人才和技术支持。同时，学校还需要协调好主管部门发展愿望与自身办学条件的关系，更好地了解农村生产和社会服务的需求，加快结合本地区实际情况和未来发展趋势，做到长线专业与短线专业相结合，更好地促进农业与农村社会的融合发展。

（四）加快课程体系改革

目前大部分农村职业课程设置中存在着课程划分过细、专业面过窄，自成体系，相互之间缺乏应有的沟通和弹性等问题。为了贯彻第三次全国教育工作会议的"国家课程、地方课程、学校课程"三级课程管理体系要求，农村职业教育领域积极推进传统课程体系的改革，旨在构建一个与现代农业发展相适应的课程体系结构，尽可能完善农村职业教育的课程设置，确保课程体系结构的综合性与具体农业职业活动的整体性趋向一致，以培养一批既"一专多能"又具备实用性的农业人才，以满足现代农业不断发展的需求。为实现这一目标，农村职业教育机构需要在教育目标、课程设置、教材等方面进行全面调整。首先，要重新明确职业教育的目标。教育目标本身应具有行业性和引导性，既能满足市场需求，又能引导社会走向可持续发展道路。其次，应根据农业发展的不同阶段和地区的差异，合理规划和设计课程。聚焦核心课程，深入挖掘与现代农业发展紧密相关的学科和技术，明确教学内容和教学方法，使课程设置更加有效。此外，还应加强教材建设，提高教材与市场和行业的契合度和实用性。通过课程体系结构的改革，农村职业教育机构可以更好地适应现代农业的发展趋势，更好地输出有用的人才。

（五）提高教师整体素质

教师是培养高素质合格人才的关键，教师自身素质的提高是实现农村职

---

① 董莉莉，崔国富.共同富裕视域下农村教育发展振兴策略研究［J］.渤海大学学报（哲学社会科学版），2022，44（5）：96.

业教育目标的根本保证。然而，当前农村职业教育行业普遍缺乏高素质的教师。解决这一问题需要政府、学校和教师自身一起努力。就政府层面而言，应出台一系列积极的政策，以激励更多的人才来到农村职业学校任教。其中，提高农业职业院校工资待遇是关键措施之一。同时，政府可以通过各种途径，招募各行业优秀人才来到农村职业学校任教，以充实师资队伍，提高"双师型"教师队伍比例。就学校层面而言，应不断加强教师队伍建设，通过为教师提供各种进修学习机会，帮助他们进一步提高专业水平和教学能力。通过建立培训中心、开展多元化的培训项目，使教师能够不断接受新的知识和技能的培训，不断提高自身综合素质。就个人层面而言，教师也应该加强自身的继续学习，不断吸收新的专业知识，不断更新教学观念、探索和实践农村职业教育的新内容、新方法、新形式，经常参加农业生产实践，积极开展农业科研活动，密切关注教学与专业发展新动向。只有不断拓宽知识面，不断完善自身教学能力，才能更好地为促进农村职业教育的发展作出积极贡献。

第六章　当代中国农村职业教育的推进策略与功能实现

第一节　优化宏观环境：加快农村经济社会发展

农村职业教育的发展受到农村经济发展程度、人才结构、社会意识等宏观环境的制约。良好的宏观环境能够为农村职业教育提供优质的资源和有利的发展机遇，促进其可持续发展。而农村职业教育发展也能够通过提升农村人才素质、优化人才结构，为农村经济结构升级提供支持，带动农村居民的就业和收入增长，促进农村社会和谐稳定发展，为宏观环境的优化作出积极贡献。因此，要推进当代中国农村职业教育的发展，必须优化其宏观环境。

一、加快不发达地区农村经济发展

农村职业教育的发展与农业现代化、产业化及农村经济的繁荣密不可分。不同地区的农业产业结构和经济发展水平需要不同类型的农业技术人才，对农村职业教育的培养提出不同的要求。在农业与农村经济发展水平较高的地区，政府对于农村职业教育的投入力度较大，农业产业水平较高，对农业专业技术人才要求高、待遇高。反之，在经济欠发达的地区，农村职业教育往往缺乏政府资金保障，当地农业产业水平属于基础水平，对农业专业技术人才吸引力不够。有的农村职业院校因师资队伍不稳定、校园环境恶劣等问题而面临生存危机。要改变这种局面，就必须加快农业农村经济的发展，才能为农村职业教育提供必要的条件。

（一）加快实施乡村振兴战略

乡村振兴战略的实施有助于推动不发达地区的农业现代化和产业结构调整，激发农村活力和创新能力，提高农村发展质量和效益，为农村职业教育的发展奠定坚实的基础。乡村振兴战略的核心内容是农村经济振兴，主要包括以下几个方面：

一是改革并完善农村土地制度。农村土地流转是国家深化农村土地制度改革的一个核心和关键要素[①]，通过促进土地流转，能够提高资源利用效率，实现农村产业现代化。通过土地产权确权、流转手续简化等措施，推动农村土地流转，鼓励农民通过合作社等方式进行规模经营，提高农业效益和农民收入。同时，规范土地流转价格，保障农民权益，让农民有更多的土地、产业和财富保障。

二是加大对农村公共基础设施建设投入。加大农村公路、水利、供电、供水等基础设施投资，缩小城乡差距，提高农村基础设施建设水平。同时，推进信息技术与农业深度融合，在农业种植、养殖、管理策略等方面提供全面的数字化支持。

三是持续推进产业转型。以乡村旅游、生态旅游、文化旅游等产业为代表，通过推进农村经济的产业转型升级和新型农业发展，加快农村产业化和城乡产业融合。政府应加大对农村经济产业结构调整的扶持力度，推动形成以农业和非农业为主的多产业发展模式。

四是推进农业智能化、数字化、绿色化、品牌化、产业化发展。要因地制宜地加快以数字化新农村建设为重点的乡村振兴工程，积极推进农业农村数字化创新发展，探索农业智能化生产、产品数字化销售网络和第一、第二、第三产业融合发展的数字化路径。[②]强化农产品的品牌建设，扶持建设优质农产品产地和农产品质量安全监管体系，提高农产品的附加值和增强市场竞争力。同时，鼓励农村创新、创业，促进多元化的农业产业发展。

五是推动农村金融改革创新。发展小额贷款、农村互助金融、金融租赁等新型农村金融业务，提高农民贷款的便利性和可得性，缓解农村经济的资金短缺问题。

六是加大对农村人才引进支持力度。鼓励高校毕业生、知名专家、创业人才等走进农村，促进农村人才的培育和流动，推动农村产业结构的调整和升级。

---

① 曾博妍.农村土地流转行为对农户生计资本的影响研究［D］.南昌：江西财经大学，2022：2.
② 周立，陈彦羽.数字普惠金融与城乡居民收支差距：理论机制、经验证据及政策选择［J］.世界经济研究，2022，339（5）：133.

总之，实现不发达地区的农村经济振兴需要多方面的支持和合力。政府要发挥重要作用，推进政策创新；社会各界要共同参与，共同推动农村经济的发展。在全社会的共同努力下，不发达农村经济一定能够实现持续快速发展，让广大农民过上更加美好的生活。

（二）加速推进城乡统筹发展战略

城乡统筹发展意味着平衡城乡发展，打破城乡二元结构，构建和谐社会。城乡一体化发展能够促进资源共享、人才流动和经济协调发展，从而实现城乡区域的互补发展，达到优化资源配置的效果。此外，城乡统筹发展还有助于缩小城乡差距，解决农民问题，提升农民生活水平，让城乡居民共享改革发展成果。在推动全面建设社会主义现代化国家的过程中，城乡统筹发展不仅是一项必要的任务，也是切实落实人民对美好生活的向往。目前，城乡发展不平衡已经成为制约中国社会全面进步的重要因素，加速实施城乡统筹发展至关重要。要加速实施城乡统筹发展，需要采取以下措施：

一是逐步增加财政投入。政府应加大对不发达地区农村经济的财政资金投入，同时逐步深入地改革现行制度与机制，优化财税体制建设，妥善实施组合政策，从而推进城乡发展均衡。

二是强化基础设施建设。公路、电力、水利等基础设施是推动城乡统筹发展的重要支撑，政府应不断扩大适度规模的农村基础设施建设投入，制定和完善农村基础设施建设规划，缩小城乡发展差距，提升农村公共服务水平。

三是建设城乡统筹的社会化服务体系包括教育、医疗、文化、社会保障、家政服务等方面。在教育方面，要加强农村师资队伍建设，提高农村教育质量，并推进城乡学校一体化发展，提高贫困地区的教育资源水平。在医疗方面，要推进医疗卫生服务体系的建设，加强基层医疗卫生系统建设，加快推进县级医疗卫生机构基本医疗保险制度建设。在文化和旅游方面，要加强对乡村文化和民俗的保护和挖掘，同时大力发展特色旅游，推进城乡文化旅游一体化发展，为城乡居民提供丰富的文化娱乐活动。社会保障方面，加大农村居民养老保险和医疗保险的覆盖率，同时，为城乡居民提供更加周到的社会保障服务。在家政服务方面，为城乡居民提供方便、高效的家政服务，打破城乡服务不平衡的现状，增加居民的选择。

四是加强城乡信息化建设。信息化建设提高了城乡交流合作的水平，强化了城乡经济的互动和联系。政府应加强对不发达地区的信息化建设，推动城乡信息化的互通有无，促进信息资源共享，从而推进城乡统筹发展。目前"国家及地方政府先后实施优质教育资源城乡信息化共享工程建设，'农远工程'已普及城乡学校，慕课等大型在线学习平台不断涌现，上海、江苏等省份推广云课堂城乡协同一体化教学模式，从'校校通'走向'班班通'再走向'生生通'，逐步实现城乡互联网互惠普及和全方位覆盖"。①

总之，实施城乡统筹发展是中国全面建设社会主义现代化国家的必然要求，也是中国未来实现全面发展的重要任务。政府应加大对不发达地区农村经济发展的支持力度，采取多种措施和手段，逐步理顺城乡发展体制机制，推动中国城乡经济的均衡发展。

二、推动发达地区的农业科技发展

发达地区农业科技发展和农村职业教育密切相关。发达地区农业科技发展已经形成了一套成熟的农业生产模式和现代化的生产设备。而这些新技术和设备的应用需要高素质、高技能的农村人才来完成。这就需要通过农村职业教育，培养出掌握相关技能的优秀农村人才，帮助农民提高劳动生产率，并推动农业现代化进程。另外，农村职业教育的发展也需要农业科技的支撑，农业科技的创新和应用，为农村职业教育提供必要的技术和知识支持，使其能够更好地服务于现代农业和农村发展。现代农业发展需要科技的支撑。只有借助现代科技手段，才能实现高效、高产和优质的农业生产。科技创新还可以提高农业资源利用效率和节约农业生产成本，达到高质量、可持续的农业发展。在推动农村职业教育发展的同时，也必须重视农业科技的创新和应用，加大农业科技投入，打造可持续的现代化农业发展模式，为农村经济的腾飞提供坚实的技术支撑。

（一）改革体制机制，做好顶层设计

改革农业科技发展的体制机制，做好顶层设计，需要多方协同，通过政策支持、技术创新、评估机制等层面的改革，实现创新源头、研发体系、技术应用、产业化链的协同推进，不断提升农业科技水平，为现代化的农业发展提供强有力的支撑。具体而言，可从以下几方面着手：

---

① 张济洲，黄书光. 隐蔽的再生产：教育公平的影响机制：基于城乡不同阶层学生互联网使用偏好的实证研究［J］. 中国电化教育，2018，382（11）：19.

一是推进科技创新体制机制改革。提出并完善科技创新体制机制改革方案，通过改革机构、管理、评价和激励等方面，优化农业科技创新产业链条，搭建产学研用服务平台，鼓励科学家创新思考，增强科技创新的源头活力和创业意识。

二是强化政策支持。制定和出台有针对性的政策和措施，通过科技支持、税收激励、金融支持等创新手段，增强农业科技的市场竞争力，吸引更多的人才和资金投入农业科技领域，推进农业科技的深度应用和转化。

三是建立多方合作机制。政府、企业、科研机构、农民等多方共同参与，共同制定农业科技发展的规划和目标，建立协同推进的合作机制，形成政府引导、企业主体、市场导向、农民参与的发展格局。建立产学研用协同创新机制，引导并鼓励各方围绕农业需求开展跨行业、跨领域、跨机构的联合研究。

四是完善评价机制。通过评价机制的完善，广泛动员各方面的力量，全面评估农业科技创新能力和创新质量，为科技项目的设计、管理、资助以及转化应用提供科学依据。同时，为了促进科技成果转化和产业化，建立高效且透明的研究评价和成果转化测评机制，鼓励和支持更多的科研成果落地。

五是加强农业科技人才队伍建设。建立健全的农业科技人才队伍体系，在选拔、培养、评价和使用等方面采取积极措施，引进和激励优秀科技人才，提高农业科技人才的实践能力和创新水平，以推动农业科技的深入发展。

（二）加大投入力度，夯实物质基础

按照"谁受益，谁负责"的原则，国家和社会作为农村职业教育的两大主要受益主体，应该在经费投入方面承担更多的责任，但现实情况是，"与城市相比，农村一直缺少足够的教育经费支持，政府投入不足影响了农村职业教育和培训职能的发挥，导致职业教育和培训始终力不从心，成为长期困扰农村职业教育的难题"。[①] 同时，由于农村职业教育投入大、周期长、见效慢，社会力量也缺乏投资兴趣。农业发达国家的发展经验告诉我们：促进农村职业教育发展最直接、最有效、最快捷的方式就是加大政府和社会资金的有效投入力度。为此，必须建立健全以政府为主导的能够吸引社会各界广泛参与的资本投入机制。

---

① 宋亦芳.建立职业教育和培训灵活学习制度［J］.中国职业技术教育，2014，529（21）：121.

第一,建立政府引导下的市场运作机制。政府应该发挥引导作用,通过市场机制来吸引多元化的投资主体参与农村职业教育和农业科技的发展。政府可以组织股份认购活动,将部分职业教育发展和农业科技建设项目投资转化为股份认购,允许不同投资主体按照自己的需求和能力参与股份认购,实现多元化的投资主体参与。此外,政府还可以给予优惠政策和开展基础设施建设等支持,以吸引更多投资主体参与投资。

第二,明确投资责任和规范投资行为。在股份认购之前,应当明确投资责任和规范投资行为,以保障投资的稳定性和长期性以及各方面的利益。投资主体应当明确自己的投资责任,包括资金投入、遵守运营规定、公开财务信息等。同时,投资主体以合法合规的方式运作,遵从社会道德和道德规范,避免短期利益行为和不良企图。政府应该加强监管,制定相关法规并及时调整,就短期利益行为和不良企图进行严格查处。

第三,政府和市场主体各司其职。政府投资主体应主要致力于公益建设领域政府投资应以发展公益建设领域为首要目标,主要投入职业教育和农业科技建设等方面。政府投资可以起到重要的推动作用,在公益建设领域开展政府、投资公司等多方合作,吸引更多的不同投资主体参与,共同承担风险和责任。企业、投资公司等市场主体负责提供各种资金,包括生产成本、技术研发成本和市场成本,通过市场运行获得收益。收益的分配应分为可分配利益和发展基金两个部分。可分配利益由企业自由支配,发展基金所有权归企业所有,并要求其必须用于农村职业教育与农业科技发展的再投资。

第四,建立透明、可靠、有监管的机制。在建立股份认购机制的同时,应建立透明、可靠、有效的监管机制,使投资方的利益得到保护和实现。该机制应包括信息披露、监管标准和审核程序等内容,监管力度必须加大,以确保所有投资主体的投资行为符合公正、公平和规范原则。政府和监管部门应加强对股份认购机制的监管和控制,保障投资主体的合法权益。

第五,加强宣传和动员。加强宣传和动员是吸引更多投资主体参与股份认购的关键。应充分宣传农村职业教育发展和农业科技建设项目的重要性和必要性,增加公众对投资的认知和理解。同时,要开展各种形式的宣传活动,积极引导潜在投资主体参与股份认购。在招募和选拔投资主体时,政府机关和社会团体可以采用公平、透明的方式,避免因为主观因素导致选择不公。

（三）构建农科教产业链，发展农村特色产业

随着农村社会改革的深入，农村职业教育和农业科技必将逐渐走向市场化。为了适应这一变化，农村职业教育和农业科技体系需要在自身层面上寻求改变，其中构建"农科教"产业链机制和大力发展农村特色产业是有效的措施之一。

"农科教"产业链机制主要是通过政府协调或市场引导，将科研院所、农业生产基地和相关企业联合起来，一起发展农业生产。[①] 在这一体系中，科研院所提供技术、培养人才并为农民进行职业技术培训，企业提供资金投入和负责拓展市场，生产基地起着示范和带动作用，三者形成了责任明确、分工合理、利益均衡的"农科教"三元合作体系。这种"三位一体"合作关系可以让科研成果能够快速转化为生产力，并由企业将农产品快速带入市场流通体系，农民能够真正体验到农业产业化带来的实惠，从而充分调动他们的积极性。

在构建"农科教"产业链机制时，重点在于建设具有特色的农产品生产基地。需要结合当地的地理位置和市场需求，因地制宜，调整农产品种植和养殖结构，大力发展名优特新的农产品，打造优质农产品生产基地，并形成"一地一品""一乡一品"的农业生产经营格局。特色农业基地是"农科教"产业链的起始点，在提高该体系的运行效率和带动农村经济发展方面发挥着至关重要的作用。

三、营造良好的社会氛围

可以看到，在培养新生代农民的过程中，农村职业教育发挥着至关重要的作用，但是农村职业教育的发展又离不开良好的发展氛围，良好的发展氛围主要包括农村职业教育内部的发展氛围和外在的社会舆论氛围两个方面。

（一）营造良好的农村职业教育内部发展氛围

农村职业教育内部发展氛围是指在农村职业教育体系内，建立一种积极向上、创新发展、共同进步的学术氛围与教育文化。这种氛围包括教学和管理人员融洽的工作关系、支持和鼓励教师进行教学创新的机制、为学生提供良好学习生活环境的设施、课程设置和教材质量的提高等因素，共同形成一

[①] 丁彦. 农村职业教育对农业科技发展的作用研究 [D]. 长沙：湖南农业大学，2015：119.

个积极的教育氛围，推动农村职业教育的发展。

第一，建设融洽的工作氛围。在农村职业教育中，教师和管理人员之间不仅要建立良好的工作关系，还要互相支持，共同进步。学校可以采取一些措施，如定期举行教师座谈会、职工文艺比赛等活动，增强师生之间的情感联系；鼓励教师与同行合作、交流，相互学习，提升教育教学质量。

第二，支持教师进行教学创新。支持教师进行教学创新是农村职业教育内部发展氛围的重要组成部分。学校可以为教师提供专业培训、学术交流平台、科研推广支持等资源，鼓励教师参与教学研究，提高教学实践能力，进而推进教学改革和创新，为农村产业发展培养更多的人才。学校要出台措施，课程设计要结合农业生产实际，侧重学习当地产业发展急需的知识和技能。授课形式上，把专业课堂搬到乡镇和农场、养殖场，方便学员上学，解决生产实际问题。"[1]

第三，提供舒适的教育生活环境。提供良好的教育生活环境，意味着要为农村职业教育学生提供舒适、安全、卫生和健康的学习环境。学校可以优化校园环境、改善宿舍条件、提供文化娱乐设施等措施，让学生感到舒适和满足，有助于提升他们的学习积极性和创造力。

第四，优化课程设置和提高教材质量。课程设置和教材质量对农村职业教育教学质量起着至关重要的作用。科学、实用的课程体系和高度专业化的教材，能够丰富和改进教育的内容和方式，从而提高学生的学习效果和成绩。学校可以采用多种方式，如课程评估机制、引入市场需求、培育学科带头人等措施，提高课程设置和教材质量，让教育更加实用行之有效，让学生能够更快更好地适应工作需求。此外，应编写乡土教材，增强农村职业教育的针对性和实效性。[2]

综上所述，营造良好的农村职业教育内部发展氛围对促进农村职业教育发展具有重要意义，能够提高教学成果和学校吸引力，吸引更多的学生和教育人才从事农村从事职业教育事业。

（二）创造良好的社会舆论氛围

农村职业教育是帮助农村学生获取就业与生计技能的重要途径。然而，

---

[1] 魏明，郝理想.农村职业教育发展的现实诉求与实践教学创新[J].中国职业技术教育，2011，433（33）：56.

[2] 牛克敏.农村职业教育存在的问题和发展路径研究[J].中国报业，2019，463（6）：25.

由于农村地区整体教育水平偏低,媒体普遍忽视农村职业教育这一领域,往往会导致农村对职业教育的缺乏认知。这样的局面不仅限制了农村职业教育的发展,也影响了农村居民对职业教育的信任和重视。因此,为了推动农村职业教育的普及与发展,我们需要营造良好的社会舆论氛围,让农村居民充分了解和认识到职业教育对其生活以及经济发展的影响。良好的舆论氛围可以促进社会对农村职业教育的认可,在教育机构、教师和学生中建立更强的自信心和动力,促进农村就业和经济发展的可持续性。只有营造良好的社会舆论氛围,才能在社会各界共同努力下,让农村职业教育得到更好的发展和支持。

首先,要建构特色话语体系,大力宣传农村职业教育的重要性。要联系农村职业教育和乡村居民的实际经济利益,构建一套内容清晰、价值指向明确及逻辑严密的宣传农村职业教育发展的话语体系。① "可以借助网络、媒体、社区等来进行农村职业教育宣传工作,让大众认识到农村职业教育的办学宗旨、办学优势及其功能"。② 政府可以通过电视广告、宣传栏、社交媒体、专题宣传片等多种渠道向社会传递农村职业教育的信息。媒体也应该加强对农村职业教育的跟踪报道和正向评价,提高其新闻报道的质量和增加数量,让公众对农村职业教育有更加全面和深入的认识。农村职业教育学校可以利用校内广播、学校网站、学校开放日等途径,让更多的人了解农村职业教育。

其次,大力弘扬农村职业教育的优秀品质和成就。农村职业教育中不乏有一些优秀学校和优秀教师。这些学校和教师在推动农村职业教育发展方面有着突出的贡献。政府和媒体可以通过多种方式,如了解一些先进的案例、访谈优秀的教师和学生、举办职业技能大赛等形式来弘扬农村职业教育中的优秀品质和成就,并将这些先进经验和做法向社会宣传和推广。有经验的农村职业教育学校应该用各种途径向公众宣传自己的成功案例,并且加强与其他学校的交流,分享方法和经验。

第三,树立农村职业教育的品牌。教育质量是树立品牌的首要条件,只有教育质量过硬,才能让学校得到广泛的赞誉和认可;要在发展中突出自身的特色,才能形成广泛的品牌竞争力。品牌的形成离不开有效的宣传和推

---

① 邓草心,宁爱华,谭伟冰.乡村振兴战略下农村职业教育治理的价值刍议与路径选择[J].教育观察,2023,12(10):9.
② 布俊峰.农村职业教育发展的现实困境及实践路径[J].农业经济,2022,423(7):108.

广,需要通过多种渠道向社会宣传农村职业教育的品牌形象和特色,可采取校园招生、网络宣传、媒体报道等多种方式,积极介绍学校的条件、优势、特色和成果,激发社会的关注和认可;可以从品牌标志、品牌文化、品牌服务、品牌形象、品牌实力等方面进行品牌建设,通过标准化管理、品牌培育、品牌评估等方法,不断提升品牌的形象和影响力。

总之,创造良好的社会舆论氛围,应在提高自身办学质量的基础上,综合运用各种现代传媒技术,大力宣传农业技能型人才在农村经济社会发展中所发挥的重要作用以及农村职业教育的重要地位,建设和宣传特色品牌,提升全社会对农村职业教育的重视程度,改变只重学历教育的陈旧观念,在社会中形成重视农村职业技能教育的新风尚。

第二节 营造社区氛围:大力发展社区教育

社区教育和农村职业教育有着密切的联系和互动。社区教育是指以社区为基础,以居民为主体的非正式教育,旨在提高社区居民的综合素质和生活质量。而农村职业教育是指针对农村地区的特点和需求,培养农村从业人员和劳动力后备军的一种职业教育。

社区教育可以为农村职业教育提供一定的支持和帮助。社区教育可以为农村居民提供一些基础教育和职业技能教育,为他们提供更好的就业和发展机会,从而增加他们对农村地区经济社会发展的贡献。社区教育还可以作为农村职业教育的补充,弥补农村职业教育资源的不足,为那些没有机会接受正规教育的人提供更多的培训机会。"农村社区教育中开展的各种形式的职业技能培训,对顺利实现农业人口向非农产业转移、促进农民就业、增加农民家庭收入作用显著"。①

同时,农村职业教育也可以为社区教育注入新的活力和推动力。农村职业教育可以通过科技创新、新领域新技术应用等方式,为社区教育提供更多的创新技术和教育方式。农村职业教育也可以为社区教育提供更多的人才支持,通过培育农村职业教育专业人士,为社区教育输送更多教育资源和劳动

---

① 张胜军,陈方.保障农村社区教育的公益性[J].江苏大学学报(社会科学版),2020,22(2):40.

力资源。

因此，社区教育和农村职业教育之间的联系是非常紧密的。它们之间的互动和合作，都有利于提高农村地区的教育质量和人才素质，以及促进农村发展和经济繁荣。

一、农村社区教育的重要作用

发展社区教育对于农村职业教育的发展具有极其重要的意义。社区教育可以为农村职业教育提供基础教育支持、职业技能教育支持、资源共享支持和教育文化传承支持等方面的帮助。这将有助于提升农村职业教育的教育质量，扩大职业教育领域的覆盖范围，提高学生的职业技能水平和文化认识水平，同时也将为农村地区的可持续发展作出贡献。社区教育和农村职业教育的合作将能够更好地服务于农村地区的教育发展和经济发展。

（一）基础教育支持

基础教育补习和辅导课程是社区教育支持农村职业教育的重要方式。农村职业教育学生普遍基础薄弱，存在着大量的学科差距。因此，社区教育可以给予学生必要的补课和辅导，帮助他们填补在基础学科方面的缺陷。此外，社区教育机构也可以开设自己的教学计划，创造更具针对性的教学模式，更好地弥补学生的教育空白，提升学生的学习能力、综合素质和职业技能。例如，在现代社会中，英语已经成为重要的职业技能之一，因此，社区教育机构可以特别开设英语课程，帮助农村职业教育学生提高英语水平，为他们以后的职业发展打下坚实的基础。

现代科技手段的应用也可以为农村学生提供更多的优质教育资源，其中社区教育可以发挥其重要作用。社区教育机构可以利用网络、教育软件等现代技术手段，为农村职业教育学生提供更加全面的教育资源。同时，社区教育也可以通过在线教育的方式，减轻农村学生因地点或距离的限制所面临的学习难题。例如，利用在线学习平台，可以为农村职业教育学生提供互动学习、学科教学、职业指导、社交培训等多种教育服务。这样，社区教育就可以有效地降低农村职业教育的教育成本，增强教育效果。

（二）职业技能教育支持

社区教育也可以根据本地职业教育和劳动力市场的需求，为学生提供基本职业技能培训，以满足他们未来职业生涯的需求。

社区教育可以在职业培训和实训机会方面提供支持。农村社区教育不仅包括基础教育和成人教育，还包括职业技能教育等，其教育对象是该区域内的全部成员。[①] 职业培训项目可以根据当地农村企业的需求进行安排，以确保学生能够掌握所需的实用职业技能。在农村地区推出适合当地需求的职业技能培训项目，不仅可以帮助学生提高实际能力，也可以为当地农村企业提供合格的劳动力。而在职业培训的范畴中，甚至可以进一步细分。例如，有些地区的农村职业教育学生需要掌握特定的农业种植技术，可以针对他们定向安排相应的农业技术培训课程。通过这种方式，学生可以更好地掌握适合自身发展的职业技能，同时也可以提高当地农业生产力。

社区教育能够同当地的职业技能培训机构携手合作，共同开发职业技能课程。这种合作方式可以减少资源浪费，例如，双方可以合作利用现有教学设施和师资力量，开设实验室和培训基地，定期开展现场实训等，从而为学生提供更加全面、具体、专业的培训。此外，这种合作方式还能为当地提供更完整、更多元的教育资源，推进教育和职业发展的信息化和智能化。

综上，社区教育应根据当地的职业教育和劳动力市场需求，为学生提供有助于他们成功就业的职业技能培训。在某些方面相辅相成的合作模式下，社区教育可使其教育资源更为丰富多元，助力学生顺利实现职业发展和人生目标。

（三）资源共享支持

为了更好地促进农村职业教育的发展，社区教育机构与农村职业教育机构可以通过资源共享来实现合作。资源共享的方式是指社区教育机构与农村职业教育机构之间建立紧密的联系，重点在教学资源共享、职业导向、师资资源共享、教学设备和用具共享、实践机会共享等方面。这一共享方式可以为农村职业教育机构提供优质的教育资源和更多的发展机会，有利于提高农村职业教育的教育水平和教育质量，使更多的农村学生能够接受高质量的职业教育和培训。

首先，社区教育机构可以提供具有专业知识和教学经验的教师资源。社

---

① 尚靖君.基于新农村建设的农村社区教育发展思考[J].继续教育研究，2016，219（11）：88.

区教育机构的教师一直是受到高度重视的群体，并且在他们的教学实践中具备了丰富的经验和技能。这些教师可以向农村职业教育机构提供课程设计、教材开发和国家课程体系等重要教学资源，为农村职业教育学生提供更加全面和实用的教育服务。在这个过程中，需要社区教育机构加强对教师职业发展的支持和培训，以使其具有更加专业和有利于学生发展的技能。

其次，社区教育机构可以向农村职业教育机构提供实践机会和设备材料。为让农村职业教育学生能够更好地掌握课程中所授予的技能和知识，需要提供实践机会。而社区教育机构可以利用其资源优势，向农村职业教育机构提供实践机会，使学生能够具备实践技能和实际操作能力。同时，社区教育机构也可以向农村职业教育机构提供设备和材料，满足他们在教学和实践活动中的需要，为农村职业教育学生提供更好的教育服务。

再次，社区教育机构也可以帮助农村职业教育机构指引职业导向，根据市场需求和学生选择倾向，为农村职业教育机构提供职业教育与培训的指导和建议。职业导向不仅帮助学生更好地理解自己的价值和人生目标，更是打通职业教育与市场之间的桥梁，为学生的职业发展提供更多的帮助和契机。社区教育机构可以通过调研市场需求、分析职业趋势、开设职业课程等方式，为农村职业教育机构提供更有效的职业导向服务。

最后，社区教育机构还可以向农村职业教育机构提供更多的培训和管理支持。社区教育机构可以为农村职业教育机构提供教师培训、咨询和管理支持，以提高他们的教育质量和教育效果。社区教育机构可以与农村职业教育机构共同探讨并解决教育发展中的问题，建立职业教育的合作机制，充分利用社区教育机构的优势，确保农村职业教育与社会发展相互融合，为学生提供更好的未来发展和职业选择。

总之，社区教育机构可以为农村职业教育机构提供教育资源共享和支持服务，以达到优化教育环境、提高教育质量和教育效率的目标。这种模式不仅为农村职业教育学生提供更好的教育服务，而且也为社区教育机构拓展了教育市场和服务领域，有利于二者共同成长与发展。政府也应该加大对该模式下的教育工作的政策和资金的支持，推进社区教育与农村职业教育的融合。

（四）教育文化传承支持

农村职业教育面临的一个重要问题是，教学和培训容易陷入单一的职业技能教育中，而忽视了培养学生对文化和传统的了解和认同。如此一来，农村职业教育就难以实现长远和可持续的发展。"农村社区教育则肩负着传承和提升农村优秀文化的任务，一方面它积极传承与发扬乡村优良的家风民俗，另一方面又不断剔除不科学的陈规陋习，确保健康、科学的乡村文明得以延续"①，为农村职业教育提供更多文化服务支持。

首先，社区教育机构可积极运用先进的媒体技术和平台为农村职业教育学生提供在线文化资源。通过在专业知识和在线平台方面积极合作，在更广泛的层面上提供文化教育和传承。这种对接更便于农村职业教育机构和农村学生进一步了解和认识自己的文化背景和历史传统，并进一步推动文化传承和发扬。这些资源可以包括访谈、音频文件和影像制作，以及丰富多彩的线上课程和实习安排，以帮助学生更好地了解传统文化、民间艺术和乡村生活价值观。

其次，社区教育机构与当地政府和学校机构联合开展文化论坛和讲座，促进学生文化阅读和练习的发展。这种模式可使农村职业教育机构的学生与当地艺术家、文学家和专业人士紧密联系。在促进学校知识和专业技能丰富化的同时，也实现了文化传承的多样性。

再次，社区教育机构可以建立专业的文化工作室，帮助指导农村学生学习更多的传统手工艺技能和其他文化领域技能。这些工作室在设计、音乐、美术和手工艺术方面的学习都可以帮助学生增强对自身文化背景的认知，并激发出学生的创新精神和聪明才智。培养这些职业技能的更重要目的是，促进农村职业教育学生对自己的文化背景有更深刻的理解，从而增强其对文化传承价值和重要性的认知。

最后，社区教育机构还可以支持学校组织文化节或文化展览，以增强学生对文化的兴趣和信心。无论是在校内还是在社区内举办的文化节或文化展览，都可以为农村职业教育机构的文化传承和发展提供新的思路和方法。农村职业教育机构开展文化节或文化展览活动，将引领民众通过现场展示和现场表演，方式包括诗歌，歌曲和舞蹈等方式，将当地文化价值和艺术传承的价值发挥到最大程度。

总之，通过充分发挥社区教育机构在文化传承和扩展方面的专业技能和学术资源优势，可以让农村职业教育机构和学生更好地了解文化背景和历史传统，从而更有效地提高学生的文化素养和职业技能，使农村职业教育更加

---

① 林春成.农村社区教育助推乡村振兴的思考［J］.福建广播电视大学学报，2020，141（3）：31.

可持续发展和长远发展。

二、农村社区教育的方向和原则

农村社区教育的发展必须遵循服务农村发展、推广现代化教育模式、全面素质教育、骨干带动、乡贤配合和与社区融为一体的方向和原则。

（一）服务农村发展

农村社区教育必须以服务农村发展为导向，紧密结合当地产业和社会需求，培养和提升农民的职业技能和创新能力，促进农村产业升级和经济发展。为实现这一目标，农村社区教育应该与当地企业合作，定期开展企业内部培训或设置职业学校，将培训与招聘、用工紧密结合；还可以引进一些高科技产业，开展技术交流和培训，提高农村青年和农民的创新能力。此外，将职业教育与农村文化教育相结合，可进一步提高农民的职业素养，推动农村产业升级和经济发展。

（二）推广现代化教育模式

农村社区教育应该在教学内容、教学手段和教学方式上不断创新和改进，应用现代化的教育技术，网络教育和移动教育等，使其更加普及、便利、高效。为实现这一目标，农村社区教育可以引入在线教学、线下实践、互动交流等多种教学方式，同时注重提高教师的教学水平，采用多元化的教学手段和教学资源，提高教学效果，不断激发学生学习的兴趣和积极性，促进学生全面发展。

（三）坚持全面素质教育

农村社区教育应该注重培养学生全面发展，重视学生的文化基础和启蒙教育，加强职业素养的培养和提升，注重学生思维能力、动手能力和综合素质的培养。为实现这一目标，农村社区教育应该注重多元化的教育方式，如通过开展课外活动和社区服务等方式，引导学生关注并参与社区事务；同时，在教学中注重提高学生实践技能，采取灵活多样的教学方式，增强学生的动手能力，提高学生将所学知识应用到实际生活中的能力。

（四）骨干带动，乡贤配合

农村社区教育应该注重培养优秀的教师和骨干力量，营造良好的教学氛围。同时，要发挥乡贤等村民精英在农村社区教育的带头作用，形成合力。为实现这一目标，农村社区教育应该加强教师的专业培训和技术指导，提高他们的教学质量和水平，同时注重提高教师自身的素质；引导教师与乡贤、社区领袖等作为学生的服务导师，对学生的教育与指导作出重要的贡献；此外，还应该建立起一套考核与评估机制，制定激励政策，以鼓励教师尽职尽责，并为农村教育设立标杆，形成良性竞争和协同发展。

（五）与社区融为一体

农村社区教育应该与当地社区紧密结合，充分利用社区资源，注重与家长沟通，加强学生家庭教育，提高农民文化素质和生活质量，促进社会和谐稳定。为实现这一目标，农村社区教育应该与社区机构建立紧密的联系，合作共同推进社区文化、教育、娱乐等各项事业，积极开展学生社区服务活动；与家长加强沟通，形成良好的教育生态环境，让家庭教育更加注重培育学生的全面素质，促进学生更好地发展；此外，教育和社区、家庭联动，共同致力于提高农民文化素质、社会文明素质和道德水平，促进当地社会和谐稳定。

三、农村社区教育的发展策略

（一）加强体制机制建设

农村社区教育要切实坚持党的领导。推行党委领导、政府负责、教育部门主管、相关部门配合的农村社区教育领导体制。紧密加强与农业、科技、扶贫、劳动等部门的合作，共同培养新型农业经营主体。"建立和完善社会积极参与、社区自主活动、市场有效介入、群众广泛参与的农村社区教育运行机制[①]，推动农村社区教育由农业实用技术培训向文化生活、就业创业、职业技术培训转轨"；由关注农村经济建设向精神文明、物质文明建设两手抓转轨。坚持以服务发展为宗旨，以促进就业创业为导向，以丰富农村居民精神文化生活为核心，整合资源，拓宽办学渠道，全面增强农村社区教育办学活力与服务能力。

---

① 李金宝，王立，杨菊.新型城镇化建设过程中农村社区教育实施策略研究［J］.集宁师范学院学报，2018，40（1）：113.

农村社区教育的体制建设必须明确责任主体。2016年，教育部等九部门发布《关于进一步推进社区教育发展的意见》，明确了推动农村社区教育发展的责任主体为：党委领导、政府统筹、教育部门主管、相关部门配合、社会积极支持、社区自主活动、市场有效介入、群众广泛参与。尽管政府已承担了推进农村社区教育的主体责任，但由于缺乏配套政策和制度的支撑，责任主体并未得到明确，导致目前形成了政府多头管理、职能重叠的局面。为了解决这一实际问题，政府要积极推进职能转变，创新农村社区教育管理体制，建立宏观管理机构，全面领导、规划、协调和统筹农村社区教育工作，并将农村社区教育纳入各级政府经济社会发展规划。进一步明晰农村社区教育的责任主体，明确政府、社区、居民三者的边界及职责关系，建立全覆盖的多层次、开放性、立体化社区学习服务体系，建立农村社区教育管理协商机制，立足于集体协商、共同决策、咨询和监督等形式，推动多主体共同参与社区教育的公共治理"[①]。一方面，统一协调参与农村社区教育管理的政府各部门的关系，明确其责任和职能定位，通过建立长效协商合作机制和目标责任机制，形成政府各部门齐抓共管、通力合作、共同推进农村社区教育发展的良好局面。另一方面，政府要通过制定和完善相关政策法规和办法，通过购买服务、财税激励等市场调节手段，发挥市场在资源配置方面的作用，积极引导社会各方面的资金、智力等资源参与农村社区教育的建设。与此同时，农村社区教育各参与主体发挥积极作用，培育合作伙伴关系，形成助推农村社区教育发展的众志成城的氛围和环境。政府、社会和农民等主体应加强合作，建立协调机制，搭建多方平等、互动沟通的平台，形成动态、民主和开放的农村社区教育发展共同体，以全方位、多层次的方式推动农村社区教育的健康发展。

（二）加大资金投入力度

除了完善管理体制，资金投入也是农村社区教育得以发展的重要环节。当前，不平等的分配制度导致国家对农村社区教育资金投入不足，阻碍农村平等的分享利用社会公共资源。[②]许多农村社区教育仍存在基础设施不足、教学条件差等问题，这对于教育教学质量的提升构成了一定的阻碍。因此，应

---

① 朱敏慧.乡村振兴战略背景下社区教育供给路径与策略[J].职业教育（中旬刊），2021，20（12）：12.

② 石颖.广西农村社区教育教师队伍建设研究[D].桂林：广西师范大学，2016：31.

高度重视，不断加大农村社区教育财政投入，着力改善办学条件，为农村社区教育发展提供坚实的物质基础。

此外，应推进农村社区教育融资体制改革，逐步建立健全农村社区教育财政投入、社会捐赠、用人单位、学员个人合理分担的投入机制，实现专款专用。对于那些经济条件相对落后的地区，政府可以适当地提供更多的财政支持。一方面，可以大胆探索以政府购买服务的方式，开展农村社区教育，将教育服务的供给和需求相结合起来，提升受众群体的接受度和参与度。另一方面，可以鼓励社会团体、企业积极投身农村社区教育建设，引导城市工商资本参与进来，增强农村社区教育建设的多元化和多样性。

最后，应开展多元办学渠道，增加办学多样性，提高教育公平性。政府可以探索农村社区教育运营新模式，如通过与高等院校、职业技术学校、非营利性机构等合作，引入更多优质教育资源，并逐渐打造一批具有一定规模和覆盖范围的农村社区教育品牌，促进农村社区教育资源的优化整合和高效使用。

（三）加强师资队伍建设

师资队伍的规模与水平是决定农村社区教育发展质量的要素。加强农村社区教育师资队伍建设，是实现农村社区教育可持续发展的关键。目前，"农村社区教育队伍整体呈现专职不足、兼职和志愿者流动性较大的特点，专业化师资队伍远远不能满足农村社区教育的发展要求"[①]，必须花大力气通过多种途径加强农村社区教育师资队伍建设。

一是要足额配备结构合理的师资队伍。要充分发挥社会团体、社区人员、志愿者组织的力量，采取专职和兼职相结合、引进和自主培养相结合的模式来配备和壮大农村社区教育师资队伍。要特别重视选配协调组织能力强、工作热情高的青年教师补充到专职队伍中来，在职称评聘、工资晋升等方面享受与当地中小学教师同等待遇，在岗位设定、专业考核、任用管理等方面，履行与当地中小学教师同等的义务。同时，鼓励引导中小学（幼儿园）教师以兼职教师的身份参与农村社区教育。还要学会"就地取材"，吸引一批有一定影响力和农业技能的优秀人才担任兼职教师。

---

① 聂玉霞，汪圣.乡村振兴视域下农村社区教育的实践理路、现实困境及优化策略［J］.教育与职业，2022，1010（10）：15.

二是要建立农村社区教育师资队伍的准入和退出机制。根据农村社区教育的特点以及农村社区教育教师自我发展的需要，制定任职资格、学习培训、绩效考核和社会保障等制度，为农村社区教育师资队伍建设提供制度保障和政策支持。

三是要多途径、多渠道加大农村社区教育师资的引进和培训力度。通过政策引导吸引高素质的人才；通过订单培养的形式，委托培养急需的专业性人才；通过政府采购服务和招募志愿者等形式，加强兼职教师队伍建设；通过定期脱产进修、参观学习、论坛讲座和学术沙龙等多种形式，加强在职教师职业素养、专业能力的培养，促进教师的专业化发展。"应建立名师工作室，实施农村社区教育名师孵化工程，使名师工作室发挥优秀教师的专业引领作用"[1]，提高社区教育研究与服务水平。

四是要提升农村社区教育教师的职业幸福感。要着力做好农村社区教育教师的待遇和社会保障工作，解决好他们的后顾之忧；要着力提高农村社区教育教师的社会地位，让他们在服务乡村振兴战略的农村社区教育实践中获得满足感和成就感。

（四）加强农村社区教育信息化建设

教育部等九部门发布的《关于进一步推进社区教育发展的意见》强调，应结合实施"宽带中国"战略和"互联网＋城市""互联网＋科普"计划，充分利用现代远程教育体系，建立覆盖城乡、开放便捷的社区数字化学习公共服务平台及体系。互联网具有交互性、及时性、开放性、便捷性等特征，为农村社区教育提供了新的发展路径，为农民自主学习和个性化教育提供了新的渠道，同时也为缩小城乡社区教育的差距创造了条件。因此，依托互联网技术加强农村社区教育信息化建设是促进农村社区教育发展的必由之路。

积极开展农村社区教育数字化学习平台建设。数字化学习平台应根据农民的需求、文化水平和信息素质的水平，以实用和技术适用为原则，搭建农村社区教育数字化学习平台，整合现有的农村社区教育资源，并结合我国的农村发展的实际情况，建立规范化的农村信息化资源库，通过远程教育，使我国优质的新农村社区教育资源能得到最大范围的共享与推广[2]，提高教育信

---

[1] 吴思孝.社区教育师资队伍建设现状调查与实践探索：以温州为例［J］.成人教育，2017，37（12）：53.

[2] 陈娅慧.新农村社区教育发展问题及对策研究［D］.南充：西华师范大学，2015：60.

息化水平。数字化学习平台可以开展相应的课程和学习支持服务，包括在线课程、短训班、数字化学习资源、在线教学和辅导，通过提升农民技能和知识水平，推进农村产业发展和经济增长。

加大农村社区教育教学资源数字化力度。数字化教学资源可以扩大教学内容的范围和深度，增强教学效果，同时提高师生交流和互动的质量，让学生更好地理解和掌握所学知识。应坚持自主开发和引进相结合，以本土化数字化课程资源建设为主，服务农村农业生产生活为导向，积极推进农村社区教育数字化课程资源建设，助力农村社区教育信息化水平的提升。

进行农村社区教育信息技术的标准化建设。数字化教育覆盖范围广泛，需要满足不同地区和不同需求的教育信息化标准，实现农村社区教育资源的互联互通和共享共建。资金仍然是制约农村社区教育信息化建设的关键因素，因此要通过加强农村社区教育信息化标准化建设，促进农村社区教育信息资源的互联互通、共享共建，节约农村社区教育信息化的成本。

加强对广大农民信息素养的培养和现代信息技术应用能力的培训。信息素养是人们运用信息技术进行学习、工作和生活的能力，是信息化教育的前提。需要加强对广大农民的信息素养培养和现代信息技术应用能力的培训，提高农村社区教育信息化应用水平，促进农村社区教育信息化建设和发展。

（五）加强课程资源建设

农村社区课程资源建设要充分体现终身教育的理念。农村社区教育是推进终身教育的重要载体和主要阵地，教育服务对象覆盖从幼儿到老人的所有年龄段。因此，对于农村社区教育课程教育资源的建设和开发，应当充分体现终身教育的理念。此外，应开发多样性和多元化的课程教育资源，以满足农村不同年龄、不同生活群体的学习需求。

要立足乡村发展和农民的需求开发建设课程教育资源。一方面，农村社区教育课程资源的建设要立足于农村实际，尊重农民意愿，以促进农村社区发展为目标，充分利用本土的历史、文化和民俗等资源，提升教育资源给广大农民带来的亲切感、认同感。另一方面，农村社区教育资源的建设要服务乡村振兴和城镇化，以提升农民文明素养、科学素养等为基本目标，引导农民树立立绿色发展的生产生活理念，不断提高农村社会的文明程度。

农村社区教育资源建设要规范化、特色化发展。通过建立农村社区教育课程资源标准化规范，积极引导农村社区教育机构、各级各类学校以及社培训教育机构共同参与农村社区教育课程资源的开发与建设，特别是要充分利用区域优势和特色资源，因地制宜地建设和开发本土化、草根化的特色农村社区教育课程资源。

农村社区课程资源建设要充分发挥社会力量的积极作用。相对于城市，农村的教育资源严重不足，远远不能满足广大农民对社区教育的需求。就现状而言，仅仅依靠政府的力量无法解决这一矛盾，更满足不了广大农民对社区教育多元化和个性化的需求。因此，政府要通过政策引导、舆论宣传等手段，鼓励和引导社会公益组织、教育培训机构以及社会各界参与农村社区教育，不断扩大农村社区教育的有效供给。

（六）强化特色品牌培育

农村社区教育中心应大力实施"国家农村劳动力转移培训工程"和"农村实用人才培训工程"，以此为基础，满足社区居民多样化的教育培训需求。这些培训项目不仅可以提高居民的生活素质，也可以为农民提供更多的就业机会和创业空间。

同时，农村社区教育中心学校还要紧密围绕农村精神文明建设，根据当地的历史、文化和传统，创新开展各类教育培训活动。例如，可以开展村规民约、文化礼仪、公共卫生知识等具有特色的教育培训项目，提高农民的文明素养和科学素养，促进农村精神文明建设。

此外，要继续推动学习型农村建设，进一步提高农民的综合素质和培养新型职业农民。为此，需要不断推进农村社区教育工作创新，紧密依托"道德讲堂""社区教育精品课程成果展""继续教育数字化学习"等平台，整合和优化农村社区教育资源。通过这些平台，可以为居民提供更为便捷、高效、优质的教育培训服务。

同时，应积极争创"农村社区教育特色学校"和"农村社区教育特色培训基地"，不断强化农村社区教育特色品牌建设[1]，通过不断提高教育质量和设施条件，培育出一批有特色、有品牌、有影响力的优质农村社区教育学校和培训基地。这些学校和培训基地不仅可以为当地居民提供更为优质的教育培训服务，也有望创造更多就业和创业机会，为当地经济和社会的进一步发展作出贡献。

---

[1] 刘洪成.乡村振兴战略下农村社区教育发展对策［J］.中国成人教育，2019，461（4）：71.

(七)完善加强农村社区教育评价机制

良好的教育质量是实现农村社区教育可持续发展的基础和根本。而建立完善的农村社区教育评价机制是确保农村社区教育质量的有效手段,同时也是促进农村社区教育科学化、规范化发展的有效途径。完善农村社区教育评价机制的重点工作有以下几方面。

一是坚持评价主体多元化,建立主体多元的评价机构。主体多元强调参与农村社区教育的所有主体都是评价机构的有机组成部分。因此,评价机构的主体不仅包括政府管理者、社区教育专家和农村社区教育机构的人员,还要有农民的参与。只有这样才能从多层面、多角度地评价农村社区教育工作,才能确保评价结果的全面性、公正性和权威性。

二是要构建符合实际需求的科学评价指标体系。评价指标体系是农村社区教育评价的关键,应考虑到农村社区教育的规模、特点和发展方向。评价指标的选定必须考虑到多角度的需求,以真实反映农村社区教育的实际状况。评价指标体系应该广泛覆盖各个方面:教育资源、课程设置、师资力量、课堂教学、生均质量、学生多元发展等。同时,不同地区可能存在具体差异,因此,还需要在评价指标的探讨和选择中注重地方特色。

三是要建立农村社区教育评价的制度体系,规范评价行为,提高评价效果。评价制度的建立是评价机制的必要组成部分。对于每个评价环节,必须引入有效的制度和标准,以确保评价结果的公正性和权威性。制度的实施还可以帮助评价机构有效地开展评价工作,并迅速响应农村社区教育发展中的改进需求。

四是要注重农村社区教育评价结果的运用,进一步推动农村社区教育的发展。评价结果是改进农村社区教育的主要手段,尤其是在识别和解决教育问题方面。评价结束后,评价结果应及时反馈给农村社区教育机构,以便其根据结果设计并实施有针对性的改进措施。要严格要求农村社区教育机构落实整改方案,及时解决评价结果反映的问题。同时,还应大力宣传、推广评价标准和实践经验,并鼓励各级政府部门、农民、家长和学校对评价结果进行有效利用,优化农村社区教育发展环境和生态条件。

第三节　激发内外动力：充分调动多方主体性

在农村职业教育中，政府、农村职业学校和农民都是主体，各自承担着不同的职责和义务。政府在其中担任着顶层设计、政策制定、资源调配等角色，需要发扬主体精神，积极为农村职业教育的发展做好服务；农村职业学校作为教育主体，需要通过不断提升教学质量，并与企业合作探索适应市场的课程设置和培养方式，以培养符合市场需求的人才；农民则是职业教育的受益者，也是职业教育中未来的劳动力，需要从多个维度增强自身的意识、能力和技能，提高竞争力。

发挥主体性对于农村职业教育的可持续发展至关重要。政府必须深入了解企业和农民的需求和培养情况，制定出更为贴近实际、更有利于农民发展的政策和规划，充分调动农村职业教育中各方的积极性和创造性，为更长远、更可持续的发展奠定基础。同时，农村职业学校也应发挥自身特色，精心设计符合市场和企业需求的课程，通过深度合作与企业直接对接，为农民提供更优的职业教育；而农民也应积极融入职业教育中，提高自身的觉悟和能力，通过学习和实践提高素质和职业竞争力，迎接未来的挑战和机遇。

因此，一个良好的农村职业教育生态需要政府、农村职业学校和农民各自发挥主体作用，密切协作，才能形成"三位一体"的合力，从而为农村乃至整个社会的发展作出贡献。

一、发挥政府主导作用

（一）转变鄙薄职业教育观念

发展农村职业教育不仅是现代化经济建设的需要，也是实现全面建设社会主义现代化强国的必然要求。在推动农村职业教育发展的过程中，面临着社会认知度不足、教学质量不高和教育资源不足等问题。因此，要发展农村职业教育，首先要在观念上对人们进行引导，通过宣传教育改变人们鄙薄农村职业教育的观念，形成整个社会重视农村职业教育发展的良好社会风气。[1]

---

[1] 徐晔.城乡一体化背景下农村职业教育发展问题及对策研究［D］.济南：山东师范大学，2015：38.

因此，政府需要加强对农村职业教育的宣传推广，提高社会的认知和理解，以此提高农村职业教育的知晓度和认可度，吸引更多的人才加入到农村职业教育中来。如政府可以通过多种形式的宣传手段，扩大农村职业教育的知晓度和声誉。组织一些优秀职业教育学校和学生参加各类展览或比赛，向社会展示农村职业教育成果，让大众更直观地了解农村职业教育中的工作内容和优势特点。同时，还可以定期在电视、报纸、网站等媒体平台开展宣传活动，发布学校建设、师资培训、学生就业等好的新闻、经验和案例，以此加深社会对农村职业教育的认知和理解。政府可以鼓励职业教育学校举办各种形式的公开课、讲座和培训活动，让社会各界更加了解职业教育的特点和优势。职业教育学校可以邀请相关专家、企业家、技能大师等人物来校讲授专业知识和技能，通过学校与社会的互动，增强社会对职业教育的认可。

（二）提升职业教育地位

政府在提升农村职业教育地位中扮演着重要的角色。政府应该采用多元化的举措，构成纵横交错的立体影响路径，提升农村职业教育的社会地位和大众认可程度。[①]

首先，政府应该制定更广泛、更具体、更有效的法规规定，以确保农村职业教育落实到位。这样可以提供岗位认证和普及资格证书，帮助农村学生更容易地进入社会。政府还应该设立专项基金，为农村职业教育提供经费保障，鼓励优秀教师到田间地头，为农民提供更好的职业培训和技能提升。

其次，政府还可以推出多种政策倾斜的福利，提高人们对就业的满意度。例如，在农村职业教育人才招募方面，政府可施行税收优惠政策，引导企业参与农村职业教育的发展，在保证人才稳定的同时，给予企业相应支持；在劳务输出方面，政府可以向优秀农村职业教育毕业生推荐境内外的就业机会等。

第三，政府也应该更加关注和引导职业教育的发展方向。针对不同地区、不同行业的需求制定适合的课程和教学计划。政府可以鼓励企业参与职业教育，达到产教结合的目的，帮助职业教育培养符合市场需求的人才。政府还可发动有声望、能力和技能的人担任学校或企业的导师，向学生和职工

---

① 王晓利.乡村振兴背景下农村职业教育的功能定位及其实现策略研究［D］.陕西师范大学，2020：84.

提供指导和支持，帮助他们更全面地了解行业和工作机会。

此外，政府指导和推动职业教育和普通教育工作的协调，从而构建一条从农村初中到职业技能教育的完整教育路径。在职业教育课程的设置上，应有鲜明的职业性特色，以帮助学生明确所学技能的行业发展领域，深入了解工作方式和职业需求，增强自信，提高职业潜力。

（三）加大职业教育投入

政府加大对农村职业教育发展的投入，是实现农民职业发展和经济社会进步的重要举措。政府投入可以促进农村职业教育的整体水平和教育质量的提升，满足农村经济发展的需求，为农民提供更好的职业教育资源和培训机会，实现促进乡村振兴和全面建设社会主义现代化国家的目标。政府加大对农村职业教育投入需要引入多种政策手段。

首先，政府可加大财政资金的投入，提高农村职业教育的预算。农村职业教育提高质量和水平需要有资金的投入，政府要切实增加职业教育的经费投入，提高职业教育覆盖率，促进学生从校内走向社会，培育和引导新型职业农民的发展，提高农村居民的知识和技能，为农村地区的产业升级和经济发展提供必要的人才支持。

其次，政府可以建立多种基金、制造奖励和补贴政策，鼓励企业、社会组织和个人等参与职业教育的合作和发展。例如，可以建立职业教育创新基金，吸引更多的企业投入职业教育领域；还可以推出职业教育补贴政策，向学生和职业教育机构提供资金补贴，降低学习成本，提高职业教育的社会公平性。

再次，政府建立奖励制度，也是促进农村职业教育发展的一个途径。政府要设立农村职业技能比赛，评选和表彰先进个人和组织、企业在职业教育方面的突出贡献，鼓励人们向职业教育行业投入更多的积极性和热情。

此外，加强对职业教育领域的监督和管理，也是政府加大对农村职业教育投入的重要手段之一。政府可以完善职业教育的标准和规范，规范职业教育的办学行为，提高职业教育的教学质量。针对职业教育机构的质量标准、师资培训、设备和学习资源等进行全面扶持和评估。同时，还需要加强对职业教育市场的监管，防范职业教育市场过度竞争和虚假宣传，确保职业教育的质量和公平性。

综上所述，政府加大对农村职业教育投入的途径非常多，不仅需要增加财政拨款，同时还需要引入市场机制、社会资本，建立和完善相关政策和法规等多种手段。加强对农村职业教育领域的投入，可以更好地推动乡村振兴，推动职业教育和经济社会的进一步发展。

（四）改革职业教育管理体制

由于我国职业教育长期呈现多元化管理体制，容易导致职责交叉、多头领导等问题，在不利于统一组织管理的同时造成了严重的教育资源浪费，因此政府应明确划分各管理部门的职能权限，避免出现职责不清、权责不清的问题，推动农村职业教育健康有序的发展。具体而言，就是要建立完善的机构设置，将职业教育的主管部门和负责运营的机构有机地结合起来，形成相互协作的管理体系。针对不同类型的职业教育，可以建立相应的机构，加强"专业分工、协同配合"的工作模式，如设立职业教育发展委员会、职业教育评价中心等专门机构。机构之间应建立透明、高效的信息沟通和协调机制，确保职业教育管理的一体化、协调化和规范化。

（五）提高职业学校毕业生待遇

近些年来，职业学校的毕业生整体就业情况有所好转，但与大部分普通高校毕业生相比，仍普遍存在着就业环境差，就业地位低，从而造成就业待遇差的现象，因此职业学校对于生源的吸引力不足仍是不得不面对的事实。政府应该根据社会发展情况，积极推动职业学校毕业生在落户、就业、晋升等方面与普通高校毕业生享受同等待遇，逐步提高技能型人才的社会收入水平和社会地位，切实增强职业学校的吸引力。比如政府可以通过出台薪酬保障政策支持职业教育的发展，建立起以就业岗位为导向的工资水平提升机制，通过企业补贴、地方财政奖励、社会保险补助等方式来增加职业学校毕业生的薪酬，鼓励职业学校毕业生到基层就业或创业就业，发挥其在社会中更大的作用。同时，政府可通过税收优惠等激励措施，鼓励企业雇用职业学校毕业生，提高职业学校毕业生的就业率和获得感。

二、强化农村职业学校的教育功能

（一）转变农村职业学校的办学定位

随着我国新型城镇化和乡村振兴战略的不断深入推进，加快"三农"问题的解决已成为当前的一项重大问题。面对农村社会经济的发展依然滞后，城乡差距不断加大的问题，农村职业教育学校要想在农村社会经济发展中发挥更大的作用，必须调整办学定位，重新审视发展方向，并将办学目标明确为服务"三农"，实现"三个方面"的转变。

一是农村职业学校应将农村作为服务对象。为了促进农村社会、经济、文化的发展，农村职业学校的办学应针对农村发展的特点，促进"三农"问题的加速解决。具体来说，一方面农村职业学校应着力于促进农村经济的可持续发展，通过致力于创新和推广先进的农业技术，提高农村农业产业的集约型发展水平，以扩大先进农业技术的应用范围，引导农村经济持续健康发展。另一方面，应着力于促进乡村文化振兴，建立健康和谐的乡村乡风，成为传播优秀乡村文化的中心。

二是农村职业学校应将新生代农民作为服务对象。[①] 新生代农民是农村经济社会发展的生力军，他们的职业技能和素质水平对于农村的现代化进程具有直接而深远的影响。因此，农村职业教育必须把新生代农民作为最主要、最重要的服务对象进行快速培养。为实现这一目标，农村职业学校应深入了解新生代农民的职业需求和特点，为其提供定制化的培训方案，重视职业教育的实际效果。此外，农村职业学校应在课程设置、师资培养、实践教学等方面进行改革创新，以适应新生代农民的需求和人才培养的趋势。通过这些措施，农村职业学校可以更加有效地提高新生代农民的职业技能和综合素质，为农村经济社会发展提供强有力的人才支持。

三是农村职业学校应该将农业作为主要服务对象。作为服务农业的重要组成部分，农村职业学校应充分发挥自身优势，提高农业生产的科技含量和现代化水平，促进农业产业链的升级和转型。为此，农村职业学校应该加强与农业企业、科研机构、政府农业服务部门等的合作，积极开展农业技术创新和推广，为农业实践提供多方位的支持。同时还需要改进和创新课程内容和教学方法，引入现代农业技术，加强农业实习和科技创新实践，提高学生的实践能力和创新意识，培养高素质的农业科技人才。

另外，农村职业学校还应注重开展农村综合服务，如发挥农村职业学校的技术和人才优势，对农村的产业布局、农村建设、文化教育等方面给予全

[①] 赵涛. 云南农村职业教育适应"新生代"农民培育研究 [D]. 昆明：云南农业大学，2014：49.

面支持，助力农村现代化进程。此外，在政策扶持方面，政府部门也应加强对农村职业学校的经费保障和政策支持，提高其运行能力和水平。

（二）科学规划和调整专业设置

随着我国农业现代化进程的不断加速，需要更多的专业技术人才来支撑其发展。然而，由于农村职业教育尤其是专业设置的滞后，这一需求无法得到满足。因此，为了适应新时代农业发展的需要，农村职业教育应科学进行专业设置和规划。

第一，对市场需求进行调查和预测市场需求的变化是农村职业教育专业设置和规划的重要依据。要想掌握市场需求，需要进行全面市场分析和调研。可以通过采访和问卷调查，广泛了解市场对人员素质和能力的需求，分析就业市场的需求趋势和变化，从而确定农村职业教育专业设置和规划的方向。

第二，引入行业主体参与专业设置。农村职业教育应与当地企业和行业组织相互协作，从而确定专业设置和规划的方向。行业主体可以提供职业能力和实践技能方面的指导，更好地把握市场和行业的发展趋势，从而可以更好地制定出符合实际需求和市场需求的职业教育专业设置和规划。

第三，充分考虑区域经济特点。区域经济是农村职业教育专业设置和规划的重要依据。不同的区域经济特点决定了当地的职业市场需求和职业教育方向。因此，要充分考虑区域经济特点，使农村职业教育专业能够更贴近当地经济和社会的实际需求。

第四，以实际用人需求为依据。农村职业教育的专业设置和规划应该以人才市场的用人需求为依据。这也需要教育部门与企业和行业组织进行密切的合作，了解用人单位需求和招聘标准，从而根据用人单位的实际需求调整和规划职业教育专业。

第五，多渠道地获取教育信息。要收集各方面的信息，包括工薪、职业规划、专业发展等等。在信息的获取过程中，可以考虑各种渠道，如互联网、职业荐股、媒体等，以此确立更加宽泛、全面及时的信息来源，为职业教育的专业设置和规划提供有力支持。

第六，应该聚焦本校特色专业，积极发展特色农业专业。农村职业学校的专业设置应依据农业结构调整的需要和农业产业的需求而进行动态调整。[①]

---

① 李春梅.农村中等职业技术教育的问题与对策研究［D］.北京：中国农业大学，2004：23-24.

专业设置要紧密结合市场需求，培养具备较高农业专业技术水平的新生代农民，推动农业现代化建设。应该在坚持以农为主的基础上，扩展专业设置范围，发展第一产业延伸的第二、第三产业新专业，培养适应生产、加工、销售发展需求的新型农民，以适应新的市场需求。

总之，农村职业教育的专业设置应该在对市场需求进行调查的技术上，充分考虑区域经济特点和实际用人需求，突出新型农民培养目标，科学规划、合理设置，在促进专业技术水平提高的同时，全面提高学生综合素质的。

（三）增强教育内容的针对性

农村职业教育作为培育新型农民的重要途径，应该重视学生全面素质的提高。在教学内容和方法上，可以考虑以下几个方面：

一是注重科技创新和应用。新型农民需要具备科学知识和技术，能够把现代农业技术的优势充分发挥出来，提高农业生产效益，促进乡村经济发展。因此，在课程设置和专业教育上，应该突出科技创新和应用，引导学生掌握相关知识和技能，提高农业生产的质量和效率。

二是法律法规教育的强化。法律法规是推进乡村发展的重要保障和支撑。因此，在课程设置和教学过程中，应该加强学生对法律法规的学习，了解相关法规和政策，提高农民的法律观念和法律素养，引导农民合法维权，实现自身利益和社会利益的有机统一。

三是环保意识的提高。新型农民需要承担起保护环境的责任，积极参与农业生态环境的建设和保护。因此，在课程设置和教学过程中，应该加强对新生代农民的环保意识培养，提高学生的环保素养，在实践中积极探索环境友好型农业发展模式的创新和实践。

四是农业经营管理的学习。在课程设置和教学过程中，应该重视农业经营管理教育的学习，引导学生掌握现代市场化经营的基本知识和技能，提高实际操作能力，创新农业经营管理模式，提升科技含量和附加值，促进新农村经济的健康发展。

综上所述，农村职业教育的任务非常重要，要针对新时代新型农民的发展需求，加强对农村职业教育的规划和指导，探索新的教学模式和方法，注重综合素质和实践能力的培养，不断提升农民的职业技能和综合素质，为实现农业现代化和乡村振兴作出贡献。

(四)强化师资队伍建设

随着我国经济和教育的快速发展,农村地区与城市间的差距也逐渐缩小,但农村职业教育中师资队伍建设仍相对薄弱。农村职业教育的师资队伍建设是促进农村职业教育发展的重要保障,必须引起高度重视。

第一,提高师资素质是师资队伍建设的核心。目前,农村职业教育的许多教师缺乏对专业技能的深入掌握和实践经验,这也是当前农村职业教育改革进程中的一个主要矛盾。因此,必须重视加强教师的专业培训,提高其专业素养和综合素质,不断增强其教育教学和创新能力,以适应经济社会发展的需要。此外,应该探索不同形式和方向的继续教育,以便满足不同阶段教师的培训和学习需求,强化教师继续教育机制,持续提高教师的教育技能和知识结构。

第二,提高教师职业发展的空间和待遇也是重中之重。农村地区的高素质教育人才多数倾向于择业于城市,这也导致了农村职业教育教师队伍的匮乏。为了改变这种情况,必须提高农村职业教育教师职业发展的吸引力,提高教师的职业待遇和安全感,打造一流的职业教育教师群体。应该建立科学的调薪机制,保障教师的收入,激励教师的创新和积极性。同时,建立晋升通道和晋升评价机制,给予教师更多途径和机会实现职业追求。

第三,加强教师培训和交流也是师资队伍建设的重要途径。教师培训和交流是提高教师教育水平和教学能力的重要措施。依托本省职教师培训基地和本地龙头企业,坚持在职培训为主,脱产培训为辅,结合职业资格认证培训考试,采取"轮训制",让有培训意愿的职业学校教师都有机会接受培训[1]。也可以在学校内部架设教学观摩平台,并邀请网络等多种形式的教育教学专家来进行教学指导和示范;也可以开展优秀教师的教学交流活动,为教师们提供不同领域和层面的教学思想和方法,促进教师之间的交流与沟通,从而提高学校整体教学水平。

第四,加强"双师型"教师队伍建设。在农村职业教育中,拥有"双师型"教师队伍是至关重要的。国家对"双师型"教师队伍建设提出了更高的要求,使此类教师成为农村职业教育发展的重要方向。一方面,应重视加强培养"双师型"教师的投入力度,提高师资的教学水平,掌握先进技术,让其真正能够将理论知识与实践相结合。另一方面,应积极鼓励招聘行业企业内部优秀

---

[1] 凌云,李亚芹.中部地区新农村建设与农村职业教育发展[J].职教论坛,2006(17):20.

的技术人才任教，为学校提供更多的技术与实践支持。

第五，建立科学合理的教师队伍结构是提高师资队伍建设的关键。随着现代职业教育的发展，"双师型"教师已成为教育部门优先发展的重要方向，学校也需要在教育体制上做出相应调整，实现自我完善和发展。因此，应当注重构建科学合理的教师队伍结构，将专业素质高、实践经验丰富的老师与年轻的新教师相结合，以此持续提升师资队伍质量和工作效益。

总之，加强农村职业教育教师队伍建设是当前农村职业教育改革发展过程中面临的目标性任务之一，也是促进农村职业教育持续健康发展的关键保障。只有加大师资队伍的建设力度，提高教师的专业素养和综合素质，打造高素质的师资队伍，才能真正推进农村职业教育的发展。

（五）改革创新教学方式方法

长期以来，农村职业教育存在教学方式单一、教学质量不高的问题。为此，农村职业学校不仅需要改革教育教学模式，提高教学质量，同时也需要创新教学方式，实现教育教学的形式化和个性化。

一是实施产学研结合的教育教学模式。通过加强农村职业教育与产业需求的结合，建立学校与企业的合作机制，开展合作研发、培养模式等，让学生在学校实习期间亲身了解企业生产管理流程，提高学生的实践技能，对就业增加竞争力。

二是推行网络远程教育。通过网络、云端等信息化技术手段，将教育教学内容、教学资源、教学手段和学术交流等进行互联网化和移动化，使学习和教学跨越时空限制，增强教学质量与教学效率，降低教育投入成本。利用在线开放课程、微课等途径创新教学模式，消除传统课程教学的弊端，利用网络化教学手段打造"互联网+"环境下的农村职业教育教学模式。[①]

三是实施课程多元化和个性化。农村职业教育应该注重培养学生自主学习和创新能力，不仅要注重基础理论、科技创新和现代社会等方面的教育，还需要根据学生兴趣爱好和个性差异开展多元化的教育课程，满足不同学生的学习需求。

四是强化教学团队建设。对专业技术人才进行培训和工作规范化，建立

---

① 孙凌晨，罗丹丹.基于"互联网+"的农村职业教育新发展［J］.继续教育研究，2016，220（12）：44.

教师教学交流与分享的平台和机制，推进教师教育教学能力的提高，提高教学质量，使教育教学变得优质可靠。

五是推广实践教学和实习教学。农村职业教育注重职业技能的培养，因此，实践教学和实习教学是农村职业教育中不可或缺的教学方式，学生通过实践学习、参观生产、企业实习等方式，将理论知识与实际操作相结合，增强学生的实践能力和应用能力。

六是提倡项目化教学。针对农村职业教育的特点，教育部门可以通过开展项目化教学，组织学生自主探究和解决技术难题，开展综合性实践活动等方式，使得教育和就业需求相互促进，推动农村职业教育的发展。

总之，农村职业教育需要不断改革和创新，不断拓展教学方式和方法，推进整体教学质量和教学效果的提升，以满足农村人才的需求。

三、关注农民的主体需求

人本教育理论认为，教育的核心任务是要依据人的天性、兴趣、才能来培养和发展学生的人格、智力、情感等方面，实现个体发展与社会发展的共同目标，进而取得人的全面发展。农村职业教育应该贯彻人本教育理论，根据农村地区的特点与要求，关注农民的需求，帮助其提升职业技能与人格素质能力。

（一）了解农民特点

农村职业教育要满足农民的主题需求，首先要了解农民的特点。在长期的生产生活中，农民具备了如下特点：

一是实际操作能力强。由于生活和工作环境的影响，农民在实践中的能力往往比较出色，这也与农村文化背景有关。农民在实际操作中有一定的优势，对于学习职业技能也有很好的适应性。

二是对于实用性技能感兴趣。对于农民而言，生活和工作中最重要的是能够掌握一些实用性的技能，如种植、养殖、农机使用等。因此，农民在职业技能的选择方面往往更偏向于实用性和生活相关的技能，而不是抽象性或理论性的知识。

三是对于自然环境认识敏感。由于生活和工作环境的影响，农民对于自然环境的变化和特点具有较为敏感的认识。在职业教育中，这一特点可以被运用，让农民更好地理解和掌握农业知识，并且更好地适应各种气候和环境变化。

四是市场观念相对薄弱。由于长期生活在农村地区，农民的市场观念相对较薄弱，对市场的认识和了解也不够深入。这也意味着在职业教育中，需要更加强调市场培训和信息的传递，以便让农民更好地适应经济转型的需求。

五是独立工作能力较强。农民生活和工作中通常需要独立完成各种任务。因此，农民在职业领域中往往具有独立工作的能力，对于创业和独立经营有一定的优势。

综上所述，农民在天性、兴趣和才能方面有其独有的特点。职业教育应该结合农民的实际需求和特点进行优化和改进，以更好地满足农民的职业需求，并促进农民的职业发展。

（二）把握农民需求

农民作为社会的基础建设和经济的重要力量，对人格、智力和情感的需求与城市居民有所不同。首先，农民对人格的需求主要表现为诚实、正直、勤劳、宽容、善良等方面。农民文化传统强调人与人之间的互相信任和互相尊重，因此，农民在人格方面的要求相对比较高。尤其在职业生涯中，农民需要具有坚定的人格和道德操守，以适应农业生产和生活中的挑战。其次，农民对智力的需求主要体现在职业技能和知识方面。农民需要学习和掌握各种农业技术和生产知识，适应生产和市场需求的变化，提高农业生产的效率和品质。同时，在信息时代，农民需要具备信息技术等相关知识，以便更好地适应现代农业的发展。第三，农民的情感需求与大自然紧密相连。农民在生产和生活中经常与自然环境打交道，对天气变化、生产情况等都有着深刻的体验和感悟。此外，农民也注重家庭和家族的感情联系，家庭关系对于农民而言尤为重要。因此，在职业教育中，情感教育也是必不可少的一部分，给予农民更多的人文关怀和理解。

农民对于职业前景、工资和其他福利待遇的期望随着时代变化而不断变化。在以前，农民对职业前景和工资要求较少，他们更注重的是自给自足、多耕多种，能够养活自己和家人。然而，随着城市化的发展和经济发展的加速，越来越多的农民离开了乡村，进入城市从事不同工作。他们对于职业前景、工资和其他福利待遇的需求也发生了相应的变化。首先，就职业前景而言，现在的农民更希望他们的工作能够有更好的发展前途和职业提升空间。他们不希望在一个死胡同的职业中沉沦，而是希望能够有机会进入更高级别、更职业化的领域,实现职业提升和个人发展的目标。大量的农民进入城市,希望从传统农业和手工业工种中走出来,进入到高新技术、互联网、金融和服务行业中,因为他们认为这些行业有着更好的职业发展前景。其次,在工资方面,农民的期望也在不断提高。他们希望在工资方面能够得到公平的待遇,不被剥削和欺负。目前,政府已经出台了一系列支持农业转移人口的政策,确保他们能够得到与其他工人相当的工资待遇和福利。此外,近年来互联网和电商行业的发展,也为农民提供了新的工作机会和工资来源。通过电商平台和线上销售,农民能够把自己的农产品直接卖给消费者,规避掉中间环节和利润分配问题,从中获得更多的收益。再次,除了工资以外,农民对于其他福利待遇的期望也在不断提高。在过去,农业转移人口所处的外部环境非常恶劣,例如缺乏必要保护设施和劳动保障等,但近年来政府和企业不断增加对劳动保障的投入,努力改善工作环境和条件,越来越多的农民能享受到社会保险、医保等福利待遇,这使得情况已经有了很大的改善。未来,农民也期望能够得到更多的个人发展支持、教育培训以及其他更好的福利待遇。

(三)满足农民需求

农村职业教育应在了解农民特点,把握农民需求的基础上,通过各种措施满足农民需求,以此激发农民参与农村职业教育的积极性。

首先,农村职业教育必须注重实践教学,为农民提供真实的生产环境和实践机会。突出实践教学,培养学生一技之长的实践教学,是办好农类专业培养合格人才的突破口。[①]从大多数农民通过实践来学习职业技能的现实出发,职业教育应该注重实践教学,让农民掌握到实际操作的技能。具体而言,可以教授农民种植、养殖、农机操作等实用技能,并为农民提供实践环境,让他们掌握实际操作,实现技能的实践。通过实践能够更好地提高农民的职业素质和竞争力,从而让农民更好地融入市场经济。

其次,农村职业教育应该引导农民认识到市场的重要性,掌握市场信息,从而引导他们更加高效地生产和经营。为了让农民掌握市场信息,农村职业教育需要引导他们进行市场调研,了解市场上相关的信息和需求,包括生产前景、市场开发、产品设计和价格掌握等。同时,职业教育还应该通过

---

① 李春梅.农村中等职业技术教育的问题与对策研究[D].北京:中国农业大学,2004:27.

培训，教授农民如何进行市场开发、产品销售、品牌建设等一系列市场化应用技能，以便他们提高自身经济价值。

再次，农村职业教育也需要关注农民的个人发展。现在经济转型背景下，农村职业教育应该依据当地市场需求，合理设置专业和教学内容，为农民提供更广阔的职业选择，使其职业发展更具方向性和可持续性。同时还可以通过各种渠道介绍相关创业案例，引导农民独立思考和创造性地开展创业计划。鼓励农民开设开办自由店、创业公司，或者参与当地企业技术员、管理、销售等岗位实习，从而使农民在职业选择方面更具信心和针对性。

最后，农村职业教育要重视培养农民的人文素质和职业道德。农村职业教育不仅涉及技术教育，也应包括人文素养和职业道德教育。人文素养是培养人类综合素质的一种教育形式，包括文化价值观、艺术与批判性思维等，这些促进人们探索价值、适应社会的能力。可通过对经典文化、艺术品位和公共文化等领域的学习以及体验式创新教育等手段，可以提高农民的文化内涵和综合素质。职业道德指的是一个人在工作过程中应当遵守的规范和准则，包括诚实守信、勤勉尽责、保护知识产权、尊重人格尊严等。职业道德的贯彻落实对于企业和个人的长期稳定发展极为重要。在农村职业教育课程设置中，应当将职业道德教育与职业技能教育相结合，让农民从最基本的职业道德意识开始，逐步形成良好的职业道德，实现自我完善和可持续发展。此外，农村职业教育可以通过现场教学、网络教育以及广播宣传等方式，利用国家思想建设平台以及挖掘当地道德教育资源，面向农村社会弘扬民族精神、时代精神以及践引社会主义荣辱观。①

第四节　抓住工作重点：开展农业转移人口职业培训

新型城镇化归根到底是人的城镇化。在此过程中，大量农业转移人口涌入城市，但由于缺乏职业教育和培训，他们的职业技能和就业能力较弱，容易陷入失业、低收入、非法就业等困境，阻碍城市经济社会的持续发展。同时，城市工作环境和生活方式也与农村有着较大差异，部分农业转移人口缺

---

① 薛瑞英.乡村振兴战略下的农村职业教育功能研究［D］.重庆：西南大学，2019：59.

乏相应的适应能力和素养，加上工资待遇普遍偏低，导致不少人面临着生计难题。因此，加强对农业转移人口的职业培训刻不容缓。农村职业教育通过为农业转移人口提供职业教育和培训，可以有效地提高其就业能力和就业竞争力，有助于他们在城市中实现自我价值，同时也有利于推进新型城镇化进程，促进城乡一体化发展。

一、厘清农业转移人口职业培训主体责任

《现代职业教育体系建设规划（2014—2020年）》规定："推动加快修订《职业教育法》。依法确立现代职业教育体系基本架构，明确各级政府的职责，规范职业院校、行业、企业等主体的权利、义务，将职业教育体系建设的成果法制化。""教育、劳动和社会保障、发展改革、财政部门以及行业部门根据各自职责分别负责有关工作，共同推进现代职业教育体系建设。"多年来，针对农业转移人口的职业培训一直存在条块分割、多头管理、职责重叠等问题。要解决这些问题，首先必须厘清农业转移人口职业培训的主体，明确其主体责任，才能实现权责分明，提升培训效果。

（一）政府的主导责任

首先，明晰中央政府与地方政府的职业培训责任。中央政府是职业教育政策顶层设计者与法律法规的制定者，通过一系列的政策工具对农村职业教育走向进行干预与引导，实现国家宏观控制，保障国家现代化建设进程中的人才供给。"各级地方政府是各地公共服务与公共产品的主体提供者，并配合中央政府完成国家各项战略任务"。[①] 地方各级政府要根据本地区的情况，落实国家职业教育的法律法规和规章，在自己的职权范围内制定相关的实施细则，根据紧缺岗位、农业转移人口的培训意愿等，明确各自社会事业发展的重点领域，采取适合本地发展的方式对农业转移人口进行职业培训。

其次，明确农业转移人口输出地与输入地的政府责任。输出地政府主要是负责对有转移意向的农业转移人口实施转移前就业指导与培训，包括就业供求信息、劳动力市场分析，法律法规及公民素养、职业技能、职业素养等，以助力其更好地融入城市。而输入地政府相对来说更了解劳动力市场需

---

① 周利兵. 论多方主体协同推进农业转移人口职业培训：基于社会治理的视角［J］. 长白学刊，2016，187（1）：120.

求,主要承担职前、职中、职后的职业培训,以满足劳动力市场需求。两地政府应互相监督,分工合作、有计划有重点地担负起农业转移人口培训的责任。

最后,其他政府部门要建立农业转移人口职业培训政府协同体。通过修改《职业教育法》,明确劳动与社会保障部门、教育部门、民政部门、财政部门、农业部门和科技部门等职能部门的责任,要改变各自为政的局面,统筹规划,加强组织,协调各部门力量[1],协同推进农业转移人口职业培训。具体可以考虑将农业转移人口培训工作主要划归一个部门来管理,由该部门负责管理工作的开展,统筹规划农业转移人口职业培训工作的实施,协调其他各相关部门,调动各部门合作的积极性。也可以考虑直接建立专门的农业转移人口职业培训管理部门,对农业转移人口职业培训相关事项进行统筹规划。

(二)农村职业院校的培训责任

《现代职业教育体系建设规划(2014—2020年)》指出:"各类职业院校是继续教育的重要主体,通过多种教育形式为所有劳动者提供终身学习机会。"这表明,在现代职业教育体系中,以中等职业学校和高等职业学校为主干的职业院校建设显然处于核心地位。在传统职业教育职责划分中,习惯将农业转移人口职业培训视为企业或社会培训机构的责任,职业院校主要进行学历教育。这种观念与制度安排显然不能适应新型城镇化的要求。依照国家新型城镇化建设规划,近年来我国每年进入城镇的农业人口以千万人计,远远超出企业和社会培训机构的承载能力。职业院校作为改革开放以来国家重点建设的领域,在学校基本建设、实训基地、双师型教师队伍建设、专业与课程建设等方面都得到了长足的发展,为国家现代化建设培养了数以万计的各级各类技术技能人才,其办学实力远非企业、社会培训机构所能够匹敌。虽然社会对职业院校的办学也不乏微词,但职业院校在现代职业教育体系中的核心地位已成共识。

因此,在国家新型城镇化进程中,职业院校要解放思想,积极作为,勇于担当,把农业转移人口职业培训纳入学校的发展战略中,在学校的实训基地建设、课程体系开发、师资队伍建设等过程中,根据农业转移人口的需

---

[1] 李平.中国转型时期城市农业转移人口社会保障制度研究[M].武汉:中国地质大学出版社,2008:175.

要,开发培训课程,组织教育教学,把农业转移人口的职业培训作为学校主要教学任务之一,实现学校教育与培训协调发展。

(三)社会力量的参与责任

企业和社会培训机构是农业转移人口职业培训的重要参与主体。参与农村转移人口培训不仅是它们的社会责任和义务,也是提高其社会形象、增强其竞争力的重要途径。

相对于学校的职业培训,企业参与职业培训目的性更加明确,能够有效结合各地农业和农村发展的实际,灵活采取短期和长期培训方式,利用企业中的优秀技术人员开展培训,将企业生产一线的技术直接传授给农业转移人口,使其直接运用于工作岗位;企业可以与当地的职业教育机构签署合作协议,为当地的学生和农村转移人员提供职业教育的机会;企业可以为相关的教育资源提供物质和技术条件的支持,以帮助他们更好地开展教学工作。企业还可以在农村地区建立工厂或生产基地,创造更多的就业机会。

社会培训机构要依法自主开展农业转移人口职业培训,承接政府组织的农业转移人口职业培训,开发服务于农业转移人口需求的职业培训课程,培养出岗位所需要的新型人才,实现经济效益与社会责任有机整合。如与当地政府共同制定职业培训规划,结合政府大力发展现代农业的政策,培训人才符合当地农业发展的需求,同时也能够为转移人口提供更多发展机会。另外,社会培训机构也可以通过开发适合农村转移人口的线上课程和平台来进行培训。通过互联网技术,社会培训机构可以提供更为灵活和个性化的学习模式,让农村转移人口可以随时随地学习,更好地与自己的工作和生活相适应。

二、完善农业转移人口职业培训内容

目前,我国农业转移人口数量较大,对城市社会经济发展作出重要贡献。但是,由于他们大多没有接受过高等教育和职业培训,所以很多人缺乏专业知识和技能,无法适应日益激烈的就业市场竞争。因此,需要为农业转移人口开展内容丰富的职业培训,提高他们的职业水平和竞争力。

(一)技能培训

技能培训是农业转移人口职业培训中的核心内容,也是最重要的一项。

目前大多数农业转移人口都是面向生产一线的，他们往往会重复执行简单重复的任务，对专业技能的要求很高。通过技能培训，可以帮助农业转移人口在工作中提升专业技能和技术水平，使他们能够更加熟练地掌握和应用各项技能，提高工作效率和质量。技能培训还可以帮助农业转移人口更快地适应工作环境和工作要求，更好地与其他工人协作，增加其在工作市场上的价值和竞争力。技能培训的内容比较丰富，主要包括理论学习和实践操作。理论学习主要是指专业基础知识的学习，包括学习建筑工程、机械设备、电气技术等相关的理论知识。这些知识可以为农业转移人口在实际工作中提供必要的理论基础和知识支持。实践操作则是指实际施工操作，这个环节通常是为了让农业转移人口更好地掌握实际工作技能，熟悉施工流程和如何运用所学技能解决实际工作中的问题。

（二）安全生产培训

安全生产是任何行业、任何企业都必须保证的基本条件。农业转移人口大多数都从事一些高要求的劳动力工作，在这样的环境中工作以及在科学、技术及效率皆有所提升的情况下，安全问题显得尤为重要。通过安全生产培训，农业转移人口可以了解岗位中存在的风险，掌握必要的安全小技巧以及应急处理方法，预防和减少因为工作中产生的意外损失和伤害。安全生产培训的内容主要包括：一是风险评估。主要是了解相关工作环境的安全潜在风险、可以遇到的危险和应对安全风险的策略。这有助于提高农业转移人口的预防意识。二是安全操作规程。规范和介绍与具体工作任务相关的安全操作流程，在操作上可以避免意外事件发生。三是急救知识和应急预案。例如如何正确应对突发事件、如何制定紧急应对计划、如何保障通信联络等相关紧急问题等。四是安全法规和规定。介绍和解释法律法规、政府安全生产标准和相关安全管理规定，为农业转移人口了解其负有的安全法律责任提供帮助。在了解相关法规和规定的基础上，农业转移人口可以更好地遵守和维护在安全方面的法律规定，保障自己和他人的安全。

（三）职业素养培训

职业素养，是农业转移人口具备的重要素质，可以帮助他们更好地适应就业市场需求。职业素养培训主要包括职业道德、规范素质等方面的培训和教育，旨在增强农业转移人口的职业意识、职业道德和职业规范，使其更好地适应市场和社会的发展需求，提升职业素质和自身竞争力。主要包括以下内容：一是岗位基本技能。涵盖相关职业基本技能培训。包括如何使用相关工具设备、使用材料、操作技巧，以及各个岗位的职责和要求。二是个人修养和职业道德。强调个人修养方面的培训，如注重工作操守、遵守职业道德规范、自我约束、自我批评等基本要求，全面提升农业转移人口职业素质。三是服务态度和沟通协作能力。涵盖如何与客户及同事之间进行良好互动与沟通、处理委婉回应等方面，提高服务态度、工作效率和协作能力。四是职业晋升和岗位转移：包括任职资格设定，晋升和朝向等内容。为农业转移人口提供进一步的岗位晋升和方向指引，达到更高的职业发展和稳定就业。

（四）电脑应用技能培训

随着科技进步的发展和工作的数字化趋势，掌握电脑应用技能对农业转移人口的就业创业越来越重要。而农业转移人口大多数缺乏科技和现代化意识，对电脑的认知极低。因此，有必要为农业转移人口提供电脑应用技能的培训，让他们能够掌握基本的电脑操作技能，了解网络使用的规定和注意事项，从而使他们从容地适应现代化的工作环境，更好地开展工作。这主要包括以下内容：一是电脑基础知识。包括如何打开电脑、如何使用操作系统、键盘鼠标使用技巧和维护方法等。二是办公软件操作。包括办公软件的基本操作流程，如文字处理、电子表格、演示文档等，使得农业转移人口能够掌握基本的办公操作。三是互联网应用。包括如何上网、浏览网页、知识检索、电子邮箱和文件共享等实际应用技能。四是社交媒体应用。介绍社交媒体的基本知识、使用方法和安全基本操作规程，如何有效地开发人际社交网络和职场资源，推动商务合作等。五是硬件应用。介绍电脑及外设的设置、调节和保养方法，包括打印机、扫描仪、音响、摄像头等多媒体相关硬件设备的基本使用。六是信息安全意识和基本防护。包括互联网信息安全意识、网络安全基本知识和网络避险方法，提供基本起点数据保护、杀毒软件和防火墙基础知识和技能等。

总之，农业转移人口职业培训应针对他们的需求和现实问题开展。技能培训是核心和首要的部分，同时需要关注职业素养、安全生产、现代化科技应用等方面。通过职业培训，可以提高农业转移人口的职业技能和素质，拓展其就业渠道和竞争优势，充分挖掘和发挥农业转移人口的人力资源潜力，推动经济和职业的发展，使农业转移人口也能够成为时代的中坚力量。

三、创新农业转移人口职业培训方式

创新农业转移人口培训方式对于农业转移人口的职业发展和转型非常关键。农业转移人口的工作岗位常常处于劳动密集型和低技能的领域,对他们必须不断学习和提高职业技能。创新农业转移人口培训方式,可以增强学习的兴趣、提高培训的效果与质量、满足农业转移人口各种不同的需求、解决就业问题并可以提高其素质,成为适应现代社会和市场竞争的必需品。创新农业转移人口培训方式,对农业转移人口自身的发展和社会的发展都具有重要的价值和意义。

(一)实行个性化定制方式

个性化定制培训方法与传统的培训方式不同,它可以根据不同农业转移人口的技能水平和就业需求,提供个性化的培训计划,帮助农业转移人口掌握实用技能和行业知识,并在不同的岗位和行业中适应性更好。因此,该方法可以更好地满足农业转移人口的培训需求,通过提供精细化的培训课程和模块,使农业转移人口能够更快地掌握必要的技能并在工作岗位上更快地成长。

实行个性化定制培训要从以下几方面开展:一是进行需求分析。在农业转移人口职业培训的个性化定制培训中,需求分析是非常重要的步骤。要充分了解学员的背景、工作需求、学习特点等,制定个性化的学习计划。二是选择定制化教材。根据学员的需求,选择专业、高质量、贴合实际操作需要的教材,以提高教学效果和学员的学习兴趣。三是开展个性化教学。在教学中要注意不同学员身份、文化背景、职业技能差异,采取不同的教学方法。可以根据不同学员的习惯,结合线上和线下教学,如联合大学等,提供更贴合个性化学习需求的教学内容。四是强化练习和实践。个性化定制培训应注重实际操作,要把理论知识和技能培训紧密地结合在实际生产操作中,让学员亲自上手操作,夯实实际技能。五是加强评估和反馈。个性化定制培训要根据不同学员的个人需求,进行精准的教学目标和评估标准的设置,加强学习效果的评价和反馈,及时纠正学习中的不足。

目前,越来越多的培训机构开始把个性化定制作为新的提高农业转移人口技能的方法,并得到了很好的反响。如温岭市民政局通过个性化定制职业培训,积极拓展救助服务边界,帮助困难群体就业。[①]个性化定制一般会先对

---

① 姜雪芹.就业帮扶,让困难群众稳岗又稳心[N].中国社会报,2023-02-20(1).

转移人口的技能水平进行测定,并根据测定结果,制定出不同的培训计划和课程。这样的方法能够帮助农业转移人口更好地了解自己的职业技能状况,并能够更有效地掌握所需的技能和知识,从而提高他们的职业竞争力和生活质量。个性化定制培训方式的兴起,也标志着培训行业正在不断地探索新的培训方法和模式,以更好地满足农业转移人口的职业需求,推动人力资源的优化和升级。

(二)开展线下+线上混合教学

由于工作和生活的压力,许多农业转移人口很难长时间放弃工作、出差到另一个城市参加线下培训课程。他们需要更灵活的线上+线下混合教学,以便在工作和培训中寻求平衡。线上+线下混合教学方法将传统的面授教学和互联网技术相结合,融合了线上和线下两种不同的学习方式。学生可以在特定时间内参加线下面授课程,也可以随时随地通过互联网平台参加线上课程和独立学习。农业转移人口可以根据自己的实际情况选择合适的学习方式。同时,这种学习方法还可以提供更强大的培训资源,可以为农业转移人口提供更多的学习机会和反馈,提高他们的学习质量。因此,线上+线下混合教学方法已经成为提高农业转移人口职业技能和素质的有效途径。

要运用现代信息技术等先进手段改进职业培训的教学方式方法,建设职业培训教学信息化平台,开发线上培训课程,构建泛在学习、互动教学学习空间,推动职业培训线上线下混合教学。① 开展农业转移人口职业培训的线上+线下混合教学需要从以下几方面着手:一是制定课程体系和学习计划。在农业转移人口职业培训的线上+线下混合教学中,首先要制定清晰的课程体系和学习计划。课程体系需要包括相关课程的学习内容、教学形式、教学资源等,学习计划需要安排好线上、线下的学习时间表,以满足不同学员的实际需求。二是选择合适的教学平台。在农业转移人口职业培训的线上+线下混合教学中,合适的教学平台是十分重要的。需要选择功能齐全、易于操作的教学平台,提供在线学习、实时互动、课程资源等多种功能,为学员提供全方位的学习体验。三是制作多媒体教学材料。在线上教学中,多媒体教学材料是提高教学效果的重要手段。可以通过制作PPT、视频等多种形式的教学

---

① 张大伟.1+X证书制度下职业培训的理念、特征与路径[J].高等职业教育探索,2021,20(2):14.

材料，以图表和动画等形式呈现，更加生动形象地表现课程内容。四是开展互动性强的线下教学。线下教学可以进行更加互动性强的教学活动，例如讨论、PBL等，可以更好地满足学生之间的交流和合作。同时，线下教学也可以针对某些特定课程，进行现场操作和演示等形式的教学，增强学员的实践操作能力。五是为学员提供精准的学习指导。在线上和线下都需要针对学员的学习情况，提供精准的学习指导。可以通过在线答疑、电话咨询等方式，随时解决学员的学习问题，避免学习进度受阻。

（三）推行实践导向学习

实践导向学习是一种探究性、实时性、个性化的学习方式，强调将知识与实践相结合。在实践导向学习模式下，农业转移人口通过实际操作和实践活动，深入了解相关的知识和技能，从而更好地实现学以致用。一方面激发农业转移人口对学习的兴趣和热情，提高他们的积极性和自信心，更好地应对职场挑战，另一方面帮助农业转移人口快速提高职业技能和素质，帮助农业转移人口在工作中结合实践获取新的技能和知识，以便他们更好地适应工作要求。

开展实践导向的学习要从以下几个方面入手：一是制定合理的学习计划。根据不同农业转移人口的个人特点和工作需求，制定实践导向的学习计划。计划应注重实际操作，符合实际需求，持续跟踪学习效果，不断调整和优化。二是利用大量的实际案例。实际案例具有很高的参考价值。通过实际案例向学员进行介绍和讲解，明确需要具备的工作技能和操作流程，实现理论和实践的有机结合。三是提供实际的操作机会。为学员提供更多实际的操作机会，例如实地参观、模拟操作等，加强他们对实际工作流程和操作方法的了解。可以通过小组讨论、实践演练等形式进行。四是引入实际问题进行学习。实践导向的学习中，引入实际问题能够增强学习的针对性和实效性。可以通过案例分析、问题解决等方式，让学员深入理解实际问题，并寻找解决问题的有效途径。五是强化实践评估。在实践导向的学习中，评估对于学员的学习效果和实际操作能力至关重要。可以通过考试、实操练习等方式进行评估，了解学员对于实际工作的掌握情况，并根据评估结果加强实际操作能力。

(四)实现文化融合和社会育人

文化融合和社会育人是人本主义教育方法的典型代表,强调以人为本,注重培养学生的全面素质和社会关系,更加凸显人文关怀。由于农业转移人口和城市文化之间存在巨大的差距,"文化融合和社会育人"是非常重要的。它可以通过提高农业转移人口的身体健康、文化素质、社会素养和人际关系,增加他们在城市生活中面对机遇和挑战的信心和勇气,帮助它们更好地融合城市,与城市共同发展。

实现文化融合和社会育人需要采取多种措施:一是开设文化类课程。包括语言、历史、文化等课程,让他们了解并适应城市文化,增强他们的文化素养。二是加强社交能力培训。包括人际交往、职场行为等。通过提升他们的社交能力,帮助农业转移人口更好地适应城市生活和就业环境。三是开展文化交流活动。举办文化节、艺术节等文化交流活动,邀请城市居民参与,促进城乡文化的相互交流和融合,增加农业转移人口与城市居民的交流和沟通。四是推广志愿服务。引导农业转移人口参与志愿服务活动,让他们更好地了解城市社区和居民需求,增加他们在城市社会中的参与感。五是加强法制教育。为农业转移人口提供法制教育,了解和适应城市法律法规,增强他们的法律意识,规避和防止违法行为和社会纠纷发生。六是提供心理辅导。农业转移人口在城市生活和就业环境中面临着诸多压力和困难,需要适应新环境和生活方式。为农业转移人口提供心理辅导,让他们更好地认识自我、调适情绪,增强心理素质和适应城市生活的能力。

第五节 强化外部保障:完善农村职业教育保障机制

完善、系统的农村职业教育发展保障体系是农村职业教育可持续发展的基本条件,也是世界发达国家促进农村职业教育发展的普遍规律。农村职业教育的发展可以为当地培养更多的高技能人才,提高农村人才素质和创新能力,使当地的农业生产、产业发展、技术创新等工作更加专业化、现代化,提升农村生活水平,带动当地农村经济的快速发展,推进城乡一体化进程。构建完善系统的农村职业教育发展保障体系应从法律法规、资格证书制度、经费投入、组织领导、教育督查、专家咨询委员会等方面进行。

一、建立科学高效的管理体制

农村职业教育管理体制是农村职业教育行政管理体制、农村职业教育服务体制和农村职业学校内部管理体制的总称。农村职业教育行政管理体制是指国家各级政府对农村职业教育进行管理的行政机构设置及其职能、作用及相应的工作制度和规范，主要探讨的是管理农村职业教育事业和管理农村职业学校或相关培训机构的工作规律。农村职业教育服务体制，主要指为保障农村职业教育顺利实施而提供的各项服务的各类组织和相应的工作制度和规范，主要探讨的是农村职业教育发展的外部保障工作规律。农村职业学校内部管理体制是指农村职业学校教育及其职业培训机构内部的管理机构设置、工作制度和规范，主要探讨的是农村职业学校或职业培训机构自身的管理规律。三者既有联系又有区别地构成了农村职业教育管理体制的整体。在农村职业教育管理体制整体中，由于行政管理体制是基础和关键，所以，我们通常指的农村职业教育管理体制主要讲的是行政管理体制。我国现行农村职业教育的行政管理体制对农村职业教育的兴起和发展起了促进作用，同时也暴露了种种弊端。在目前的农村职业教育行政管理体制下，办学、管理、受益部门明确，有利于调动办学单位及办学主管部门的办学积极性；供需信息畅通，有利于本地区、本系统、本单位专门人才的对口培养和同步输送；分级办学和分级管理，责任明确，界限分明，有利于小范围管理渠道的畅通。但这种"条块分割、分散办学、分散管理、各自为政的管理状态"，使各部门优先考虑自身的利益，使得教育资源不能及时流通和共享，造成教育资源的浪费和流失[①]，在一定程度上使农村职业教育出现"失控"现象。宏观上该统筹的却分散经营，微观上该放权的却没有放权，使得农村职业教育投资失衡、效益不高，并易形成门户之见，严重影响农村职业教育的发展。大力发展农村职业教育，还需要健全与完善农村职业教育保障服务体系，这对全面实现小康社会的奋斗目标，促进农业和农村经济的发展，提高农民收入和加速农村剩余劳动力的转移具有十分重要的意义。

（一）设立专门管理机构

创新农村职业教育管理体制首先要解决政府统筹和部门配合问题。针对

---

① 覃兵，何维英，胡蓉.基于乡村振兴战略的农村职业教育问题审视与路径构建[J].成人教育，2019，39（8）：61.

农村职业教育的特点和发展需求，应该探讨设立何种类型的专门管理机构，如何确立其职责与权限。例如，可以设立农村职业教育局或办公室，为农村职业教育的政策制定、规划编制、重大项目选定和资金预算提供专门管理服务。该机构需要确定职责和权限，并能够集合决策、领导、指挥和协调的功能。作为实质性机构，它应定期召开联席会议，研究和解决职业教育中出现的新情况和问题，协调教育、劳动和其他有关部门的工作，并制定和落实解决问题的具体措施，站在全局的高度加强政府对农村职业教育的领导，统筹城乡职业教育资源和农村不同实施机构的职业教育资源，避免人、财、物的浪费，促进农村职业教育健康、协调发展。当然，该机构不能事无巨细管理所有事务，主要通过解决农村职业教育发展规划、出台相关政策、解决重大建设项目和财政扶持等问题，协调不同部门的利益关系，加强对农村职业教育的宏观调控。

（二）完善职业教育协调制度

农村职业教育的发展是一项系统工程，需要所有利益相关者的协调配合。制度关联理论认为，只有各项制度相互适应、相互配合，才能使整个制度系统和谐、有效地运行。"制度具有黏附性和互补性，特别是规范、习俗等非正式约束会对路径依赖产生影响"。[①] 农村职业教育主要依赖职业教育联席会议来进行协调。职业教育工作部际联席会议制度源起于 2002 年。当年出台的《国务院关于大力推进职业教育改革与发展的决定》提出：要"在国务院领导下，建立职业教育工作部际联席会议制度，研究解决职业教育工作中的重大问题"，以"建立并逐步完善在国务院领导下，分级管理、地方为主、政府统筹、社会参与的职业教育管理体制"。2004 年，由教育部等七部门组成的职业教育工作部际联席会议制度正式建立。2005 年出台的《国务院关于大力发展职业教育的决定》进一步要求"县级以上地方政府也要建立职业教育工作部门联席会议制度"。按照国家要求，各省市相继建立了职业教育工作部门联席会议制度，进一步加强了对职业教育的统筹和领导，为我国建成世界上最大规模的职业教育体系、实现职业教育持续健康发展提供了有力的制度保证。但长期以来，我国职业教育存在多头管理的弊端，业务指导与管理分属

---

① 贾旻，南海.论中国现代职业教育百年变迁的历史逻辑：基于新制度主义的研究视角[J]. 河北大学学报（哲学社会科学版），2023，48（2）：113.

教育部、人社部等部门，造成管理理念、管理目标、管理方式、管理方法、管理模式等方面的差异，增加了职业教育统筹发展难度。为有效解决这一问题，2018年，国家对职业教育工作部际联席会议制度作出了相应调整完善。对比2004年部际联席会议制度，有三点明显变化。一是顶层设计更明确。2004年制度初建时，由教育部部长担任召集人，而此次由国务院副总理担任召集人，层级更高，更具统筹力与领导力。二是参加部门的数量增多。2004年的制度由教育部等七部门组成，而新的制度组成部门则增加到九个，指向性更强，更利于形成工作合力。三是主要职能更加全面。制度初建时，主要工作是协调全国职业教育工作，及时研究解决职业教育工作中的有关问题。而新的制度着力点更广，包括贯彻落实党中央、国务院关于职业教育工作的重大决策部署；统筹协调全国职业教育工作，研究解决职业教育重大问题；研究审议拟出台的职业教育法律法规和重大政策，部署实施职业教育改革创新重大事项；听取国家职业教育指导咨询委员会等方面的意见建议；督促检查职业教育有关政策措施的落实情况。

（三）改造县级职教中心

县级职教中心从创办开始，就一定程度被赋予了县级职业教育的管理职能。但由于受校务委员会的领导体制以及中心内部的科层组织结构的学校组织体系的影响，县级职教中的管理职业教育的能力还比较弱，作用发挥得还不够明显。当前新型城镇化进程的不断推进，要求大力发展农村职业教育，培育新型农民。因此，必须利用好已经建立起来的县级职教中心这一突破口，创新管理体制，实现农村职业教育的发展。这就必须从多方面入手，加强对职教中心的改造。

改变县级职教中心的领导体制，建立县级领导小组负责下的中心主任负责制。具体来讲，就是由各县成立常设职业教育领导小组，"由县级主要领导（如副县长）担任领导小组的组长，成员由教育、劳动等相关部门的主要领导组成"。[①] 领导小组既是政府统筹的决策机构，也是县级职教中心的直接领导组织机构。职教中心实行主任负责制，主任由领导小组组长兼任，主要职责是从宏观上协调职教中心与各县级政府职能部门的关系。此外，中心设常务

---

① 贾建国.农村职业教育集团化办学的制度分析：制度互补性的视角［J］.职业技术教育，2009，30（19）：64.

副主任，代表主任管理中心的内部事务。相对于校务委员会领导下的校长负责制，县级领导小组负责下的中心主任负责制，更多地强调了外部协调和统筹的职能。

加强职业教育立法，以立法形式把职教中心作为县以下职业教育管理体制固定下来。县级职教中心经过近20年的发展，已经成为我国县级职业教育最重要的办学模式和管理模式。如果说职教中心建设本身是农村职业教育资源配置的一次优化，解决了农村职业教育的规模和效益问题，那么随着农村职业教育的发展，需要对职教中心的资源配置进行第二次优化。二次优化的重点不仅是要解决好专业设置的小而全，使每一所职教中心逐步形成面向某一领域有一定优势的专业群，搞好专业布局的调整和整合，更重要的是要建立健全资源配置的机制。因此，要发挥职教中心的统筹和管理职能，有必要在职业教育的立法中增加"职教中心统筹管理县级职业教育"的内容，这样可以明确县级职业教育中的地位和管理的具体形式，为改变过去多头管理、条块管理的状况提供法律依据。

为使县级职教中心成为实质性的统筹管理和决策机构，必须加强其工作议事制度建设。[1] 这样可以确保县级不同政府部门的领导在职业教育管理中发挥作用，参与职业教育资源的统筹，并解决职教中心发展中的各类全局性的问题。中心可以灵活运用各种会议形式如工作例会制、联席会议制、情况通报会议制和现场办公会议制等形成常规议事制度。职教中心的议事制度属于宏观统筹管理范畴，由主任即主要县级领导主持会议。不同的议事形式，其参与人员的范围和解决的具体问题不同。加强县级职教中心的工作议事制度建设对于实现职业教育的全局性平衡和发展至关重要。

加强经费的统一划拨和管理，提高经费的使用效率。农村职业教育的条块管理、多头管理的具体表现之一，就是经费的分散划拨。在农村职业教育发展问题上，我国实行的是以县为主的管理体制。当前，我国县域经济基础比较薄弱，县级财政比较困难，如果有限的投入经费再分散使用，其效益将肯定会降低。为此，要加强职业教育经费的划拨和管理。具体来讲，就是要把原财政给教育、工业、农业、科技部门的用于农村职业学校教育、农业科技推广、绿色证书培训、农业转移人口转移培训等各项资金统一划拨到县级职教中心，由县级职教中心统一管理、统一使用，根据实际需要突出重点、

---

[1] 姜群英. 农村职业教育管理体制创新［J］. 职教通讯，2007，195（8）：26.

优化投向，使有限的资金更好地用在刀刃上。为了加强农科教的统筹结合，还可以采取财政拨款和多渠道筹措并举的办法建立专项基金。在经费统筹使用过程中，坚持渠道不变、用途不乱，由县级职教中心会同有关部门开展教育培训，能够最大限度地减少经费浪费，提高经费使用效率。

二、建立切实有效的法律法规制度

完善的职业教育法律体系是农村职业教育保持健康持续发展的根本保障。职业教育法律体系是指政府依法制定、实施和维护的职业教育管理体制和法规制度。法律体系不仅为职业教育提供了明确的政策和法规支持，还为农村的职业教育管理和质量保障打下了坚实的基础。此外，职业资格证书制度的实施对加快中国技术人才培养具有重要意义。但目前，职业资格证书制度不完善，资格证书含金量不高，用人单位和企业不认可证书，导致农村职业教育受到较少关注。因此，要进一步完善有关法律法规，改革职业资格证书制度，为农村经济社会发展培育更多优质技术人才。

（一）出台针对性强的农村职业教育法律制度

职业教育发展较好的发达国家都曾多次制定并更新职业教育法律法规。以德国为例，2005 年，将 1969 年颁布的职业教育的基本法—《联邦职业教育法》与 1981 年颁布的职业教育的配套法—《联邦职业教育促进法》合并，颁布了《新联邦职业教育法》。① 而我国很多法律法规对职业教育都有所规定，如宪法、《教育法》《职业教育法》《现代职业教育体系建设规划（2014—2020年）》，都对发展农村职业教育有所涉及，但是并没有专门的促进农村职业发展的法律法规。随着我国职业教育的快速发展，原有的职业教育法规不能很好地适应农村职业教育的发展需求。面对职业教育发展过程中遇到的新情况、新问题，必须加快制定和完善职业教育相关法律及其配套政策法规。加强农村职业教育的法律体系建设主要需从以下三个方面着手。

第一，完善已有的职业教育相关法律。要进一步细化《职业教育法》《教育法》《中华人民共和国农业法》等法律中培养新型职业农民的相关规定，明确在培育新型职业农民过程中各个责任主体的权利、义务和责任。明确农村

---

① 郝天.城镇化进程中农村职业教育发展困境及破解研究［D］.秦皇岛：河北科技师范学院，2017：33.

职业教育经费的来源，以及根据学校的发展情况制定经费数额标准等。

第二，根据农村职业院校的发展情况，有针对性地制定《农村职业教育法》以及配套的实施性法律法规。目前，我国职业教育相关法律存在诸如结构不合理、内容不够具体、法律数量少等问题，政府相关立法部门应该加快制定相关法律法规，逐渐形成以《职业教育法》为总法，以职业教育投入法、农村职业教育法、企业培训法、就业与职业培训法等若干行政法规为主体，辅以大量的职业教育行政规章、地方性职业教育法规、众多的与职业教育相关的法律法规等构成的上下有序、内容全面、形式完整、协调统一的职业教育法规体系[1]，从法律上确保农村职业教育健康持续的发展，为培养新生代农民提供法律保障。

第三，构建系统的执行机制。在调查中发现，国家制定的相关法律法规在实际运行中往往得不到落实，特别是在资金投入方面的问题十分突出，针对落实不到位的问题，应建立和完善执行机制，明确政府相关部门、职业院校以及校企合作的相关企业不履行义务或者违反职业教育法应承担的法律责任，加强职业教育法律知识的学习，增强法律意识，促进农村职业教育健康发展。

（二）加快改革职业资格证书制度

我国的职业资格证书制度自 1994 年开始实施，目前已经推出了超过 100 种职业资格证书。现有的职业资格培训认证由多个部门共同管理，因此由于利益和权力分配的不同，对于某些同一类的工种，经常出现多次重复的考核认证。其中既有中央认证，也有地方认证；既有国内认证，也有国外认证。这种多次重复认证，影响了职业教育资格证书的权威性、严肃性和统一性，而且认证的标准可能会偏离企业的实际需求，导致公众对证书的认可度不高。因此，必须改革现行的职业资格证书制度。

一是要建立全国统一的、以职业能力为导向的职业标准。我国应该借鉴外国的经验，建立以政府为主导的、相关管理部门、企业、其他单位、行业协会和教育机构共同参与制定的统一的职业标准。这一标准应以职业能力为导向，根据相关部门和用人单位的实际需要制定。要充分反映行业职工的实际工作能力，并结合生产技术、产业结构和就业结构作进一步调整，不断更

---

[1] 刘昀. 荆州市农村职业教育现状调查与发展对策研究[D]. 荆州：长江大学，2013：16.

新，与国际标准接轨。

二是要严格资格证书质量管理，提高证书含金量。用人单位在招聘时首先考虑的是应聘者的工作能力，非常重视资格证书的含金量。资格证书制度不应仅仅单纯地追求笔试成绩，更应当关注对于实际工作能力的考核，考试成绩应当以实际工作成果代替。要不断完善现有考核办法，提高实习考核比例。与此同时，还必须建立严格客观公正的考核规则。

三是要建立严格的监管体系。政府要建立职业资格考察质量监督反馈制度。按照制度规定，在公平、公开、公正的原则下，加大监督检查力度，及时发现考核和培训环节中存在的问题，进行通报和公示，并严肃处理，形成培训、考核、监督有效分离的管理体制，使考核环节成为提高证书含金量的"阀门"。

三、激活多元化投资体制

（一）激活各种投资体制

要建立投资分担机制。根据投资的"受益原则"和"能力原则"，国家、企业和个人都应分担相应的农村职业教育成本。从政府层面来看，应实施更加积极的农村职业教育投资政策：政府需要针对农村职业教育的实际情况制定更加优惠、灵活、多样化的投资政策，包括资金投入、税收减免、用地政策等方面，以激发企业和社会资本对农村职业教育的投入；从企业层面来看，企业尤其是民营企业应加快担负起投资职业教育的责任。农村职业教育主要目标之一是提升农村劳动力的技能和综合素养，而企业是农村转移劳动力的主要吸纳者，也是农村职业教育的主要受益者。因此，企业应该分担对农村职业教育的投资，并不断提高投资数量和质量；从个人层面来看，个人是职业教育投资的重要力量。农村劳动者个人是职业教育受益者，理应支付一定的教育成本。当然在分担成本时，可根据我国现阶段农村的实际、农民的承受能力，确定成本分担比例，并可通过多种形式支付教育成本。

要建立投资平衡机制。建立农村职业教育投资的平衡机制，就是要通过适当的社会调节方式，逐步缩小经济、社会、教育发展程度不同地区的教育水平差异，以及受教育者接受职业教育机会不平等的状况，为各地职业教育提供最基本的投资保障，为农村弱势群体提供尽可能多地接受职业教育的机会，促进农民人力资源能力建设。政府应该通过以下途径建立农村职业教育平衡机制。首先，政府应该确定和加大国家财政转移支付对农村职业教育的投资比例，并根据实际情况，合理设置各项经费支出和补助标准。其次，政府应该设立职业教育促进农村劳动力转移的专项基金，增加农村职业教育的资金来源，并对各县级职业教育机构实行统一的经费管理和分配制度，确保各县级职业教育机构在经济上平衡发展。最后，政府应对农村弱势群体提供多种形式的职业教育助学制度，包括教育券、职业教育助学金等，使农民工和贫困家庭的孩子都能够享受到职业教育的机会，真正实现教育公平和资源共享的目标。

要建立投资补偿机制。职业教育投资补偿机制指的是政府根据培训机构、企业和个人对于职业教育进行的投资进行补偿。这是政府推广职业教育的一种重要方式。政府通过建立职业教育补偿机制，以各种形式进行资金投入，鼓励企业和个人积极参与到职业教育中来。投资补偿机制的目的是提高职业教育的质量、开发人力资源，以适应社会和经济的发展需要。职业教育投资补偿机制应该遵循公平、公正、公开的原则，它不仅仅是政府对职业教育的资金投入，也包含了对培训机构、企业和个人因参与职业教育所付出的时间、精力和物质上的投入所做的回报。这种机制可以激发培训机构、企业和个人参与职业教育的积极性，同时也可以促进职业教育的发展。具体而言，可以从以下两方面进行：一是制定政策法规，鼓励企业和个人投资农村职业教育。政府可以透过制定相关的鼓励企业和个人投资农村职业教育的政策法规，例如税收优惠和贷款利率优惠等等，来吸引更多企业和个人参与到农村职业教育的投资中。二是给予企业和个人相应利润。政府可以与企业和个人签订职业教育教学质量保障和分红机制协议，向职业教育的投资者，即企业和个人，提供相应的利润分配。三是建立奖励机制。政府可以设立职业教育投资者的奖励机制，如优秀职业教育投资者的表彰、奖金等，给予其荣誉称号，提升其社会地位，激发企业和个人的投资积极性。

（二）建立多元化投融资渠道

目前，政府财政投入依然是农村职业教育投入的主渠道。在未来一段时间内，农村职业教育的发展依然主要依靠政府的财政性投入。政府的投资力度还要不断加大。与此同时，要鼓励社会各界力量参与到农村职业教育的建设上来，构建国家投资、地方扶持、企业资助、个人承担相结合的多元化筹资渠道并形成稳定的运行机制。

首先,政府要设立专项资金,为农村职业教育提供更充足的财政。要重新合理划分各级政府对农村职业教育的投资责任,根据政府财力和农村职业教育责任相对称的原则,在中央、省、县各级政府之间确定一个农村职业教育的分担比例,重点是加强中央和省级政府对农村职业教育的财政责任和供给水平。[①] 政府要将培育新型农民的专项资金纳入政府财政预算中,为农村职业教育专项资金设立充足的资金池。要科学制定专项资金使用方案和管理制度,确保专项资金的使用始终与培育新型农民、推进乡村振兴战略等目标相一致,避免专项资金的浪费和滥用。政府还可以采取多种措施鼓励各方面积极参与农村职业教育事业。例如,政府可以为有特殊经验和技能的人员提供补贴,鼓励他们前往乡村开展职业教育;或为职业培训机构和企业提供税收、政策、资金等方面的优惠政策。这样可以切实改善农村职业教育的不足,提升新型农民整体素质。

其次,农业发展银行应该扩展信贷业务,为农村职业教育提供金融服务,特别是对农民创业给予一定的资金支持。农业发展银行是服务农村农业的专业金融机构,有利于促进农村职业教育的发展。扩展信贷业务、为农村职业教育提供金融服务,对于提高农村职业教育的发展效益和质量都具有重要意义。农村职业教育作为重要的农业产业链优化和升级的一个重要方面,需完善金融服务的支持。农业发展银行可以在提供普惠金融服务的基础上,切实做好农村职业教育的金融服务。农村职业教育可以通过农业发展银行积极获取低息贷款、发行债券、跨境融资等渠道获取资金。对于农民创业等需要投资的项目,农业发展银行可以结合实际情况提供一定的资金支持。

最后,鼓励校企合作,发展校办产业。校企合作是可以推动教育与产业的紧密结合,加快实现农村产业的优化升级和职业教育体系的改善。校企合作可以为学校提供必要的资金、硬件设施、技术等支持,同时为企业提供有技能、有素质的人才。企业可以依据法律与职业院校展开合作,合作形式可以包括资金投入、股份合作、技术输出等多种方式。企业在技术、市场、管理等方面的优势可以更好地结合职业教育的优势,共同建立起合作机制。同时,职业院校也可以发展校办产业,与企业的合作资源结合,为学员提供一定的实践机会和就业机会。校办产业可以利用产业链条,组织园区内其他企

---

① 雷世平.乡村振兴战略视域下我国农村职业教育价值取向审视[J].职教通讯,2018,484(9):5.

业进一步拓展产业规模和产业链条。通过校企合作，更好地实现了产业与教育的融合，有效提升了学员在职业领域中的实践能力和就业机会。同时也能够为农村产业转型升级注入新鲜血液，帮助农民提升自身技能和获得更为广泛的就业机会。

参考文献

一、专著类

[1] 程贵铭，朱启臻.当代中国农民社会心理研究［M］.北京：首都师范大学出版社，2000.

[2] 费孝通.乡土中国生育制度［M］.北京：北京大学出版社，1998.

[3] 郭星华，等.漂泊与寻根—流动人口的社会认同研究［M］.北京：中国人民大学出版社，2011.

[4] 郝敬胜.走向富裕：安徽农民价值取向演绎与实现研究［M］.北京：北京师范大学出版社，2010.

[5] 黄育云，于炳成.农村职业教育与农业产业化、农村城镇化、农村现代化互动研究［M］.北京：中国农业出版社，2005.

[6] 蒋作斌.农村职业教育发展理论与模式［M］.长沙：湖南人民出版社，2001.

[7] 李守福.农村职业教育［M］.北京：北京师范大学出版社，1996.

[8] 李水山，赵方印.中外农民教育研究［M］.南宁：广西教育出版社，2006.

[9] 李延平.职业教育公平问题研究［M］.北京：教育科学出版社，2009.

[10] 刘春生，王虹.农村职业技术教育学［M］.北京：高等教育出版社，1992.

[11] 刘文纪.中国农民就地城市化研究［M］.北京：中国经济出版社，2010.

[12] 陆学艺.当代中国社会流动［M］.北京：社会科学文献出版社，2004.

[13] 马和民，高旭平.教育社会学研究［M］.上海：上海教育出版社，1998.

[14] 马庆发.中国职业教育研究新进展（2010年版）［M］.上海：华东师范大学出版社，2010.

[15] 石伟平.比较职业技术教育[M].上海：华东师范大学出版社，2001.
[16] 石伟平.时代特征与职业教育创新[M].上海：上海教育出版社，2006.
[17] 石伟平.职业教育发展与变革比较研究[M].上海：上海教育出版社，2006.
[18] 宋晓梧.中国人力资源开发与就业[M].北京：中国劳动出版社，1997.
[19] 汤生玲，曹晔.农村职业教育论[M].北京：高等教育出版社，2006.
[20] 王宽让，贾生华.传统农民向现代农民的转化[M].贵阳：贵州人民出版社，1994.
[21] 谢建设.风险社会视野下的农业转移人口融入性教育[M].北京：社会科学文献出版社，2009.
[22] 徐国庆.职业教育原理[M].上海：上海教育出版社，2007.
[23] 徐长发.新乡村职业教育发展预期[M].北京：教育科学出版社，2006.
[24] 杨海燕.城市化进程中的职业教育发展研究[M].青岛：中国海洋大学出版社，2008.
[25] 张力跃.受教育者视界中的农村职业教育困境与破解[M].天津：天津大学出版社，2011.

二、期刊论文类

[26] 董芩，阿木古楞.西部农村职业教育赋能乡村振兴的逻辑、困境与路径[J].教育与职业，2023，1033（9）：21-26.
[27] 瞿晓理.中国式农村职业教育现代化的实践阐释：逻辑、价值与进路[J].职业技术教育，2023，44（10）：61-66.
[28] 孙红霞.高职院校"定制化"人才培养助推农村剩余劳动力转移就业的策略研究[J].农业经济，2023，431（3）：122-124.
[29] 鲁家皓.我国农村职业教育与农业经济互促发展的有效途径研究[J].农业经济，2023，431（3）：128-129.
[30] 宋亦芳.OMO视域下社区混合式学习新样态研究[J].职教论坛，2023，39（3）：83-92.

[31] 侯怀银，宋美霞.终身教育视野下的社区教育发展：价值意蕴、现实困境与突破路径［J］.现代教育管理，2022，393（12）：16-26.

[32] 魏日，方绪军."职业院校—社区"教育共同体结构性维度的职业教育学阐释［J］.中国职业技术教育，2022，809（13）：85-90.

[33] 范栖银，石伟平.促进农民农村共同富裕背景下职业教育的现实挑战与应对策略［J］.教育与职业，2023，1026（2）：66-72.

[34] 钱旭初，施健.论社区教育的空间及其教育的现代性［J］.中国职业技术教育，2022，829（33）：70-75.

[35] 朱成晨.中国农村职业教育治理研究的图景与愿景［J］.教育学报，2022，18（6）：89-100.

[36] 苏德，薛寒，刘鸣宇.西部地区职业教育协同促进农村共同富裕的理论框架与实证测度［J］.清华大学教育研究，2022，43（6）：110-120.

[37] 连会斌，谭广兴，徐潇涵.农村职业教育赋能乡村振兴：政策梳理、学理逻辑及实践路径［J］.成人教育，2022，42（12）：73-79.

[38] 谯欣怡，覃红羽.农村职业教育服务乡村振兴的教育逻辑、实践困境与发展对策［J］.成人教育，2022，42（11）：60-66.

[39] 向俊丞，尤学工.民国时期晏阳初职业教育思想探要［J］.职业技术教育，2022，43（30）：75-80.

[40] 邓文勇.农村职业教育与乡村振兴共生发展：问题与路径［J］.中国职业技术教育，2022，（3）：50-56，62.

[41] 汪峻峰.建立健全农村职业教育培养体系［J］.中国农业资源与区划，2022，43（9）：125，137.

[42] 布俊峰.农村职业教育发展的现实困境及实践路径［J］.农业经济，2022，423（7）：107-109.

[43] 朱成晨.农村职业教育发展的共生逻辑：结构与形态［J］.华东师范大学学报（教育科学版），2022，40（7）：58-68.

[44] 王扬，乐晶.技能资本：农村职业教育助力乡村振兴的内在机理与行动逻辑［J］.中国电化教育，2022，424（5）：66-74.

[45] 吕鲲鲲.乡村振兴背景下农村职业教育现代化：自信危机与价值重塑［J］.职业技术教育，2022，43（13）：61-66.

[46] 张敏敏.乡村振兴背景下农村职业教育发展路径研究［J］.农业经济，2022，420（4）：119-121.

[47] 张阳.农村职业教育助力乡村振兴的特色经验、瓶颈问题及优化路径：以江西省为例[J].中国职业技术教育，2022，805（9）：78-83.

[48] 黄丽颖，王秉政，李潘坡.乡村振兴战略下职业教育"校村企"融合发展研究[J].教育与职业，2022，1006（6）：49-53.

[49] 曹志峰.服务农村产业革命的职业教育发展研究[J].贵州师范大学学报（社会科学版），2022，234（1）：75-83.

[50] 刘亚西，陈沛酉.职业教育助力乡村发展的实践回溯与愿景前瞻[J].教育与职业，2022，1001（1）：5-12.

[51] 陈琪.社区主导发展理念下澳大利亚土著职业教育反贫困：机理、实践路径与特点[J].职业技术教育，2022，43（10）：73-79.

[52] 马宽斌，黄丽丽.新中国成立70年农村职业教育研究回顾与思考[J].成人教育，2021，41（12）：56-64.

[53] 祁占勇，王晓利.农村职业教育培育新型职业农民的现实困顿与实践路向[J].陕西师范大学学报（哲学社会科学版），2021，50（6）：126-136.

[54] 褚家锋.新时期农村职业教育发展与创新[J].核农学报，2021，35（12）：2932-2933.

[55] 宁永红，冯利臻，石秋香等.中国共产党百年农村职业教育的历史作用、基本经验及展望[J].职业技术教育，2021，42（25）：26-33.

[56] 杨克，杨宗晓."1+X"证书制度在新农村职业教育体系中的背景分析[J].农业经济，2021，407（3）：116-117.

[57] 郑玉清，刘楚佳.我国职业教育与社区教育融合发展研究综述（2000—2020年）：基于CiteSpace知识图谱分析[J].成人教育，2021，41（10）：30-38.

[58] 马玉玲，戴晓慧，闫志利.乡村振兴背景下乡村技能形成体系构建研究：基于布迪厄"场域理论"的阐释[J].职业技术教育，2021，42（13）：52-58.

[59] 许洋毓.美国社区学院的职业道德教育及其对我国成人职业教育的启示[J].成人教育，2021，41（7）：90-93.

[60] 王瑜.农村职业教育与乡村产业协同扶贫的内在逻辑、现实偏差及发展路径[J].教育与职业，2021，979（3）：70-77.

[61] 梁宁森.乡村振兴战略背景下农村职业教育的困境、机遇与优化路径

[J]．高等工程教育研究，2020，183（4）：157-162．

[62] 朱成晨，闫广芬．农村职业教育跨界发展的思维范式：系统性思维[J]．贵州社会科学，2020，366（6）：101-107．

[63] 阚丽．高职院校服务社区教育的困境与路径[J]．教育与职业，2021，987（11）：107-112．

[64] 马宽斌，秦福利．城镇化背景下边远地区农村职业教育发展探析[J]．教育与职业，2021，979（3）：77-81．

[65] 张祺午．面向"十四五"：在新的起点上加快发展高质量的农村职业教育[J]．职业技术教育，2020，41（33）：1．

[66] 唐智彬，郭欢．作为乡村"治理术"的农村职业教育：内涵与路径[J]．教育发展研究，2020，40（Z1）：75-82．

[67] 梁宁森．乡村振兴战略背景下农村职业教育的困境、机遇与优化路径[J]．高等工程教育研究，2020，183（4）：157-162．

[68] 张旭刚．乡村振兴战略下农村职业教育产教融合发展的国际比较与路径[J]．教育与职业，2020，966（14）：80-87．

三、硕博论文类

[69] 哈智辉．农村职业教育政策分析[D]．长春：吉林大学，2008．

[70] 吉婧．农村中等职业教育目标定位及其办学模式研究[D]．武汉：湖北工业大学，2011．

[71] 柯婧秋．乡村振兴战略背景下县级职教中心的办学功能定位研究[D]．上海：华东师范大学，2019．

[72] 李珍珍．乡村振兴战略下我国农村职业教育推进研究[D]．太原：山西大学，2020．

[73] 刘焱．供给侧改革背景下安徽省农村职业教育发展研究[D]．淮北：淮北师范大学，2019．

[74] 龙卫星．新时期农村职业教育发展研究[D]．长沙：湖南农业大学，2003．

[75] 莫堃．职业教育对中国西部农村劳动力转移的贡献研究[D]．重庆：西南大学，2011．

[76] 彭月明．农村职业教育促进城乡统筹发展[D]．南京：南京农业大学，

2011.

[77] 田夏彪.我国农村教育价值取向的探究[D].昆明:云南师范大学,2007.

[78] 魏萍萍.城乡统筹背景下农村职业教育发展研究[D].秦皇岛:河北科技师范学院,2011.

[79] 薛瑞英.乡村振兴战略下的农村职业教育功能研究[D].重庆:西南大学,2019.

[80] 张鹏艳.农村职业教育的战略地位与战略推进[D].沈阳:辽宁大学,2011.

[81] 张珍."乡村振兴"战略下农村职业教育的发展路径研究[D].南京:南京邮电大学,2020.